MW01630574

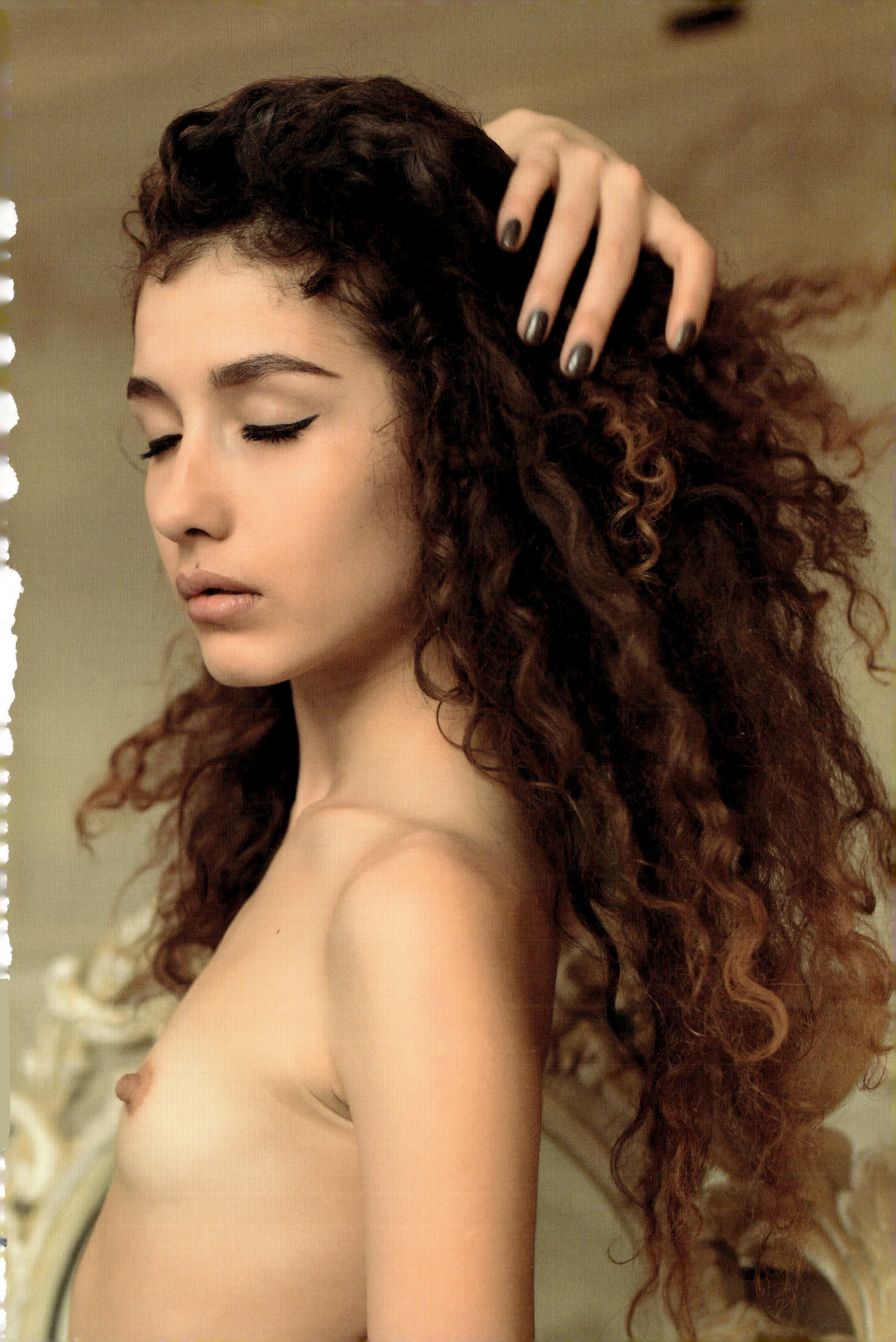

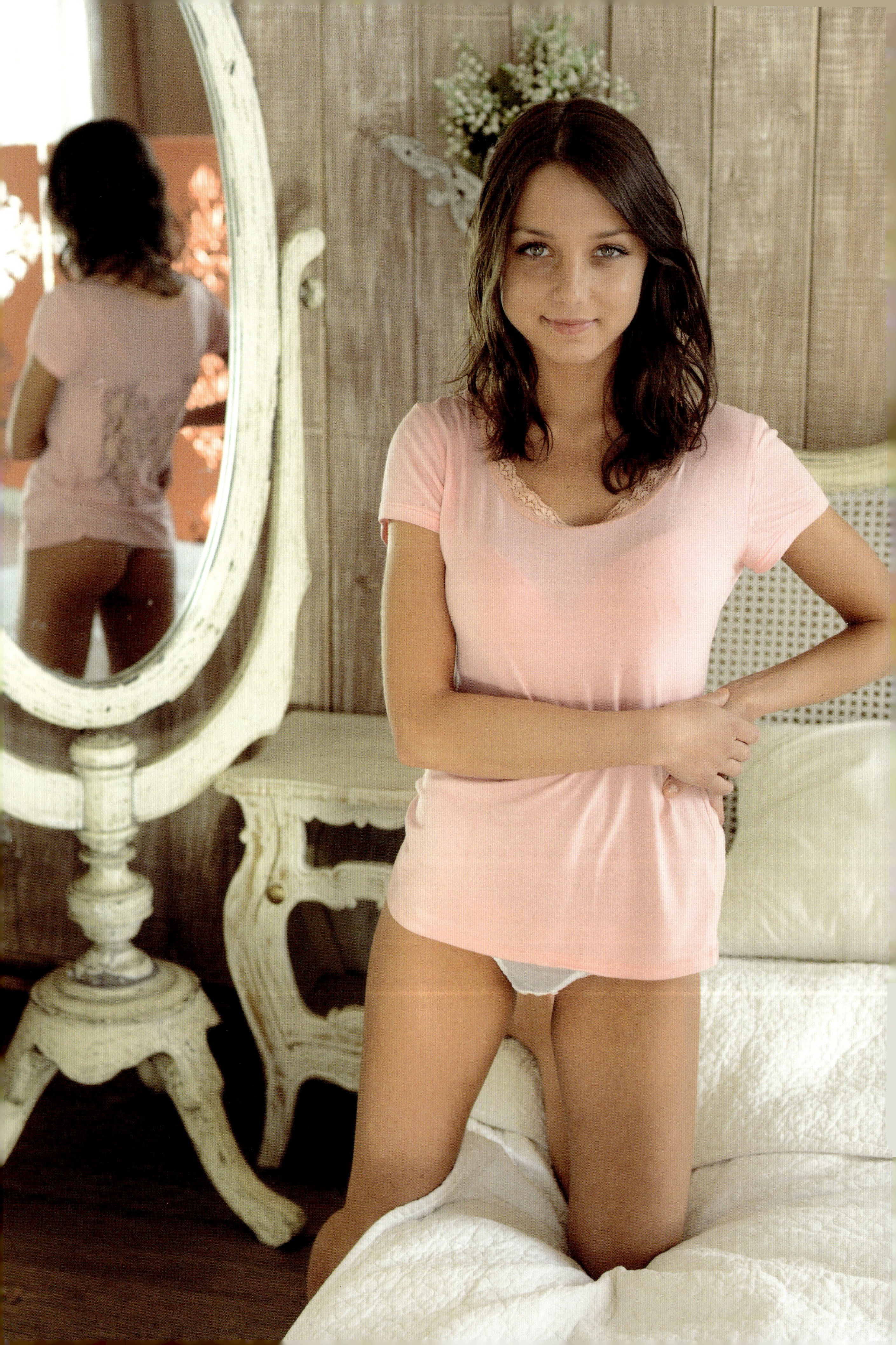

Mikhail Paramonov

SUPER SWEET GIRLS 2

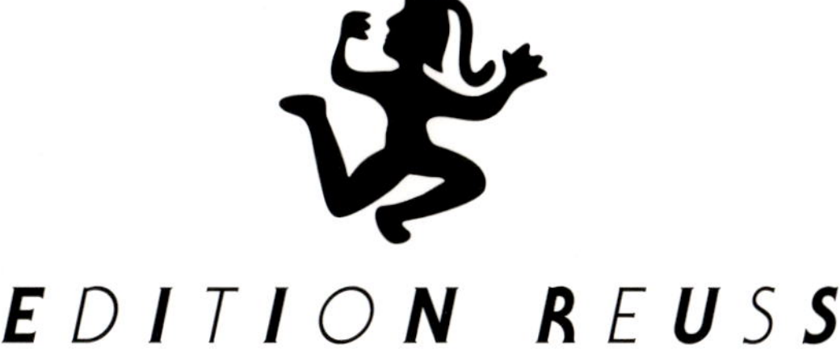

EDITION REUSS

Lovers in their prime

English philosopher Hobbes wrote: "Life seems so hard, more than ten feet away from a beautiful woman!" A motto that photographer Mikhail Paramonov took for himself, for sure. Not a single day passes by without a beauty undressing in front of him. All women interest him. Especially the ones from Venus, with a perfect body and a dream physique. He chooses them for their eyes. They have to look like they are hesitating, not too sure about themselves yet. Their wide eyes seem to be asking: "Am I pretty enough?" Still pretty shy, the girls hide their face behind the panties they just took off. Or else, they place a hand on their stomach as if in shame. Some others strike the pose, following the directions of the photographer with a touching good will. They are trying to look as gracious as possible. But their eyes filled with emotion are betraying them. Their sometimes embarrassed smiles contrast with the false self-confidence they are trying to display. They need to take the plunge, and that's what they all do eventually, and joyfully. They take the most obscene postures – thighs spread wide, lower-back arched, sex exposed – like if they were about to be penetrated.

Their genitals are clearly wet with arousal, giving the photo shoots an all the more invasive look. The young women play with the desires of their viewer, teasing him purposefully, and expose themselves only reluctantly. A bra strap is taken off, panties are sliding down. Gradually, with a flirtatious gaze, the girls go for sexual postures. Their face are heating up. Their cheeks are blushing. Some of these would be tease are posing with a defiant look on their face, testing their power of seduction on the photographer. Some others are proudly smiling, like if they had overcome an obstacle. Each photo shoot has the value of a maiden trip. All the art of Paramonov lies in his ability to shoot women at the very moment when they take their flight. Before his lens, they all leave all prudishness behind and become slutty. They venture into daring. The nymphs are spreading their wings.

For Mikhail Paramonov, this moment of transition contains all of the feminine beauty. It is when the budding seductresses pass from innocence to impudence, and in that moment they combine all of the virtues: delicate and determined, soft and daring. They stagger at the edge of their new life, with still a rest of insecurity mixed with new self-confidence. The mix of opposite emotions gives each pictures a singular, unique charm, that is the charm of the mystery. The models are filled with apprehension as much as with hopes – they are about to reach the next level. Soon, they will be accomplished beauties. But, in order to take the step, they first need to open up. Who will penetrate them? Who will make them shiver? What Paramonov shoots is less the nudity of the models than the key moment when – standing on the symbolic threshold of their destiny – they decide to become lovers. In this album, the threshold takes many shapes. Sometimes, it is the panties that the model is wearing which will symbolize the entering of her "intimate" zone. Sometimes, it is the window through which Paramonov takes his pictures that acts as a screen. Sometimes, too, it is the transparency of a white tulle veil, similar to the one of a bride.

In the 70ies, one of the most famous French strip-teasers, Rita Renoir, named one of her shows "A Curtain Named Desire". In it, she would delay the moment she appeared naked by hiding behind a thin fabric. The show consisted in, very slowly, arousing masculine lust, frustrating it with the curtain, in order to whip her audience up into fever. "The sight of a woman has always been a strong factor of erotic arousal", states Denys Chevalier, a great admirer of Rita Renoir. But eroticism relies entirely on the fact that the woman first refuses her body before showing herself. "Seen though the lens of metaphysics, eroticism is the crossing of a limit, the transgression of a rule and of a taboo." In her show, Rita forced her audience to become aware of that limit: the curtain symbolized the entrance of the female sex. And that's why she maintained that curtain between herself and the hungry eyes… until the very last moment.

Only when she would feel that the whole audience was white hot, Rita Renoir would expose herself naked, all of a sudden, and that was like a clap of thunder. The beautiful pictures of Mikhail Paramonov are entirely similar to this strip-tease show: they get their intensity from the way the *mystery* has been preserved till its final unveiling. When the model, determined, strips off her clothes, it is like a clap of thunder. She takes off her veils, she opens the door of her thighs before unveiling, with pride, the most intimate of herself.

Ann Long

Reference: *Métaphysique du strip-tease*, Denys Chevalier (Jean-Jacques Pauvert Publishing, 1961).

In voller Blüte

Der englische Philosoph Hobbes hat sich einmal zu folgendem Ausspruch hinreißen lassen: „Die Existenz erscheint mir noch härter, sobald man mehr als zehn Meter von einer hübschen Frau entfernt ist!" Der Fotograf Mikhail Paramonov hat sich das wohl zu Herzen genommen, denn es vergeht nicht ein Tag, an dem sich eine Schönheit vor ihm nackt auszieht. Alle Frauen interessieren ihn. Natürlich besonders die hübsch wie eine Venus sind, mit perfekten Proportionen und traumhafter Ausstrahlung. Er sucht sie nach Augenschein aus. Er bevorzugt junge Frauen, die noch zu zögern scheinen und sich ihrer eigenen Schönheit nicht ganz sicher sind. Ihre geöffneten großen Augen scheinen zu fragen: „Ich bin doch hübsch, oder?" Noch etwas schüchtern verbergen manche ihr Gesicht hinter ihrem Höschen, das sie gerade ausgezogen haben. Oder sie legen eine Hand auf ihren Bauch, als würden sie Scham empfinden. Andere nehmen gleich die Positionen nach den Wünschen des Fotografen ein und genießen es, sich zu streicheln. Sie lieben es, so grazil und zart wie möglich zu erscheinen. Aber ihre bewegten Augen verraten sie, und ihr mehrdeutiges Lächeln kontrastiert mit einer scheinbaren Selbstsicherheit, die sie an den Tag zu legen versuchen. Dann erst wagen sie den Schritt, um sich schließlich voller Freude in den allererotischsten Positionen zu präsentieren – die Schenkel weit gespreizt, die Hüften durchgebogen, die Vulva geöffnet, so als wären sie bereit für die Liebe.

Ihre Vulvas sind feucht vor Erregung, das macht die Fotosessions noch intensiver und verstärkt die prickelnde Wirkung der Aufnahmen. Die Modelle spielen mit den Sehnsüchten der Betrachter, versetzen ihn in höchste Erregung, um sich dann wieder zurückzuziehen. Ein BH, der fällt, ein Höschen, das heruntergleitet. Immer stärker und eindringlicher werden ihre erotischen Posen. Ihre Gesichter sind hitzig, ihre Backen errötet. Hingeräkelt im Gras, testen manche mit forderndem Blick ihre verführerische Wirkung auf den Fotografen. Andere lächeln stolz, als hätten sie ein Hindernis überwunden. Jede Fotosession ist wie eine einmalige Reise. Es ist die Kunst von Paramonov, die jungen Frauen genau in dem Moment zu fotografieren, in dem ihr Begehren erblüht. Vor seinem Objektiv fühlen sie sich frei, ohne Scham. Sie spreizen ihre Schenkel, spüren die neue Welt, die sich ihnen eröffnet, und freuen sich ihrer Kühnheit.

Für Mikhail Paramonov ist dieser Moment des Übergangs Ausdruck weiblicher Schönheit, von der „Verschämtheit zur Unverschämtheit". Die neuen Verführerinnen haben besondere Qualitäten: zerbrechlich, aber doch resolut, zart, aber doch bestimmt. Sie scheinen noch unentschlossen angesichts des neuen Lebens. Diese Mischung gegensätzlicher Emotionen gibt den Fotografien einen einzigartigen Charme, etwas Geheimnisvolles: Wissbegierig und voller Staunen entdecken die jungen Frauen neue Möglichkeiten. Bald werden sie vollendete Schönheiten sein. Aber um das zu erreichen, müssen sie sich vorher öffnen. Wer wird sie bezaubern? Wer wird sie erobern? Es ist weniger die Nacktheit als vielmehr der richtige Moment, der die Fotografien von Paramonov so eindringlich macht. Die symbolische Phase des Übergangs und das Erkennen – zu lieben und geliebt zu werden. In diesem Bildband erscheint diese unsichtbare Schwelle in vielen Formen. Manchmal markiert ein Höschen Abstand zur intimen Zone der Frauen. Manchmal ein Fenster, durch das man wie durch einen transparenten Schleier nur schemenhaft etwas erkennen kann, wie beim Schleier einer frisch Vermählten.

In den 70er-Jahren hat eine der berühmtesten französischen Stripperinnen, Rita Renoir, eine ihrer Shows mit „Ein Vorhang namens Verlangen" tituliert. In der Vorstellung hat sie den Moment der vollkommenen Nacktheit mit einem feinen Schleier aus Tüll hinausgezögert. Sie hat es meisterhaft verstanden, sehr langsam die Begierde der Männer bis zur Frustration hinauszuzögern und ins Fieberhafte zu steigern. „Der Anblick eines nackten Frauenkörpers hat schon immer einen starken erotisierenden Faktor", kommentiert Denys Chevalier, ein Bewunderer von Rita Renoir. Die enorme Erotik basiert ausschließlich auf der Tatsache, dass die Frau sich zurückhält, bevor sie sich zeigt: „Unter einem metaphysischen Aspekt betrachtet, ist die Erotik eine Überschreitung von Grenzen, eine Überschreitung einer Regel oder eines Verbots." In ihrer Show zwang Rita ihr Publikum, sich dieser Tatsache bewusst zu werden: Der Schleier markierte wie ein Vorhang den Eingang zum weiblichen Geschlecht. Und genau das amüsierte sie – den Vorhang zwischen sich und den Augen der Männer erst im allerletzten Moment fallen zu lassen.

Wenn sie merkte, dass der Saal kochte, zeigte sich Rita Renoir endlich nackt, blitzartig, und das hatte einen Effekt wie ein Donnerschlag. Die fantastischen Fotografien von Mikhail Paramonov sind auf alle Fälle vergleichbar mit dem Spektakel des Striptease: Sie haben eine Intensität in der Weise, dass sie eine Art Mysterium bis zum letzten Moment bewahren. Dann lüften die Frauen ihre Schleier, öffnen die Pforte zwischen ihren Schenkeln, stolz, das Intimste, was sie besitzen.

Ann Long

Zitat: *Métaphysique du strip-tease*, de Denys Chevalier, éditions Jean-Jacques Pauvert, 1961.

Les amantes en fleur

Le philosophe anglais Hobbes s'était laissé aller à dire un jour : « *L'existence me semble vraiment trop dure à plus de dix mètres d'une jolie femme !* » Le photographe Mikhail Paramonov a probablement fait sienne cette maxime, lui qui ne passe pas un jour sans qu'une beauté se déshabille devant lui. Toutes les femmes l'intéressent. Surtout celles qui viennent de Vénus, aux proportions parfaites et aux plastiques de rêve. Il les choisit sur leur regard. Il faut qu'elles aient l'air d'hésiter, pas encore tout à fait sûres d'elles-mêmes. Leurs yeux grands ouverts questionnent : « Suis-je belle ? » Encore trop timides, certaines cachent leur visage derrière la culotte qu'elles viennent de retirer. Ou placent une main sur leur ventre comme si elles avaient honte. D'autres prennent la pose en suivant les instructions du photographe avec une bonne volonté touchante. Elles tentent de paraître aussi gracieuses que possible. Mais leurs yeux émus les trahissent et leurs sourires parfois embarrassés contrastent avec la fausse assurance qu'elles essayent d'afficher. Il faut sauter le pas, ce qu'elles finissent toutes joyeuse-ment par faire, dans les positions les plus obscènes – cuisses largement ouvertes, reins cambrés, sexe offert – comme si elles étaient prêtes à se faire pénétrer.

Leurs parties génitales étant humides d'excitation, cela donne aux séances photo l'allure d'une effraction d'autant plus invasive. Jouant avec les désirs du spectateur qu'elles attisent à dessein, les jeunes femmes ne s'exhibent qu'à reculons. Une bretelle de soutien-gorge tombe, une culotte glisse. Progressivement, d'un air aguicheur, elles osent des postures sexuelles. Leur visage s'échauffe. Leurs joues rosissent. Allumeuses en herbe, certaines posent avec un air de défi, testant sur le photographe leur pouvoir de séduction. D'autres sourient fièrement, comme si elles avaient franchi un obstacle. Chaque séance a la valeur de voyage initiatique. C'est tout l'art de Paramonov que de photographier les femmes au moment même où elles prennent leur envol. Devant son objectif, les voilà qui deviennent délurées et qui renoncent à la pudeur. Dépliant leurs cuisses, défiant la peur de la transgression, elles se risquent à l'audace. Les nymphes ouvrent leurs ailes.

Pour Mikhail Paramonov, ce moment de transition recèle toute la beauté féminine car c'est celui où – passant de l'innocence à l'insolence – les apprenties séductrices allient l'ensemble des qualités : fragiles mais résolues, douces mais hardies, elles vacillent au bord de leur vie nouvelle avec un reste d'inquiétude mêlé d'aplomb. Le mélange des émotions contraires donne aux photos un charme singulier, unique, qui est celui du mystère : remplies d'appréhensions autant que d'espoirs, les modèles s'apprêtent à passer une étape. Bientôt, elles seront des beautés accomplies. Mais pour y parvenir, elles doivent d'abord s'ouvrir. Qui entrera en elles ? Qui les fera tressaillir ? Ce que Paramonov photographie c'est moins la nudité des modèles que ce moment clé durant lequel – se tenant sur le *seuil* symbolique de leur destin –, elles décident de devenir des amantes. Dans cet album, le seuil figure sous de nombreuses formes. Parfois c'est la culotte que porte la modèle et qui marque l'entrée de sa zone « intime ». Parfois c'est la fenêtre à travers laquelle Paramonov prend les photos et qui agit comme un écran. Parfois aussi, c'est la transparence d'un voile de tulle blanche, semblable à celui des jeunes mariées.

Dans les années 1970, une des plus célèbres strip-teaseuses françaises, Rita Renoir, avait nommé un de ses spectacles « Un rideau nommé désir ». Dans ce spectacle, elle retardait le moment de se mettre nue en se voilant derrière un fin tissu. Il s'agissait, très lentement, de faire naître la convoitise masculine puis de la frustrer, à l'aide du rideau, afin d'enfiévrer son public. « La vue du corps de la femme a toujours été un puissant facteur d'excitation érotique », commente Denys Chevalier (admirateur de Rita Renoir). Mais l'érotisme repose entièrement sur le fait que la femme se refuse avant de se montrer : « Envisagé sous l'angle métaphysique, l'érotisme est le franchissement d'une limite, la transgression d'une règle et d'un interdit. » Dans son spectacle, Rita forçait son public à prendre

conscience de cette limite : le rideau marquait symboliquement l'entrée du sexe féminin. Et c'est pourquoi elle s'amusait à maintenir le rideau entre elle et les hommes aux yeux avides… jusqu'au dernier moment.

Quand elle sentait que la salle tout entière était chauffée à blanc, Rita Renoir s'exhibait nue, d'un seul coup, et cela faisait l'effet d'un coup de tonnerre. Les magnifiques photographies de Mikhail Paramonov sont en tout point comparables à ce spectacle de strip-tease : elles tirent leur intensité de la manière dont le mystère a été préservé jusqu'à son élucidation finale. Lorsque la modèle, décidée, se dépouille de ses vêtements, cela fait comme un coup de tonnerre. Elle ôte ses voiles, écarte la porte de ses cuisses puis dévoile, fièrement, le plus intime d'elle-même.

Ann Long

Référence : *Métaphysique du strip-tease*, de Denys Chevalier, éditions Jean-Jacques Pauvert, 1961.

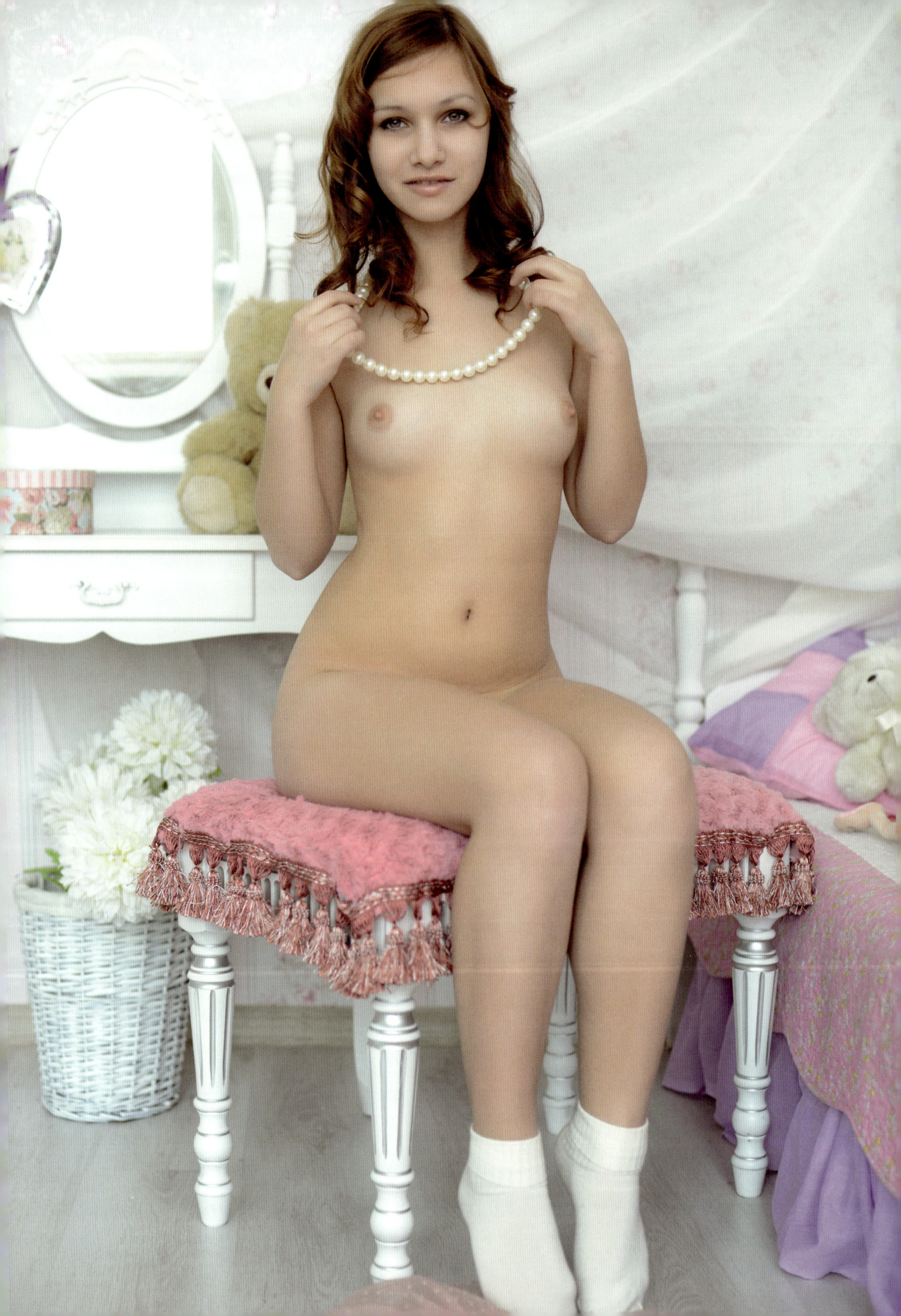

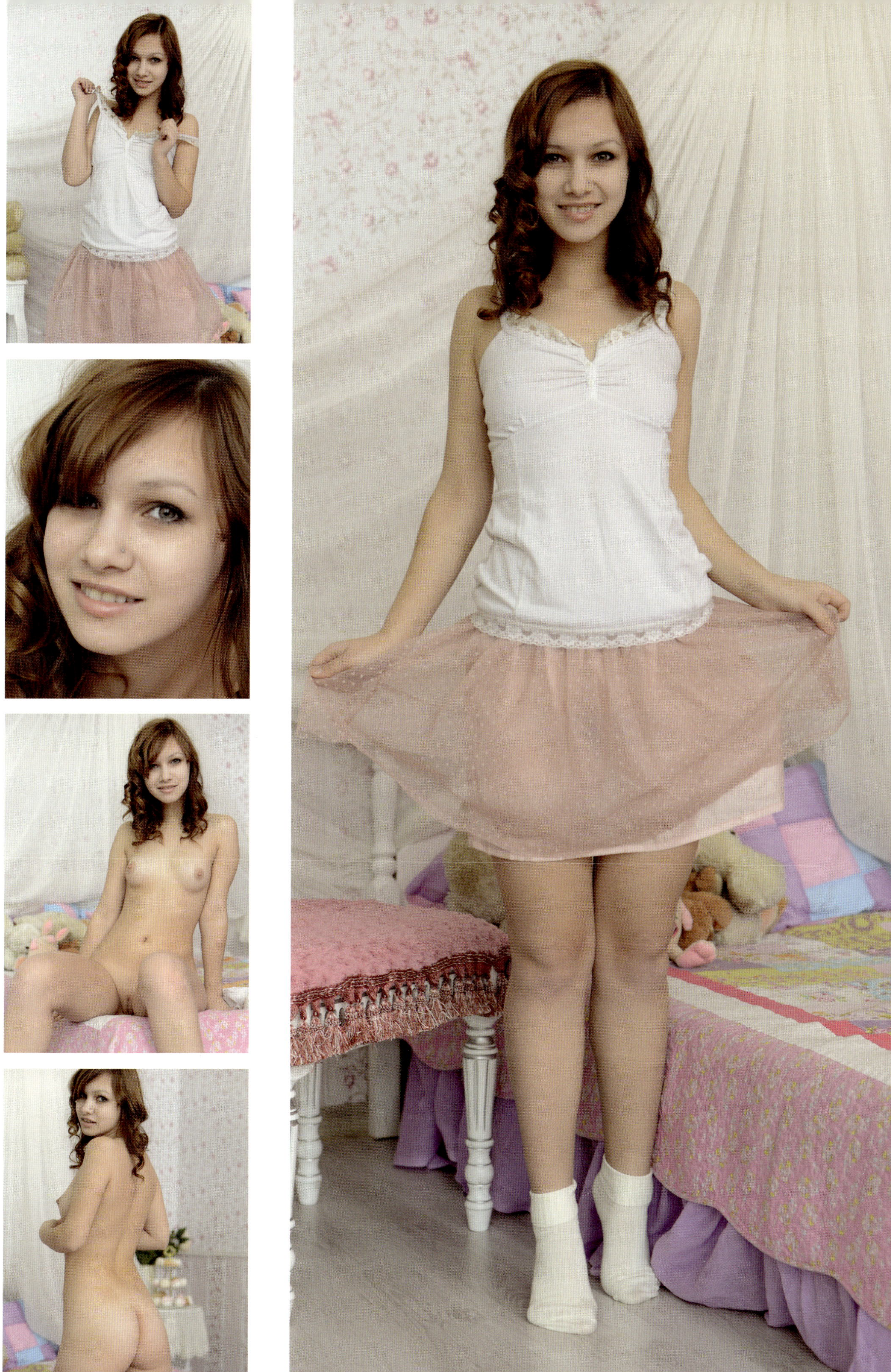

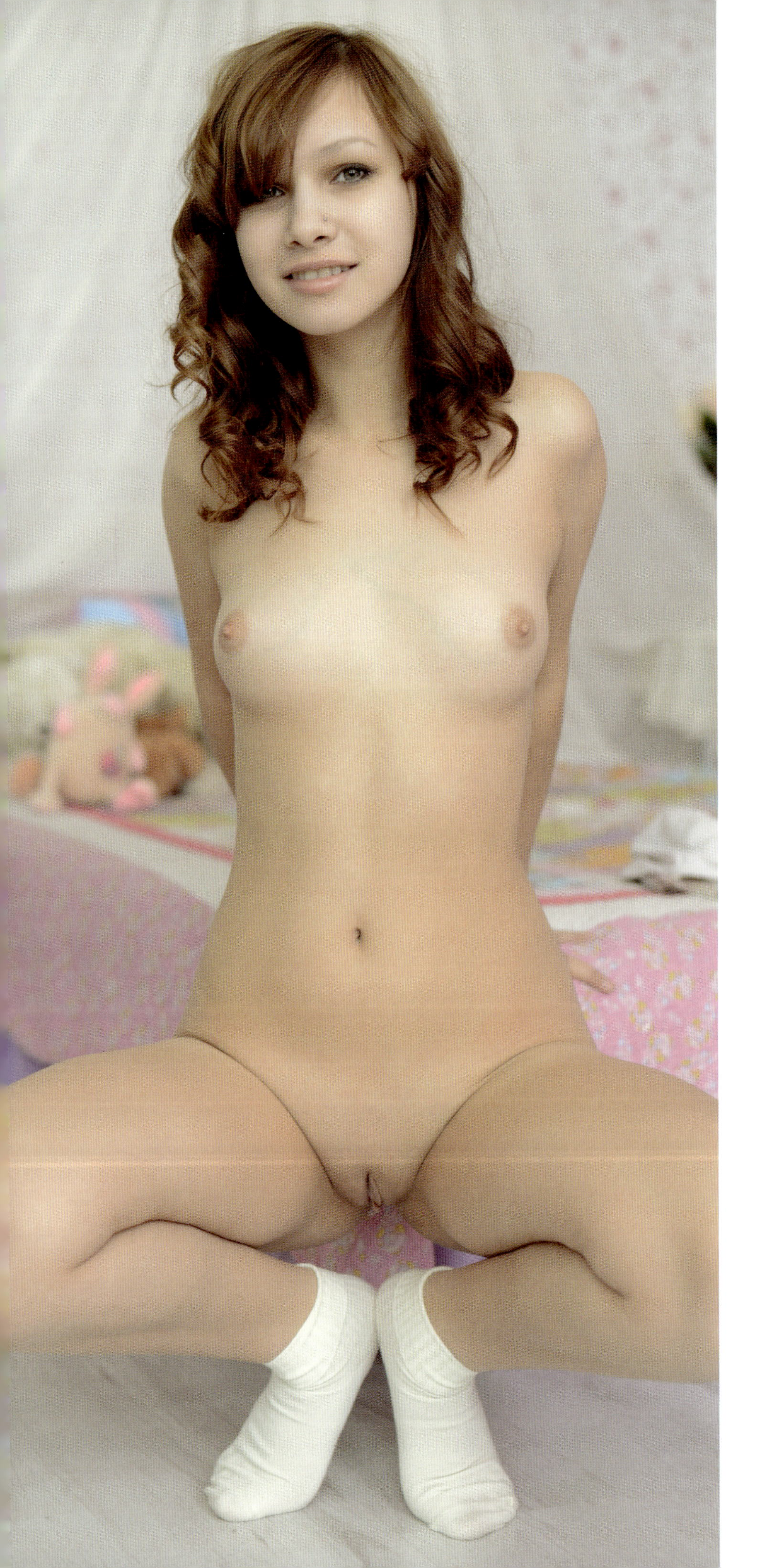

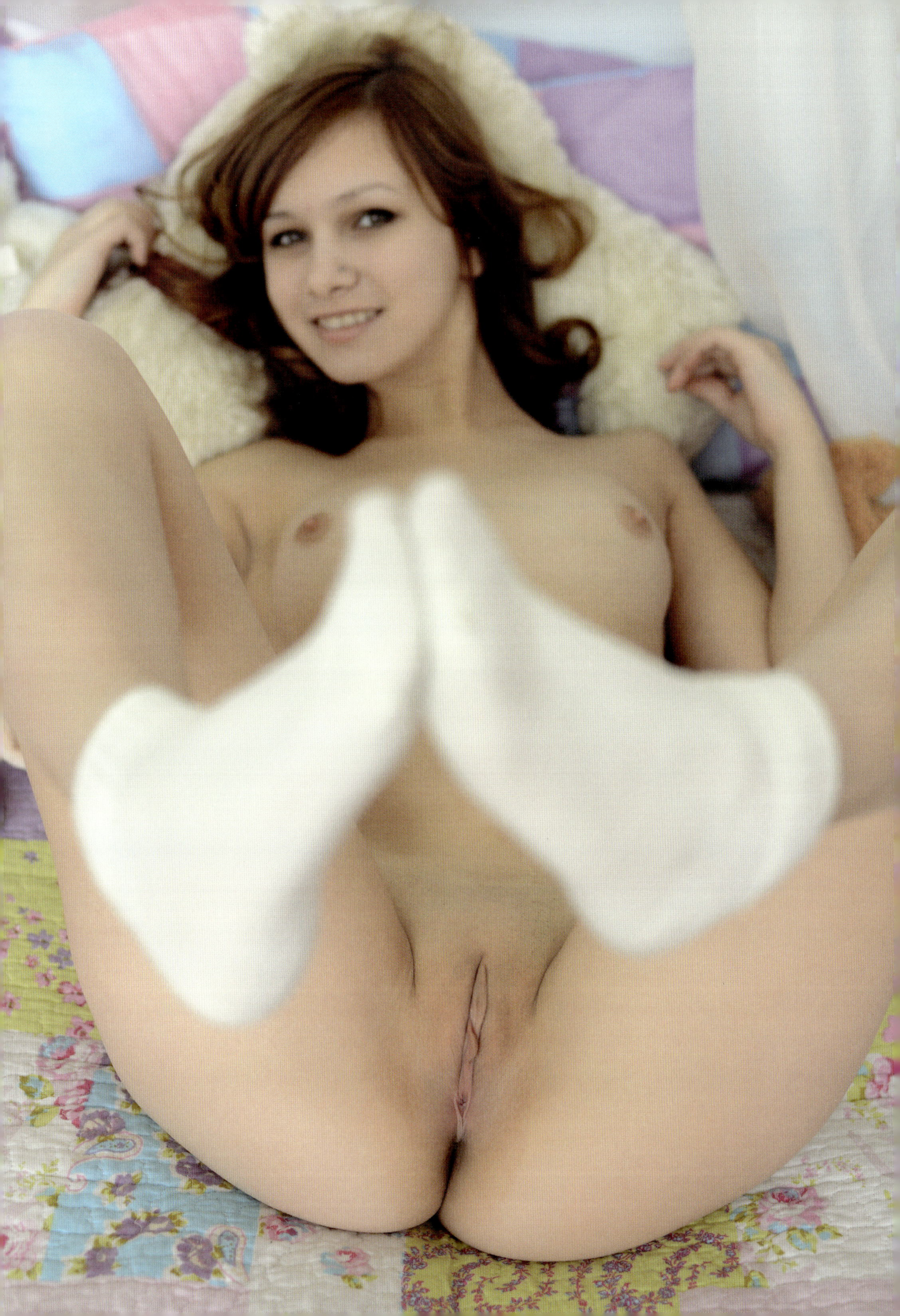

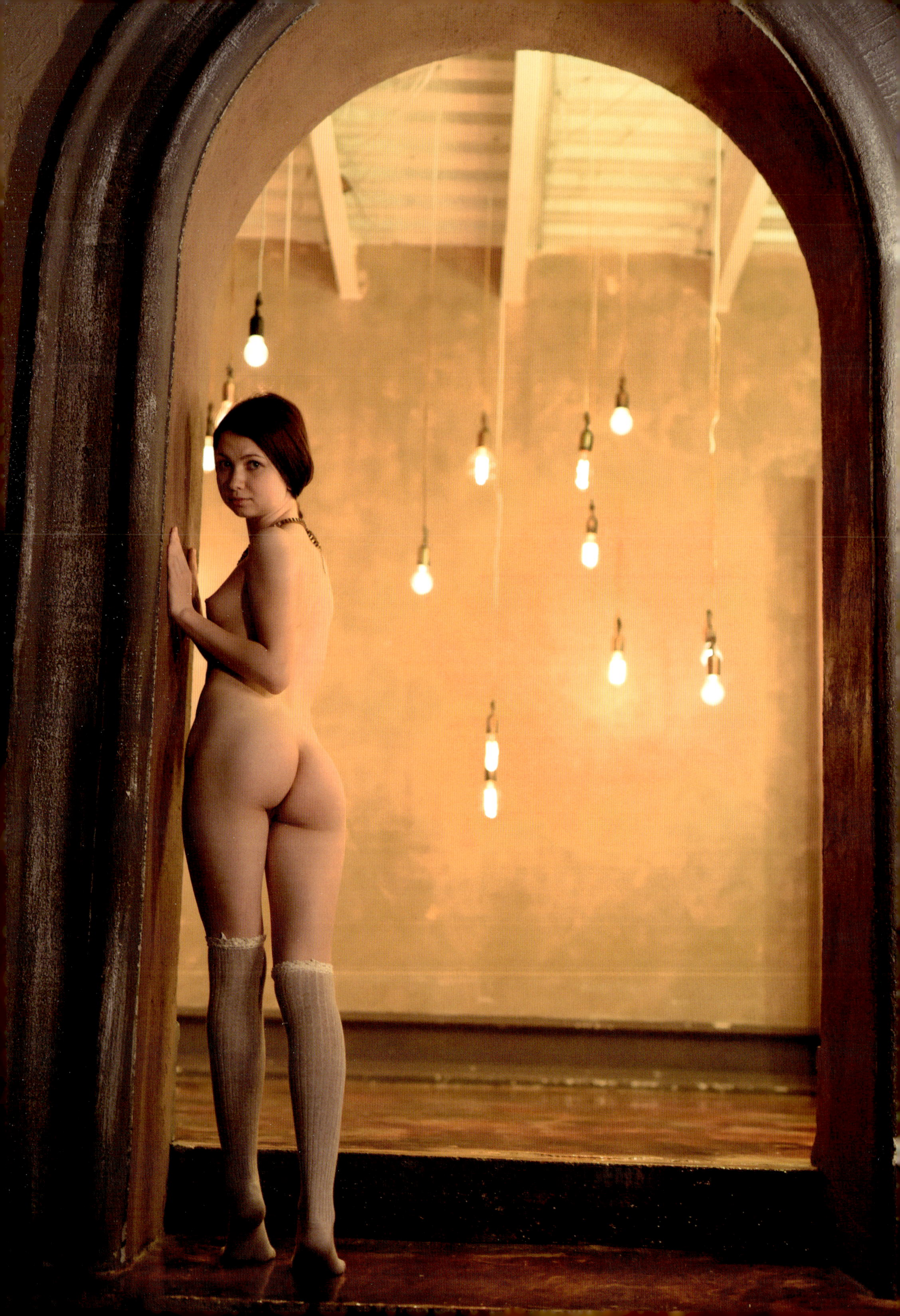

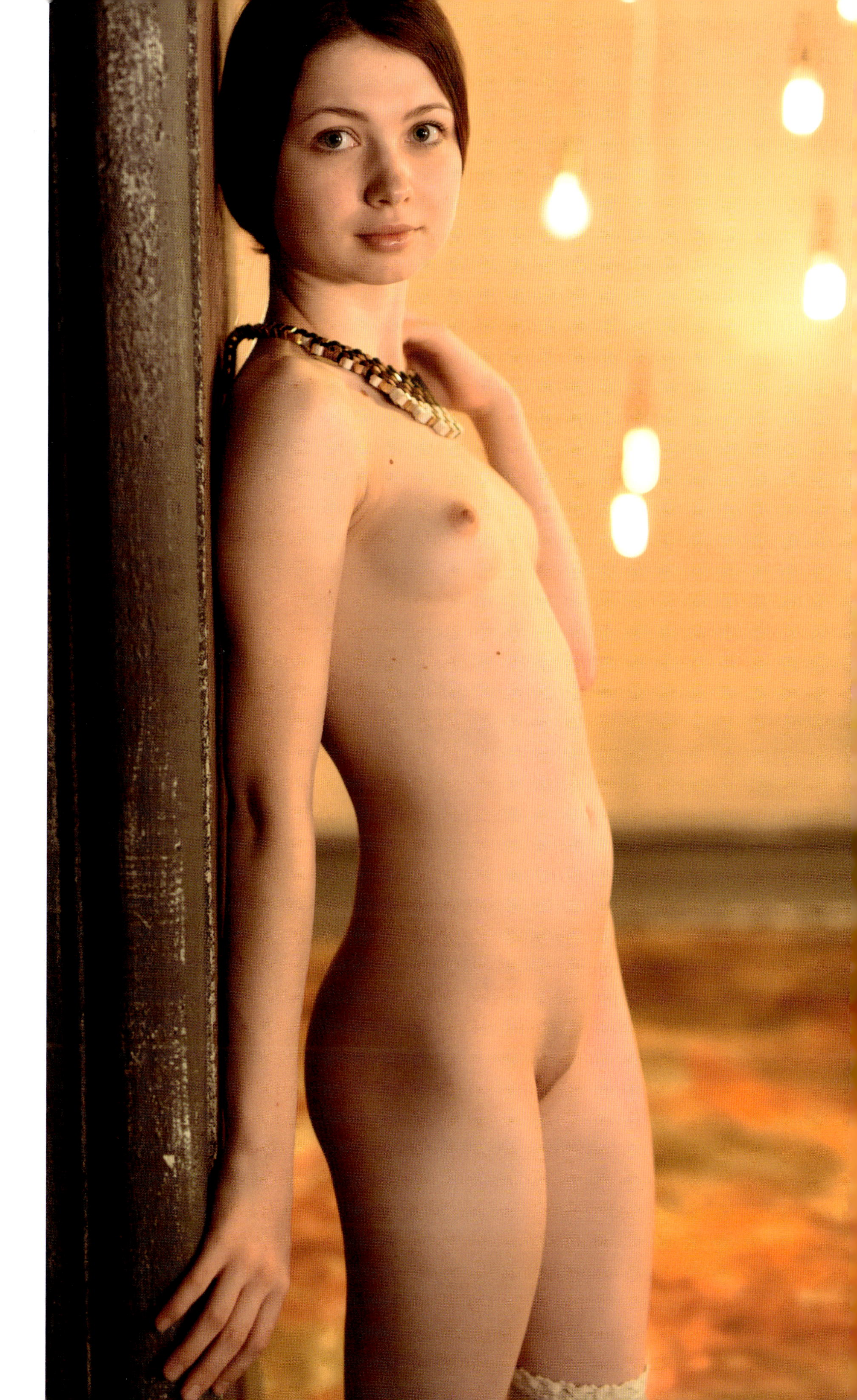

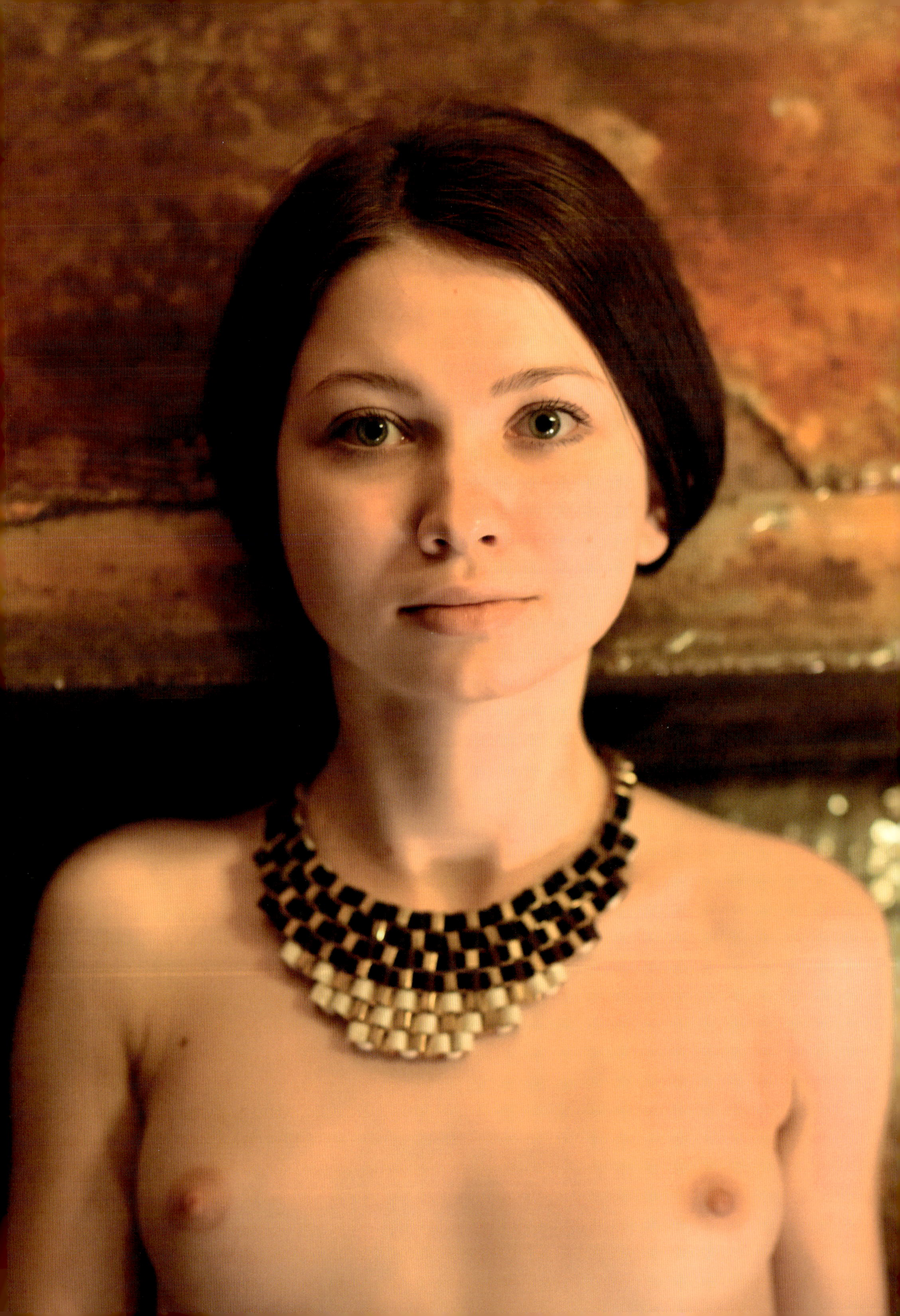

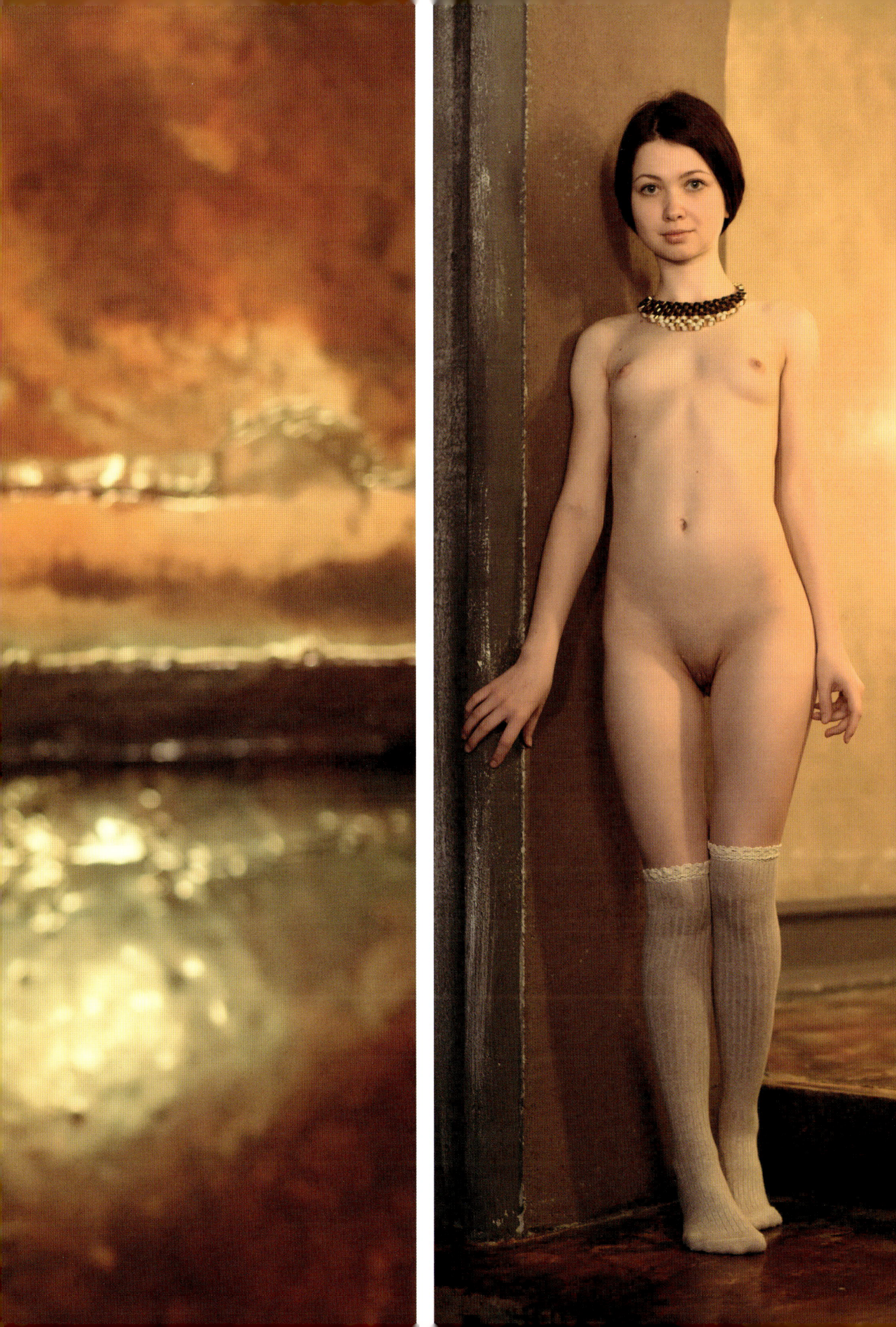

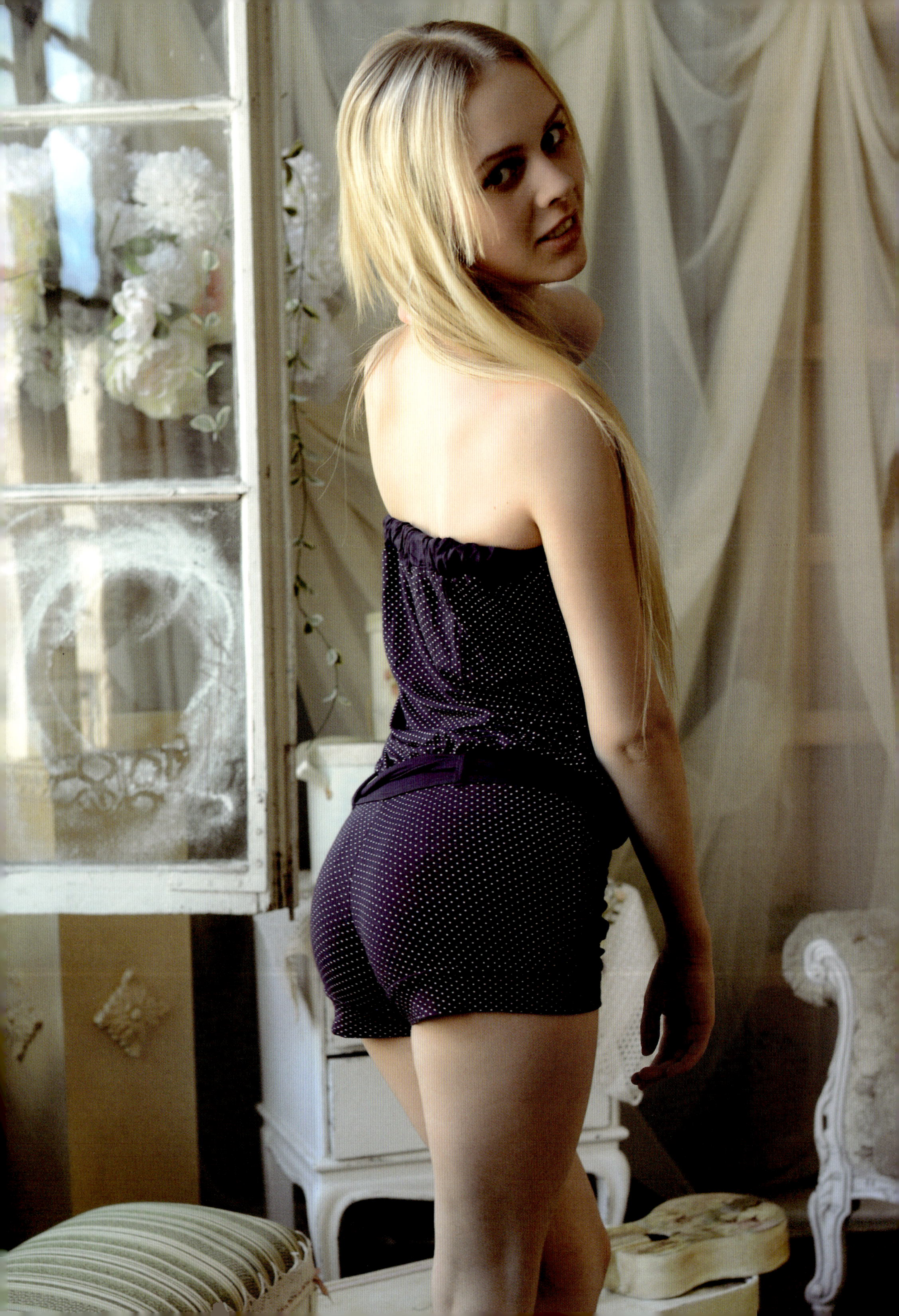

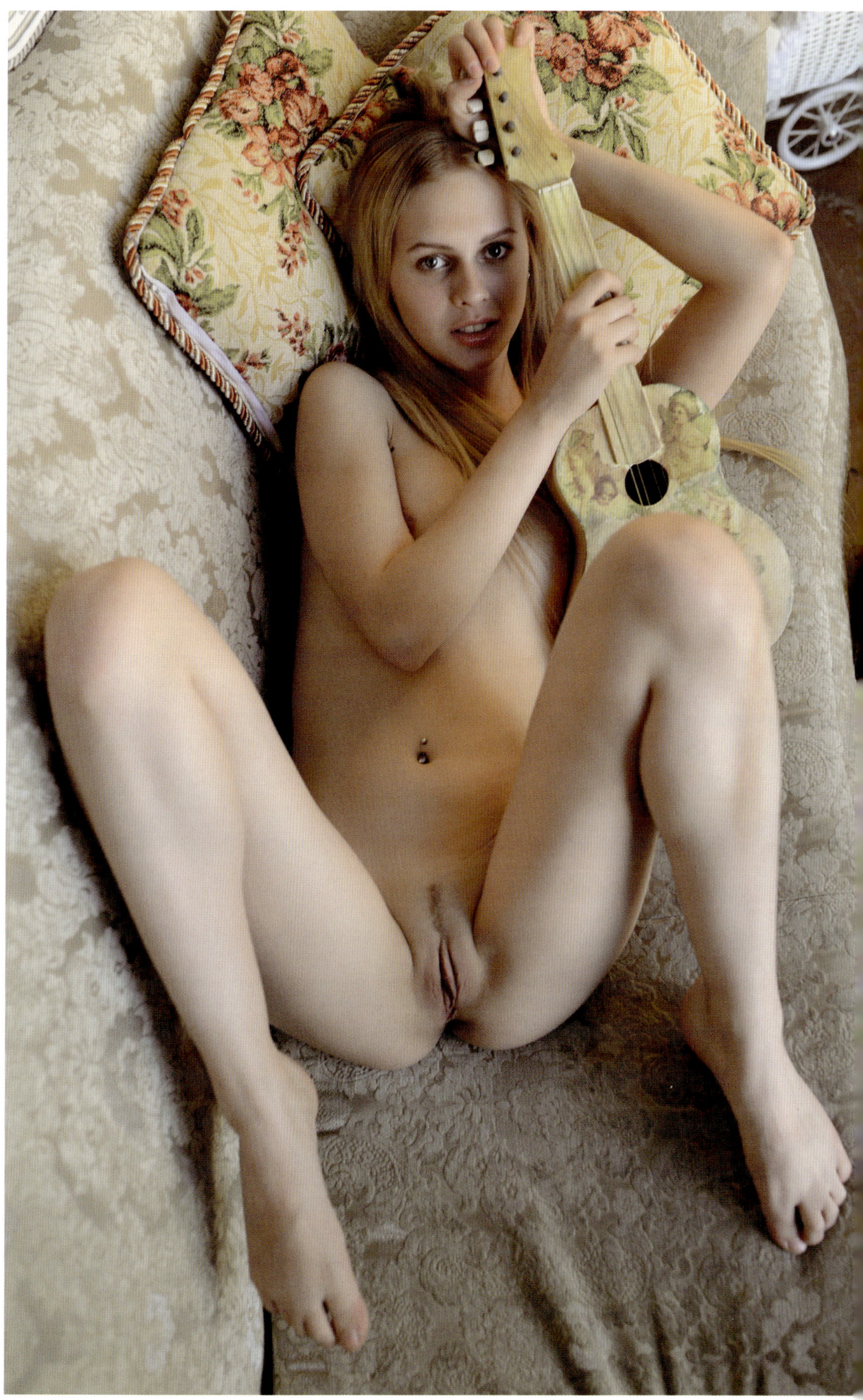

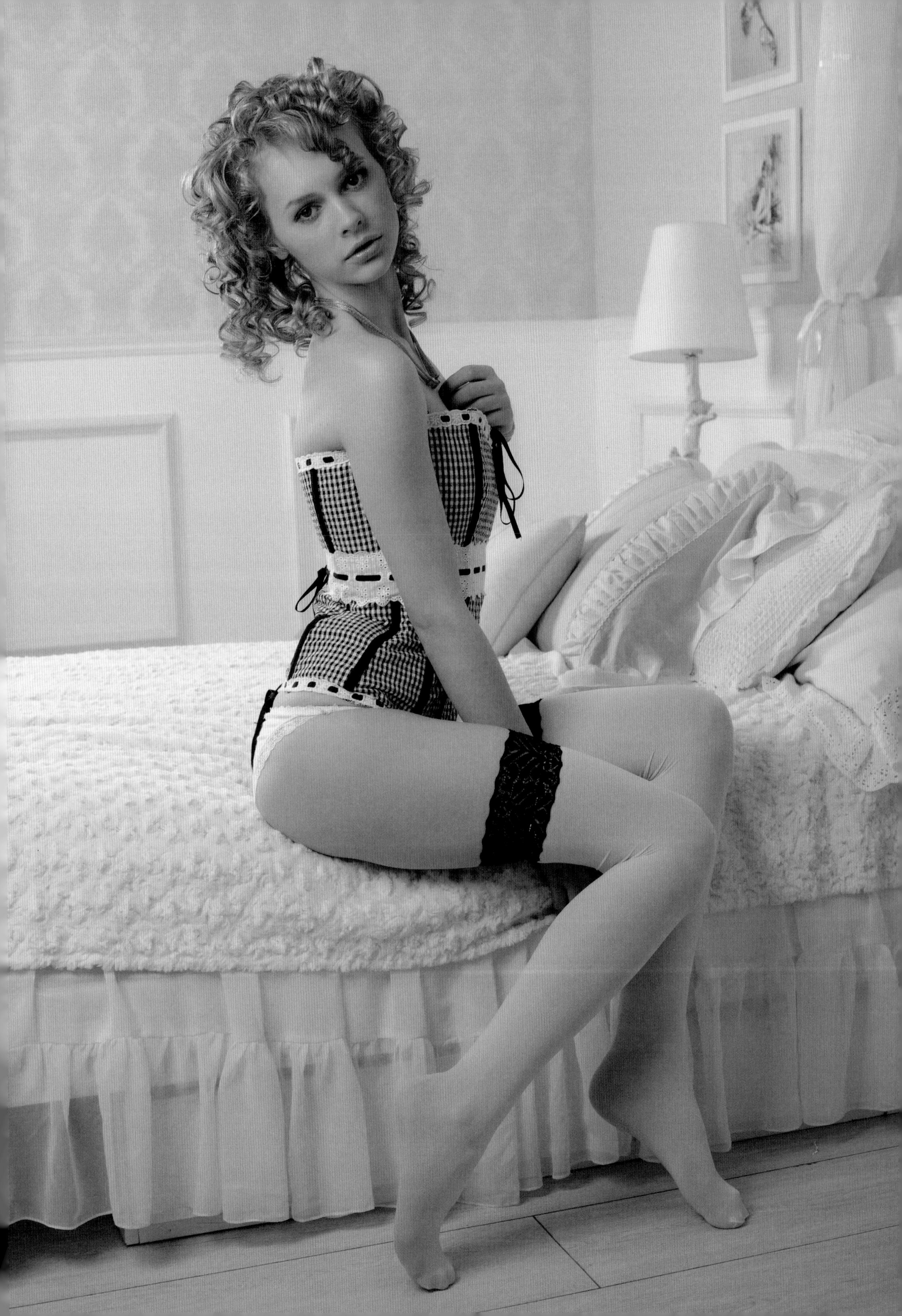

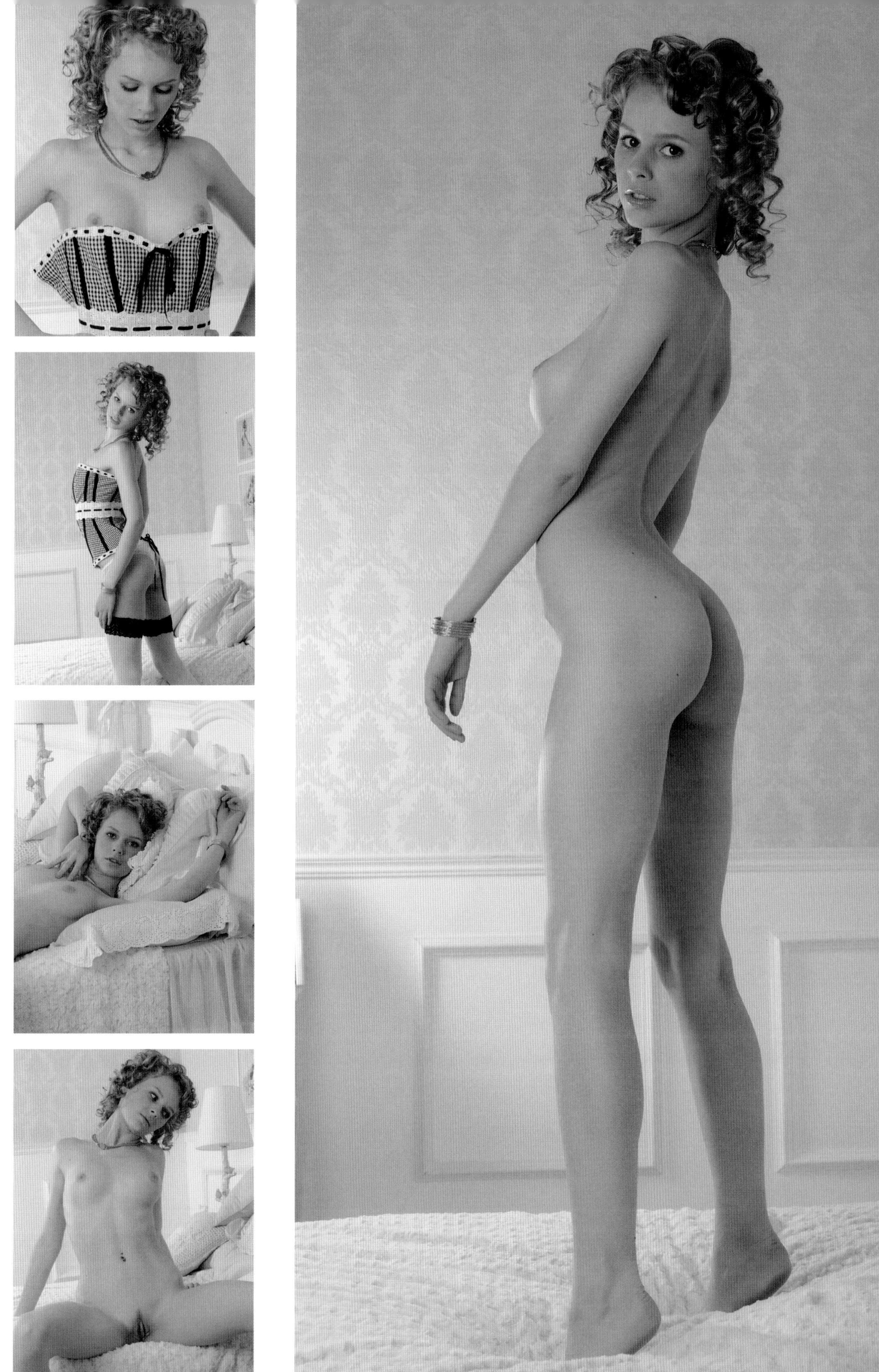

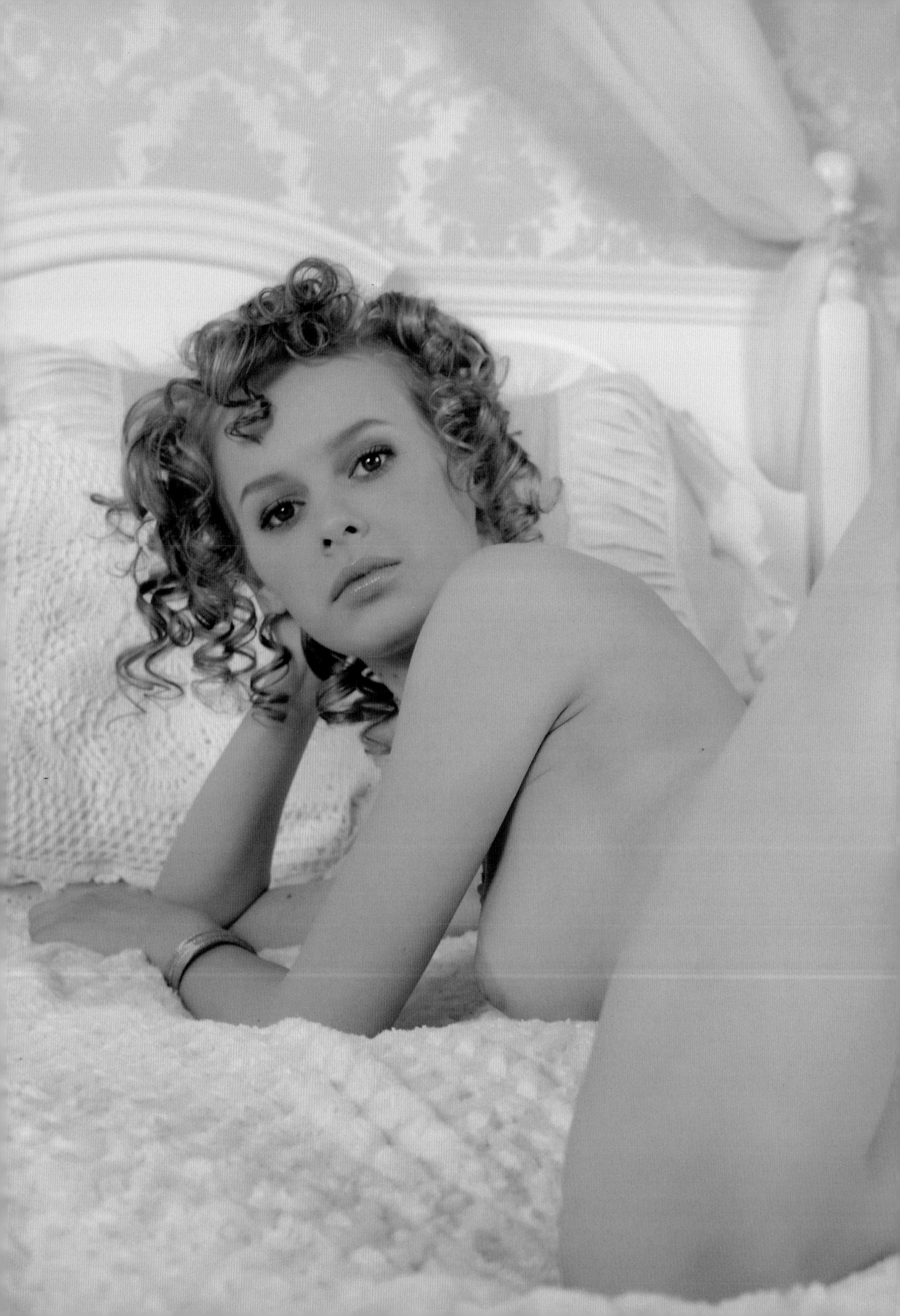

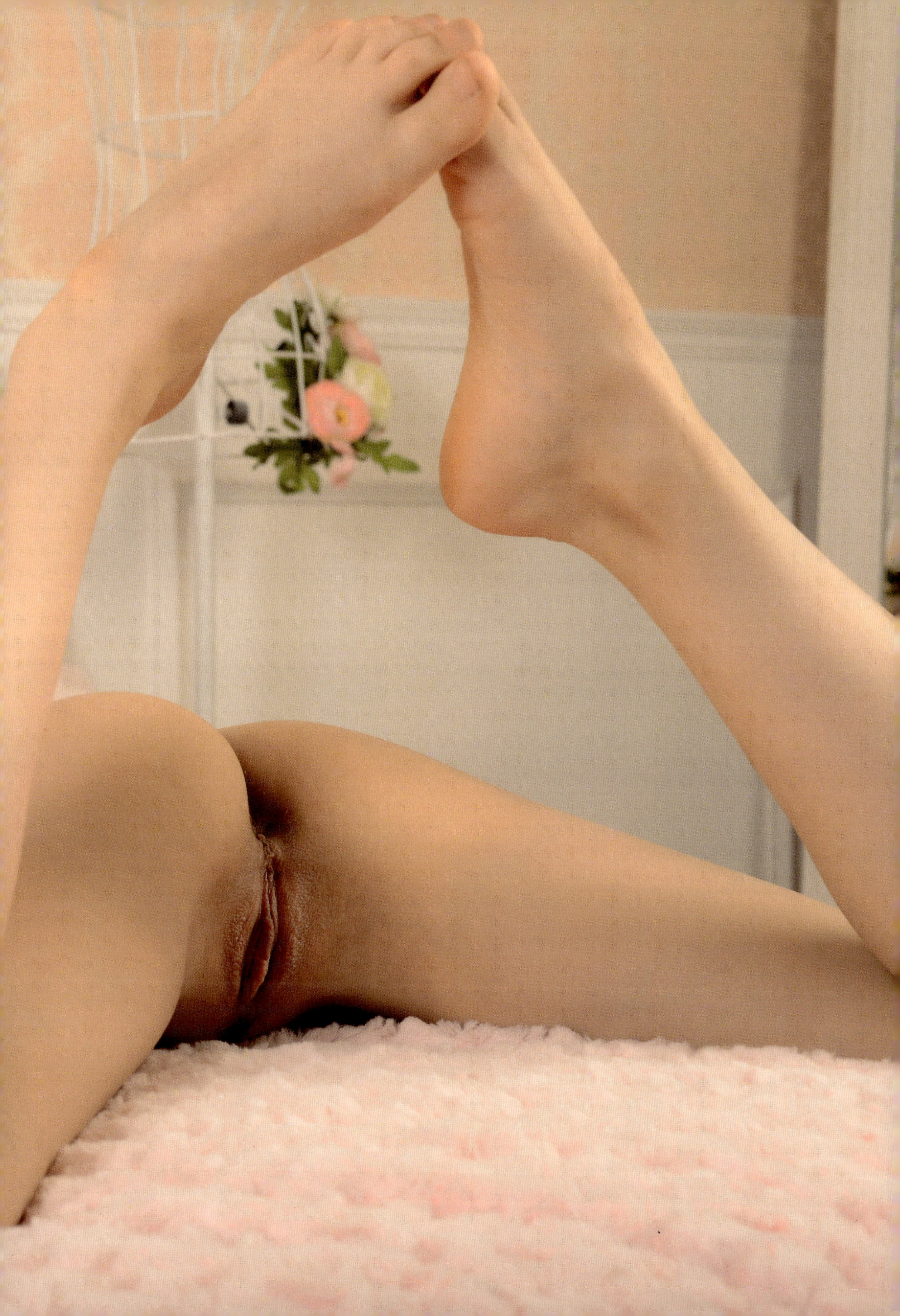

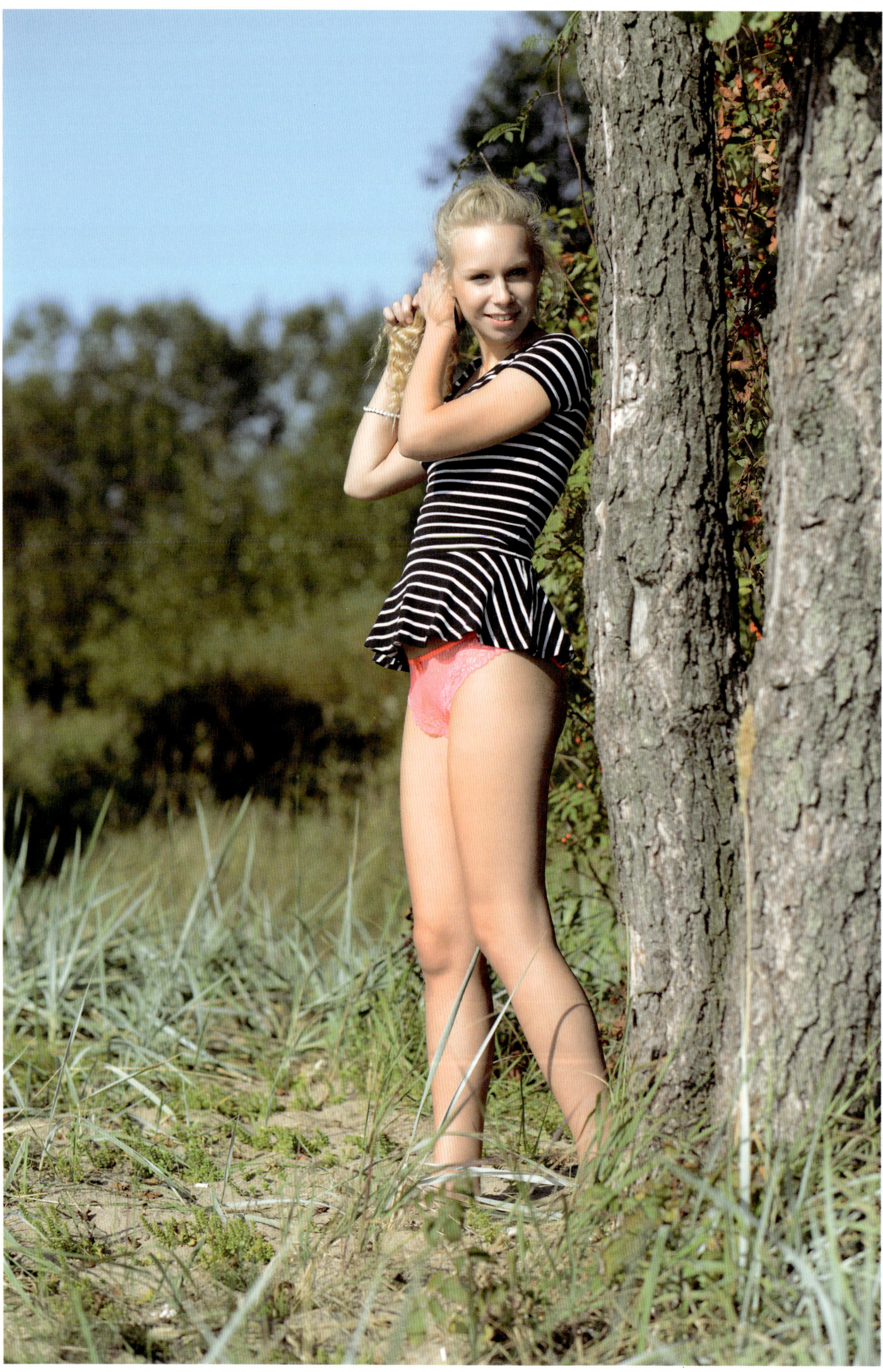

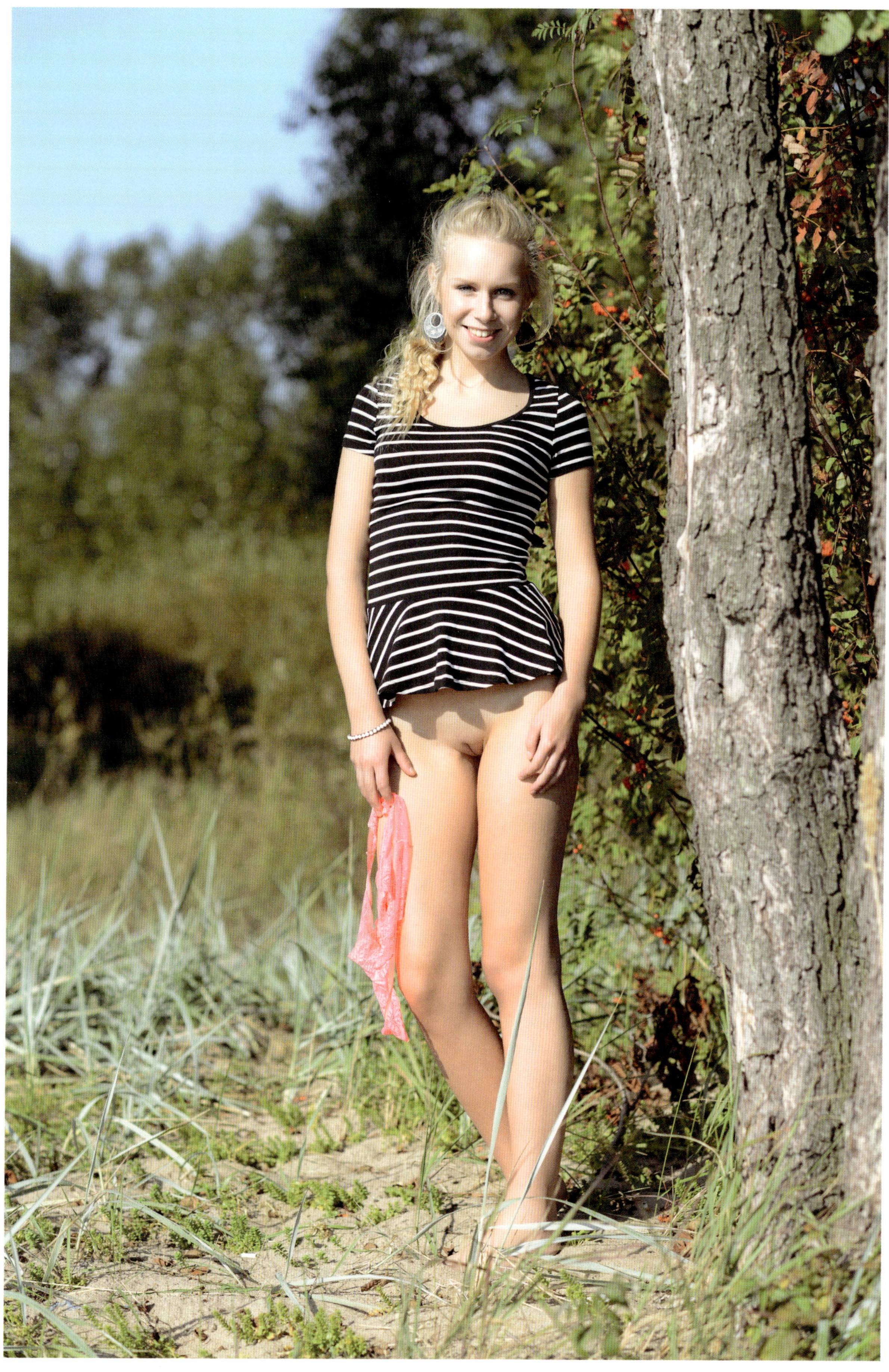

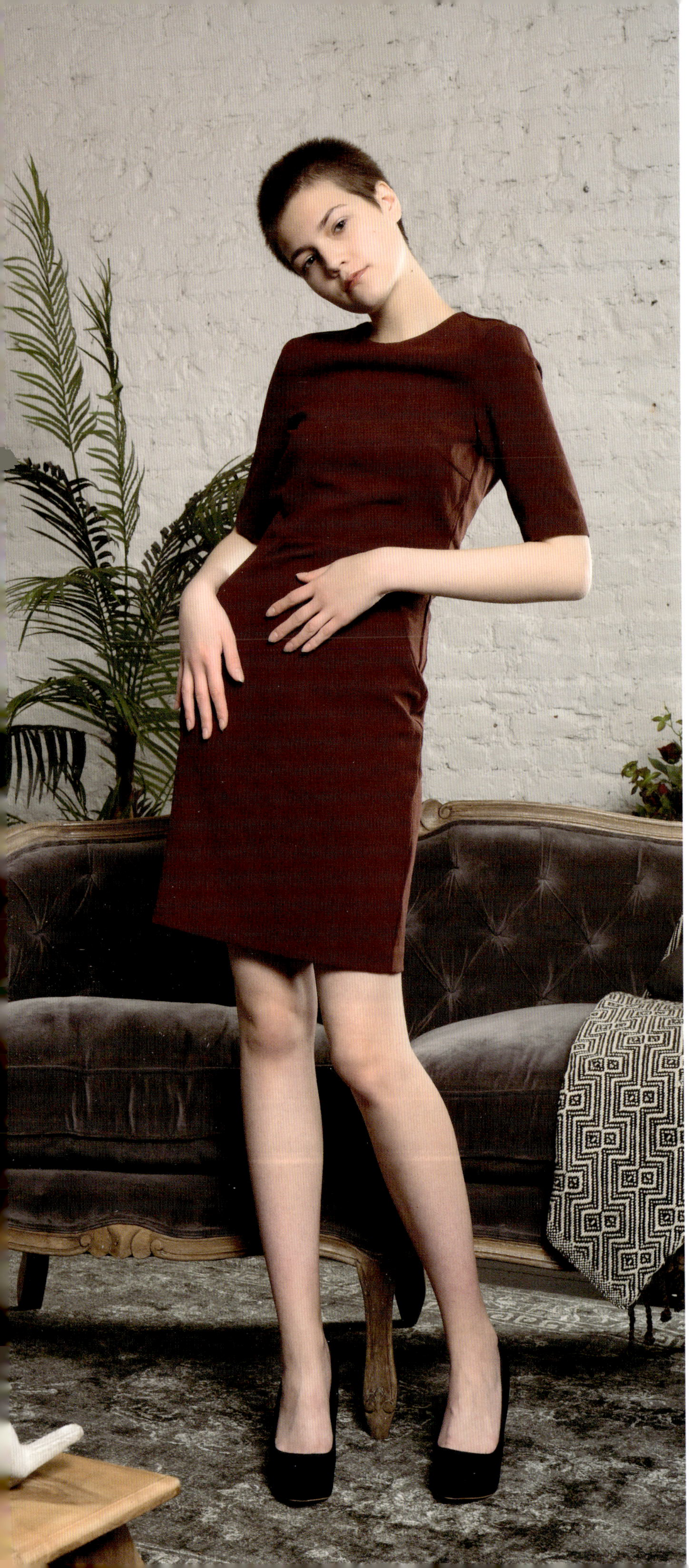

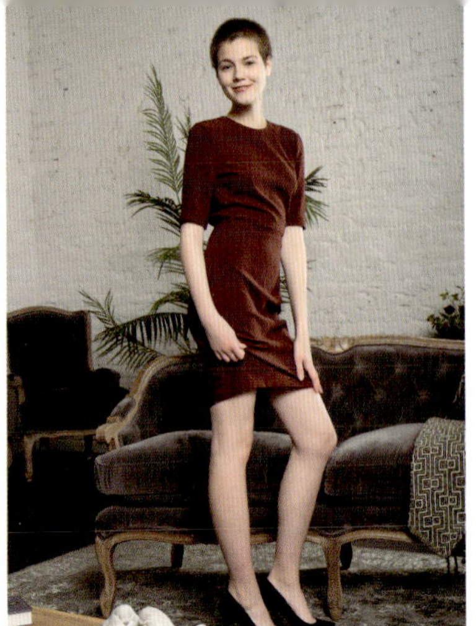
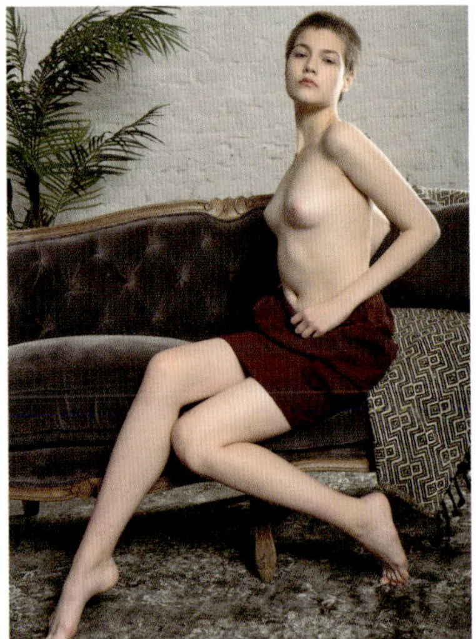
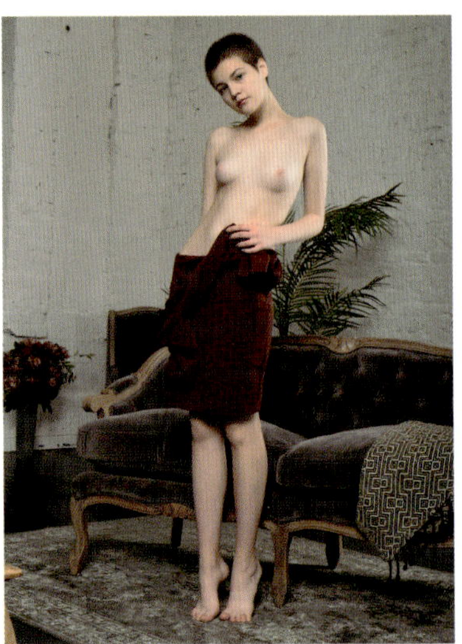
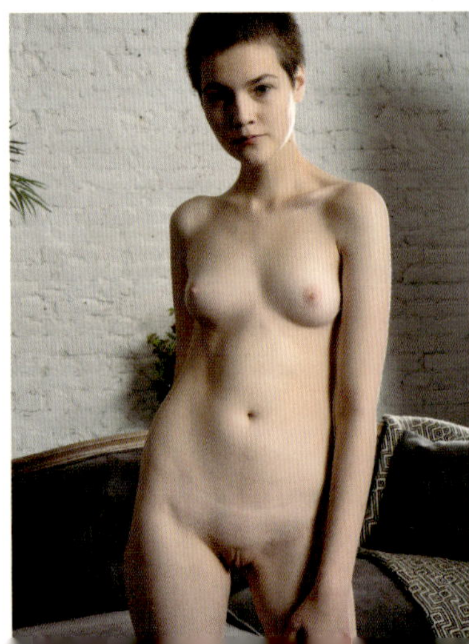

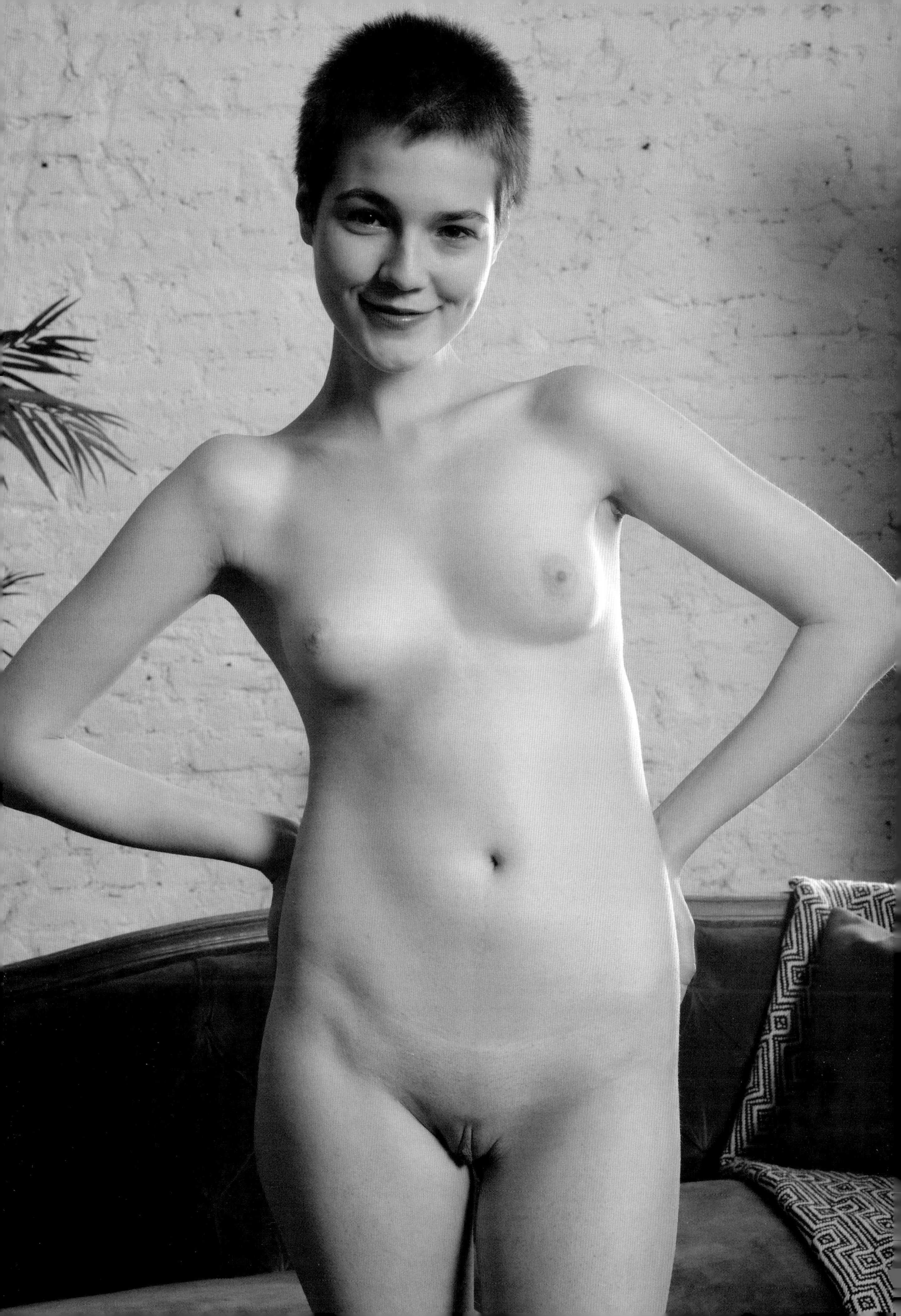

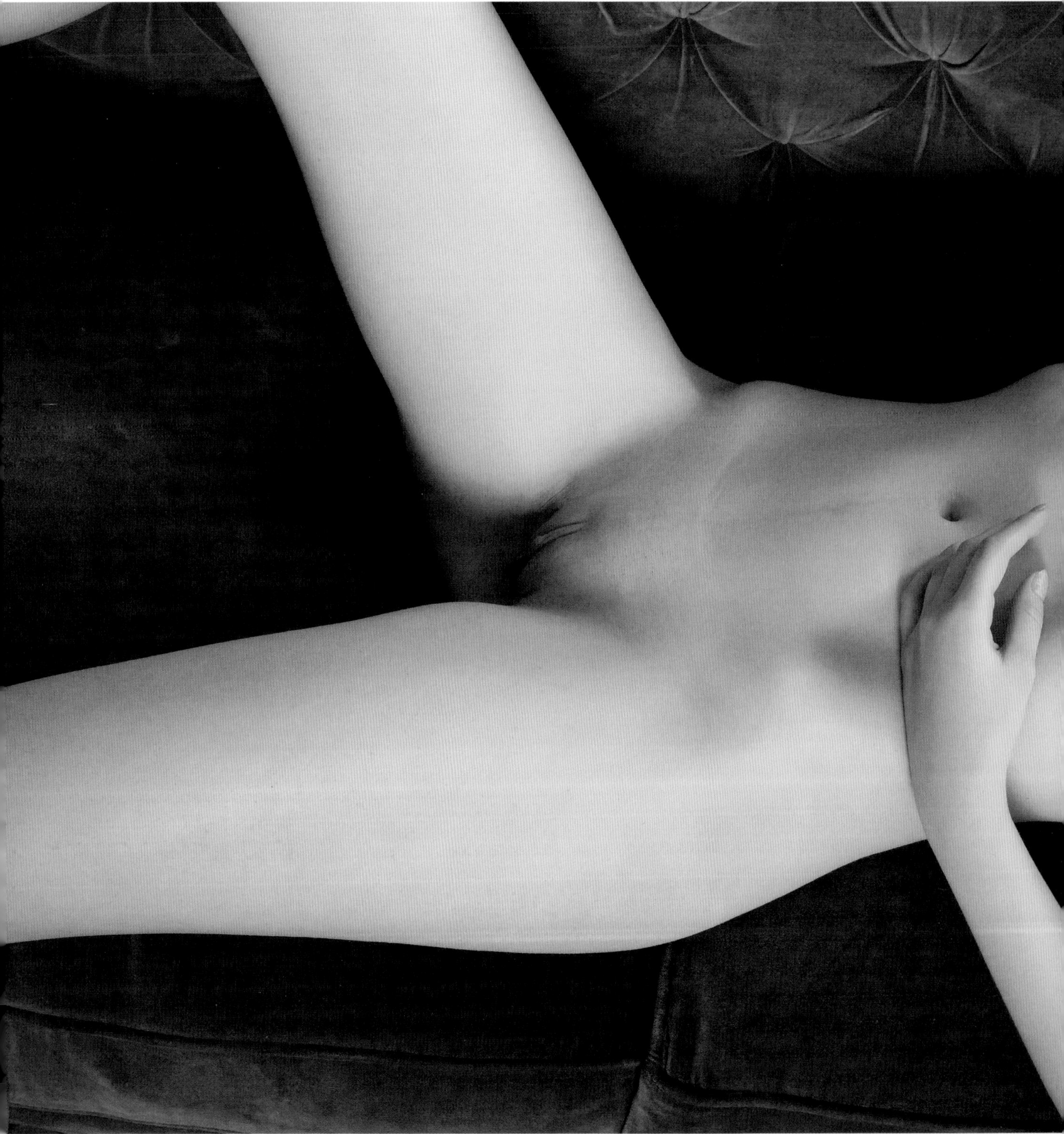

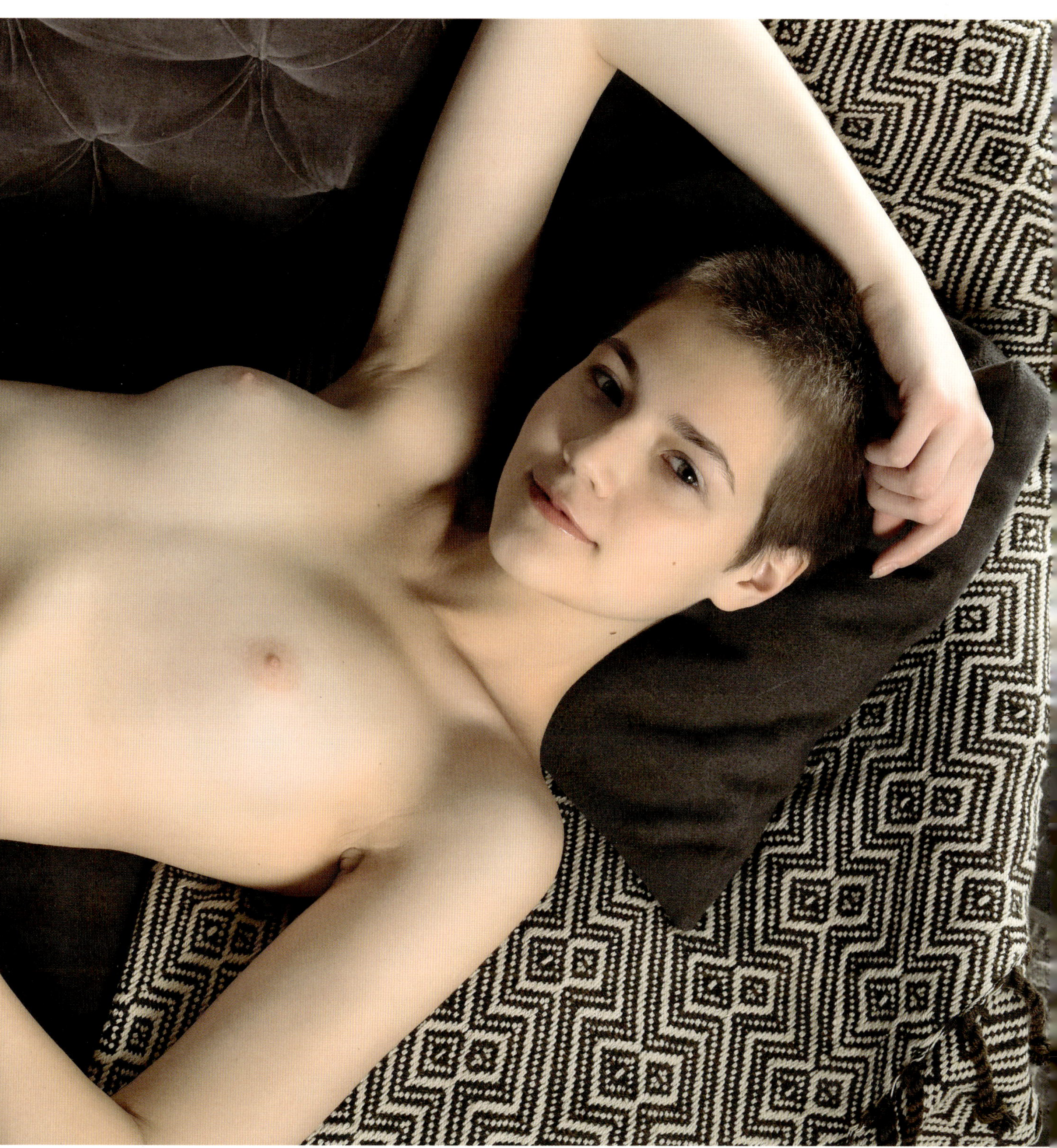

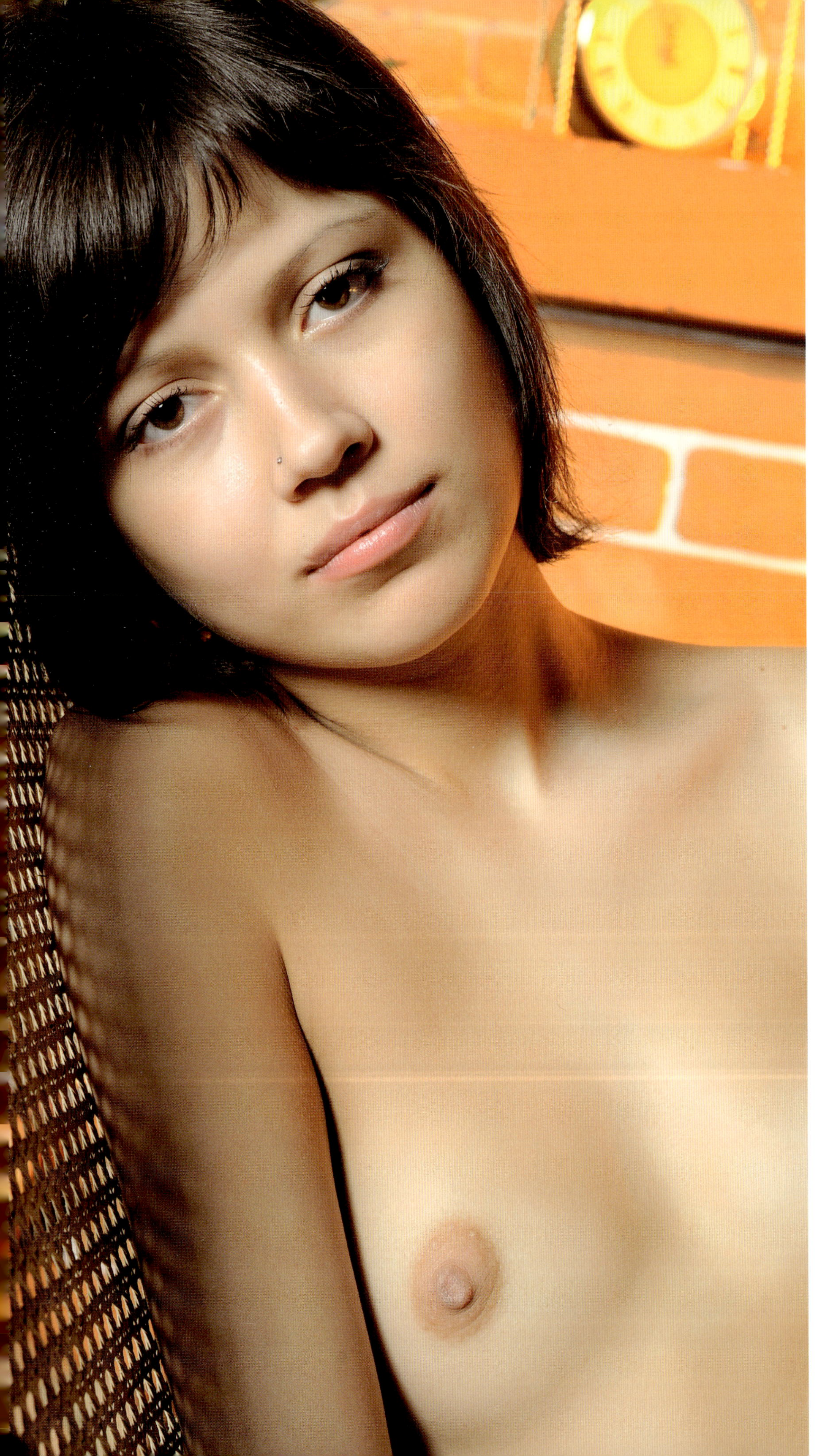

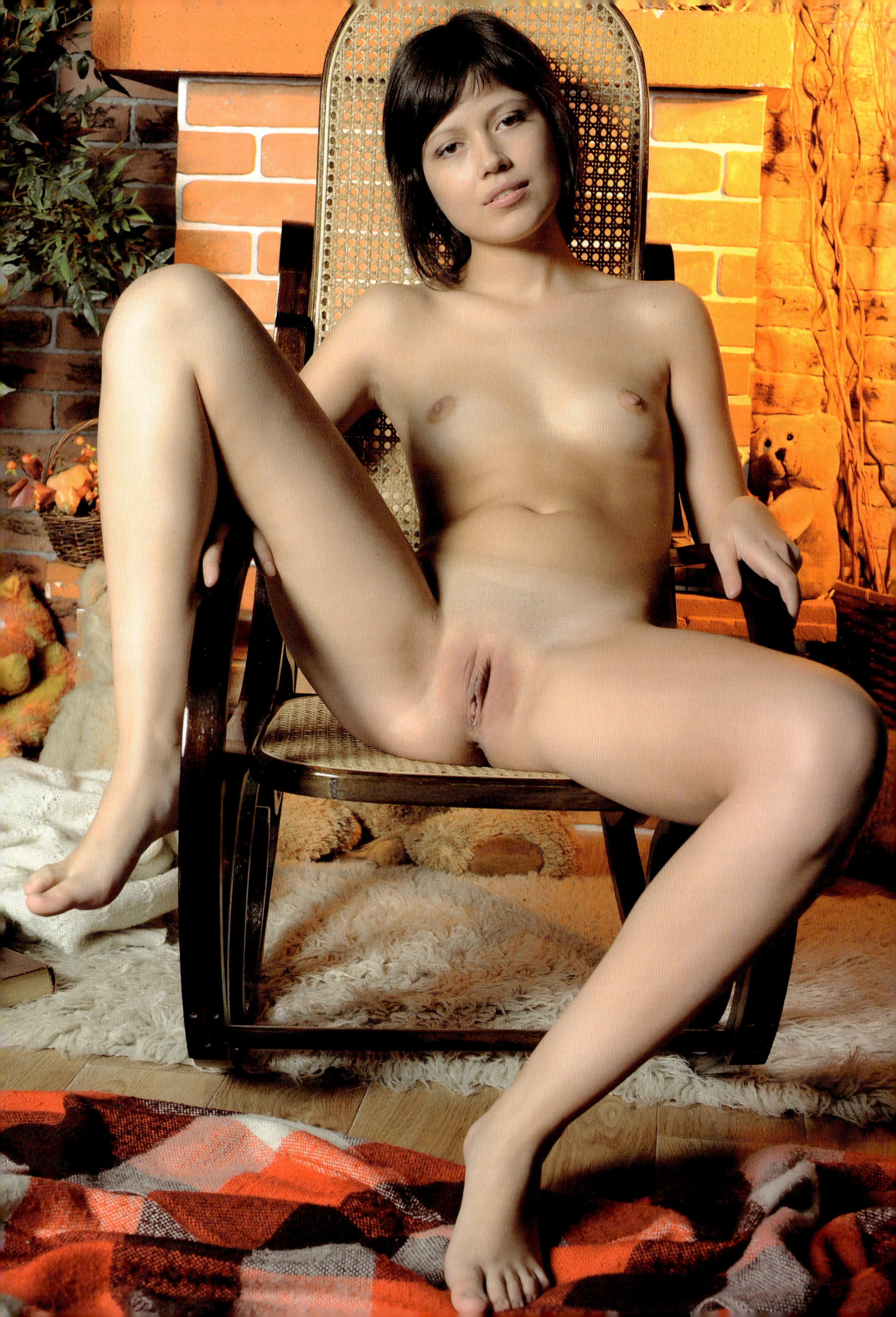

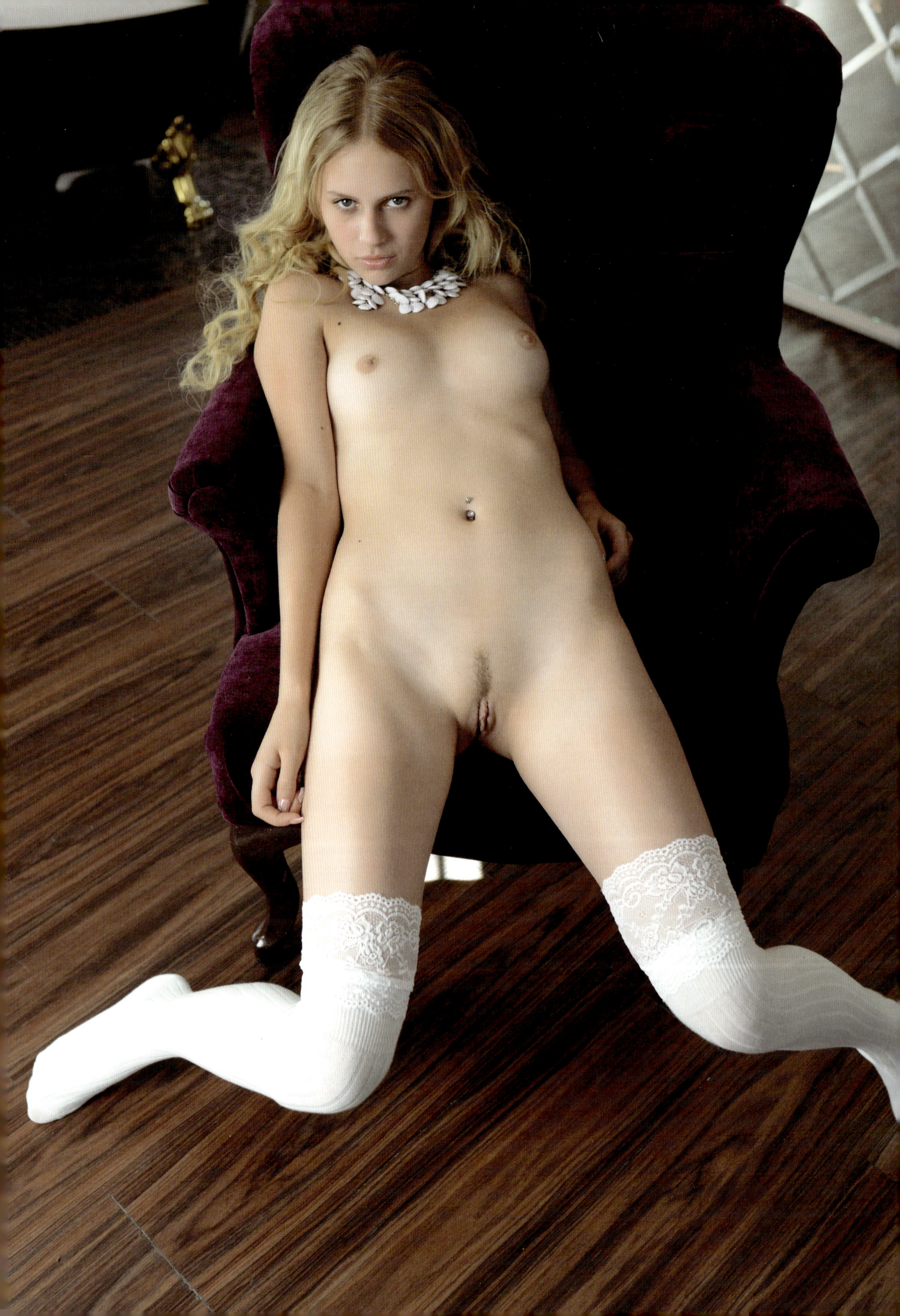

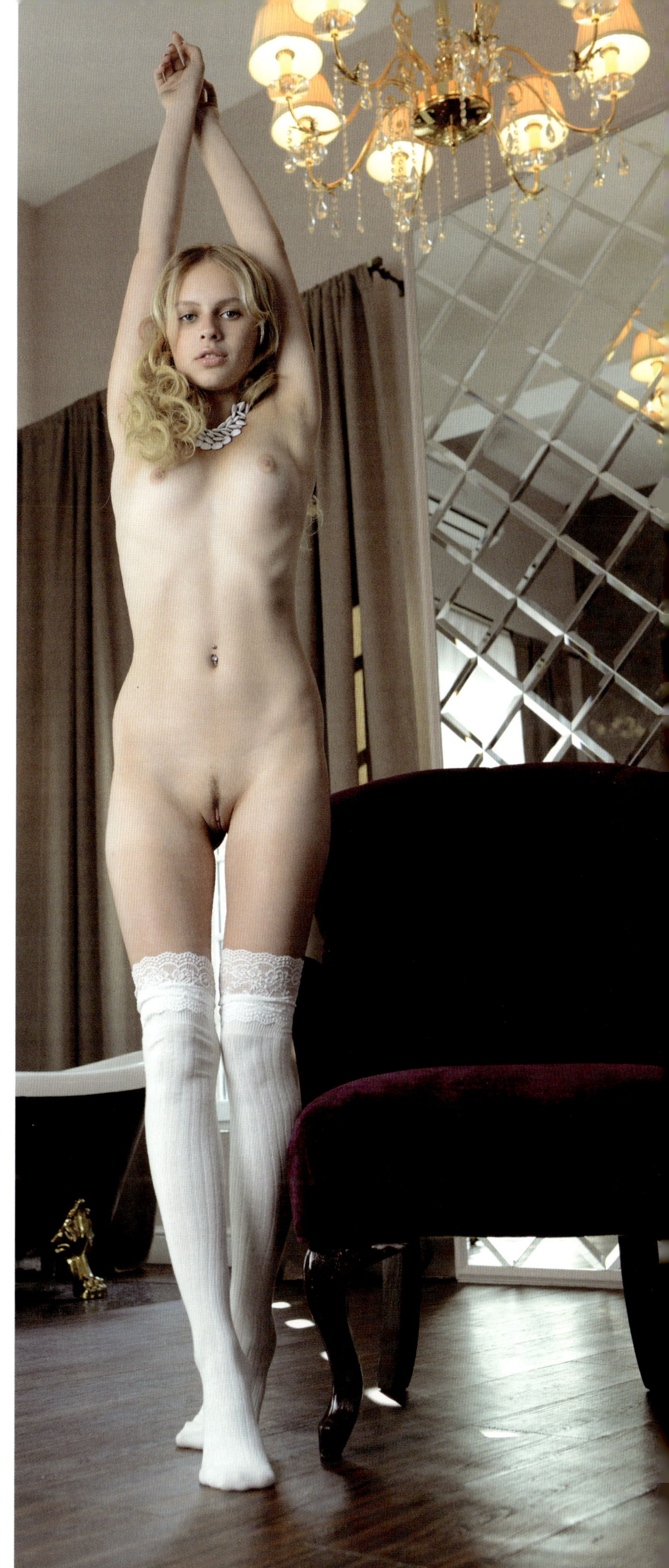

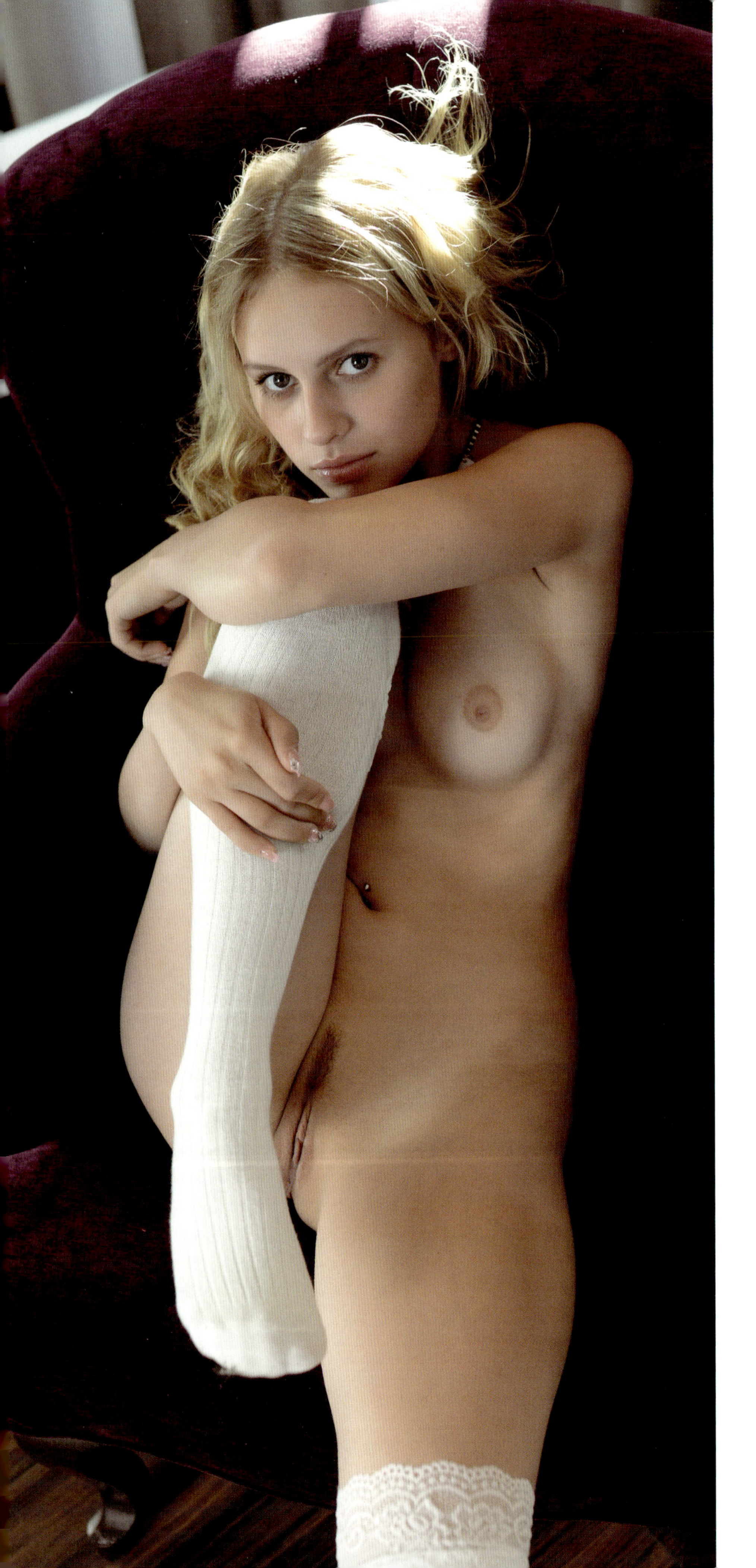

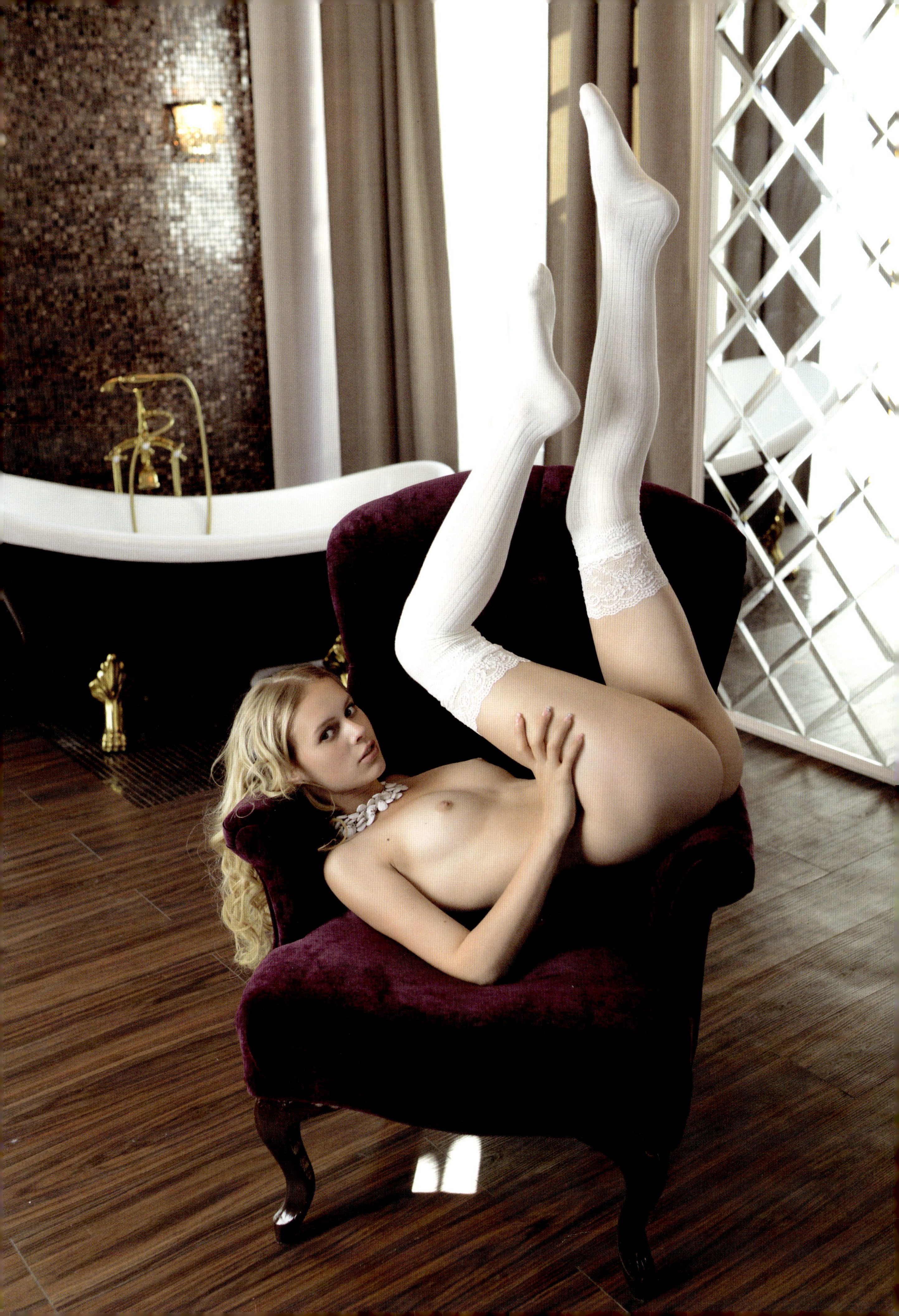

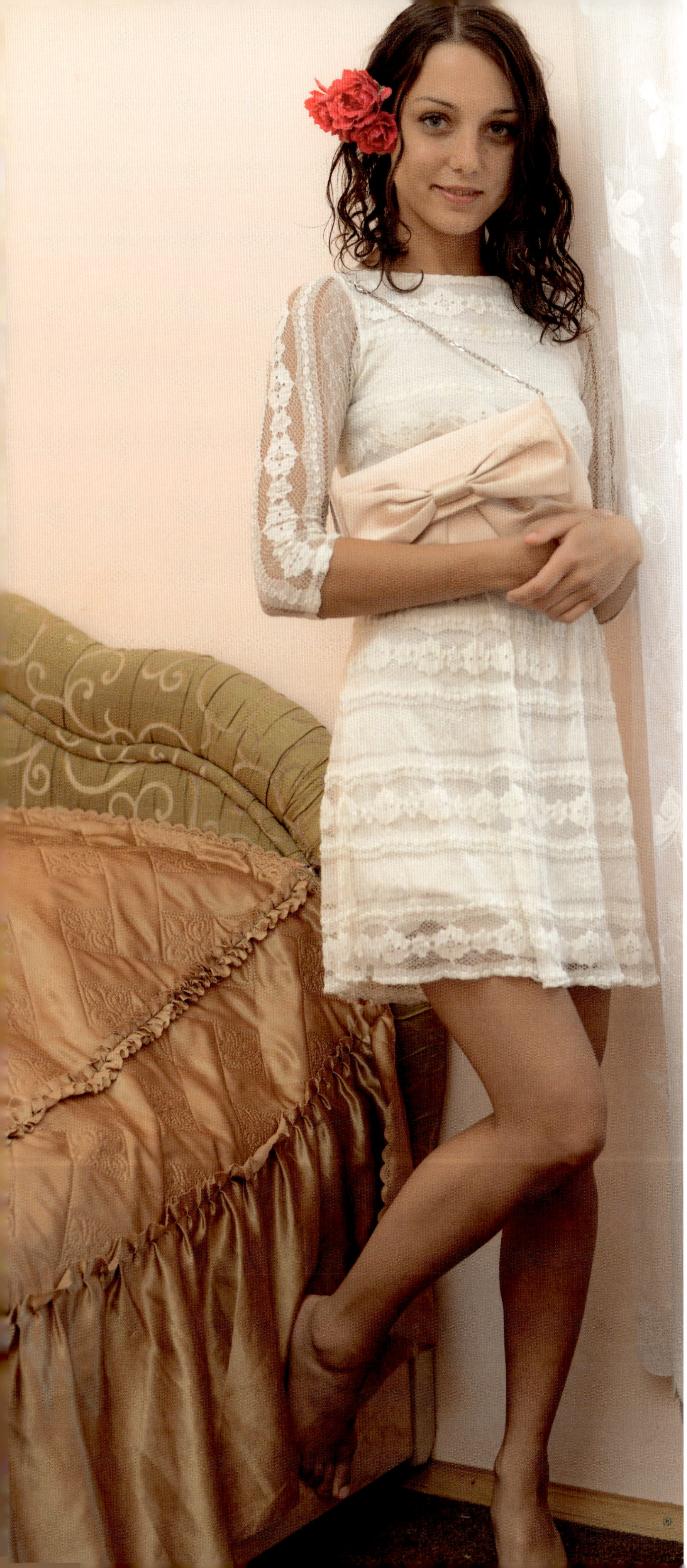

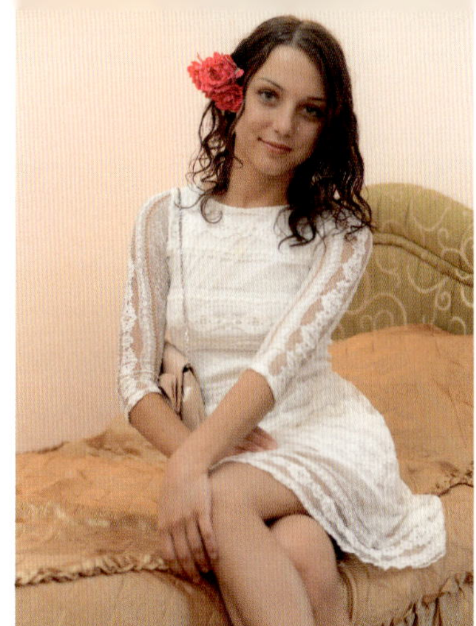
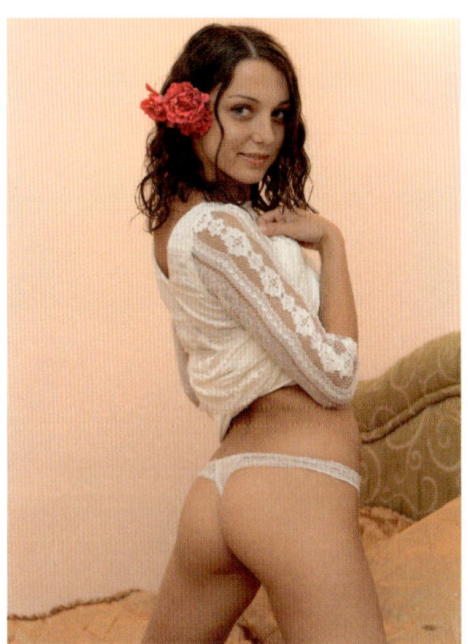
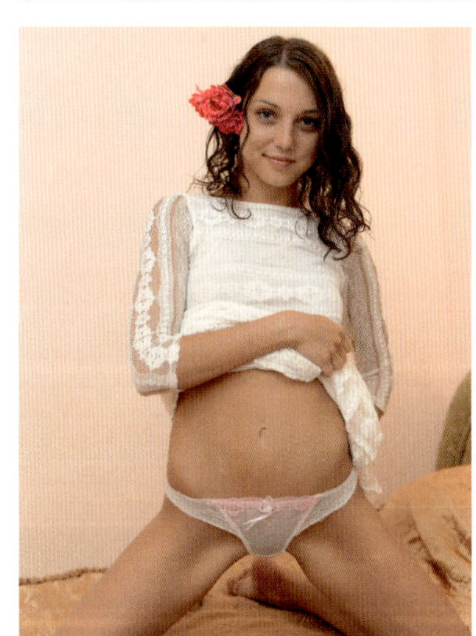
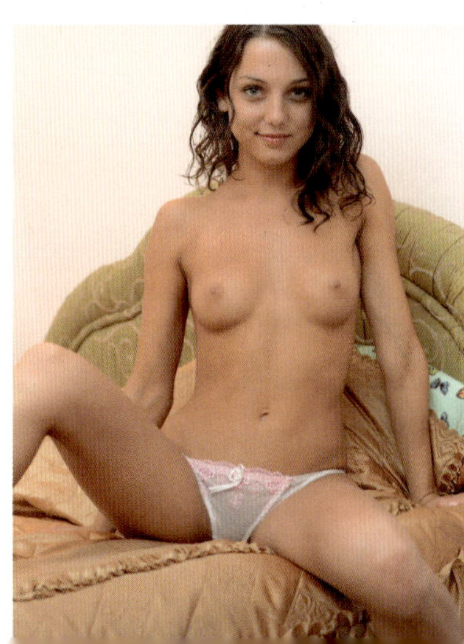

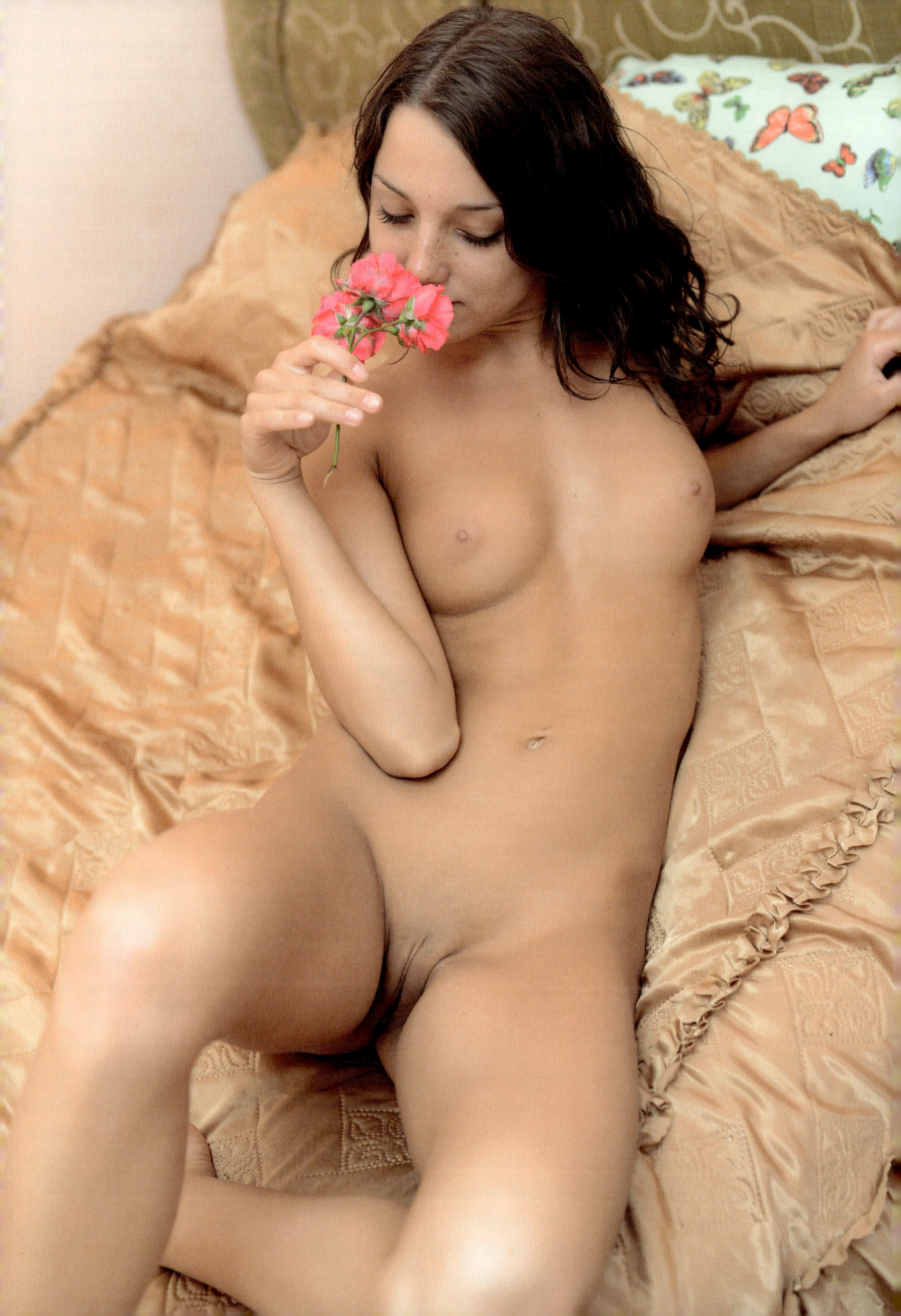

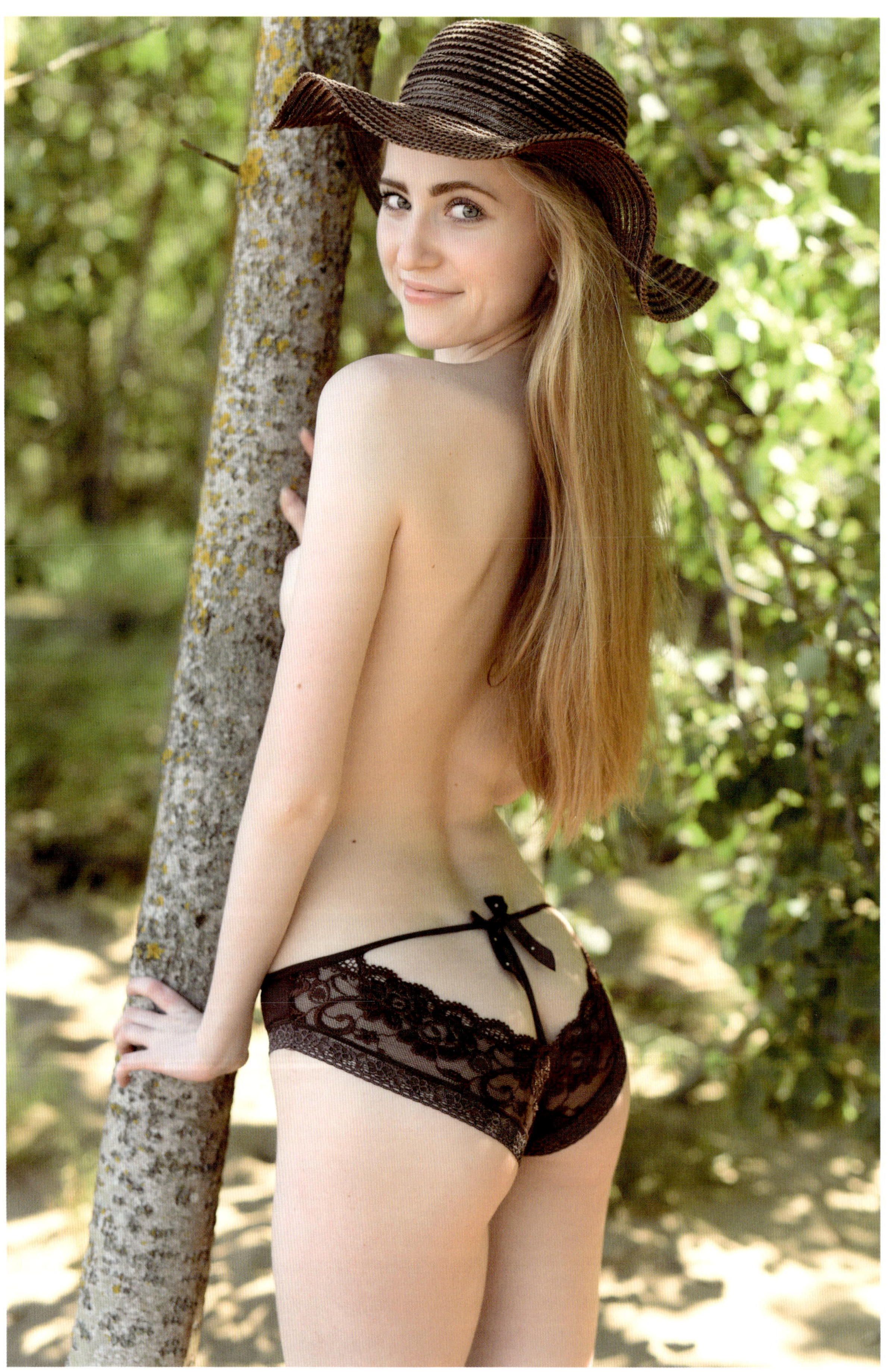

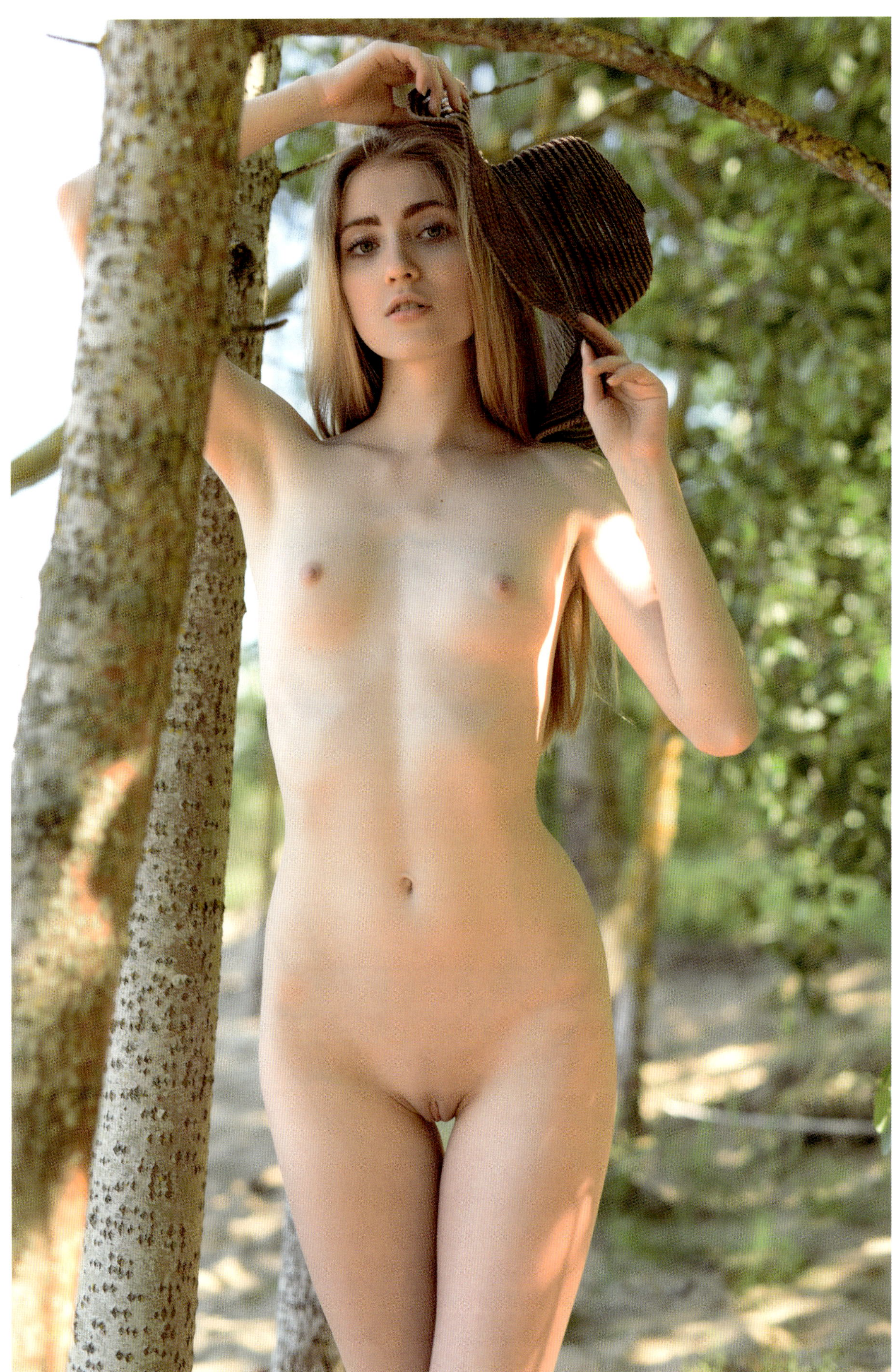

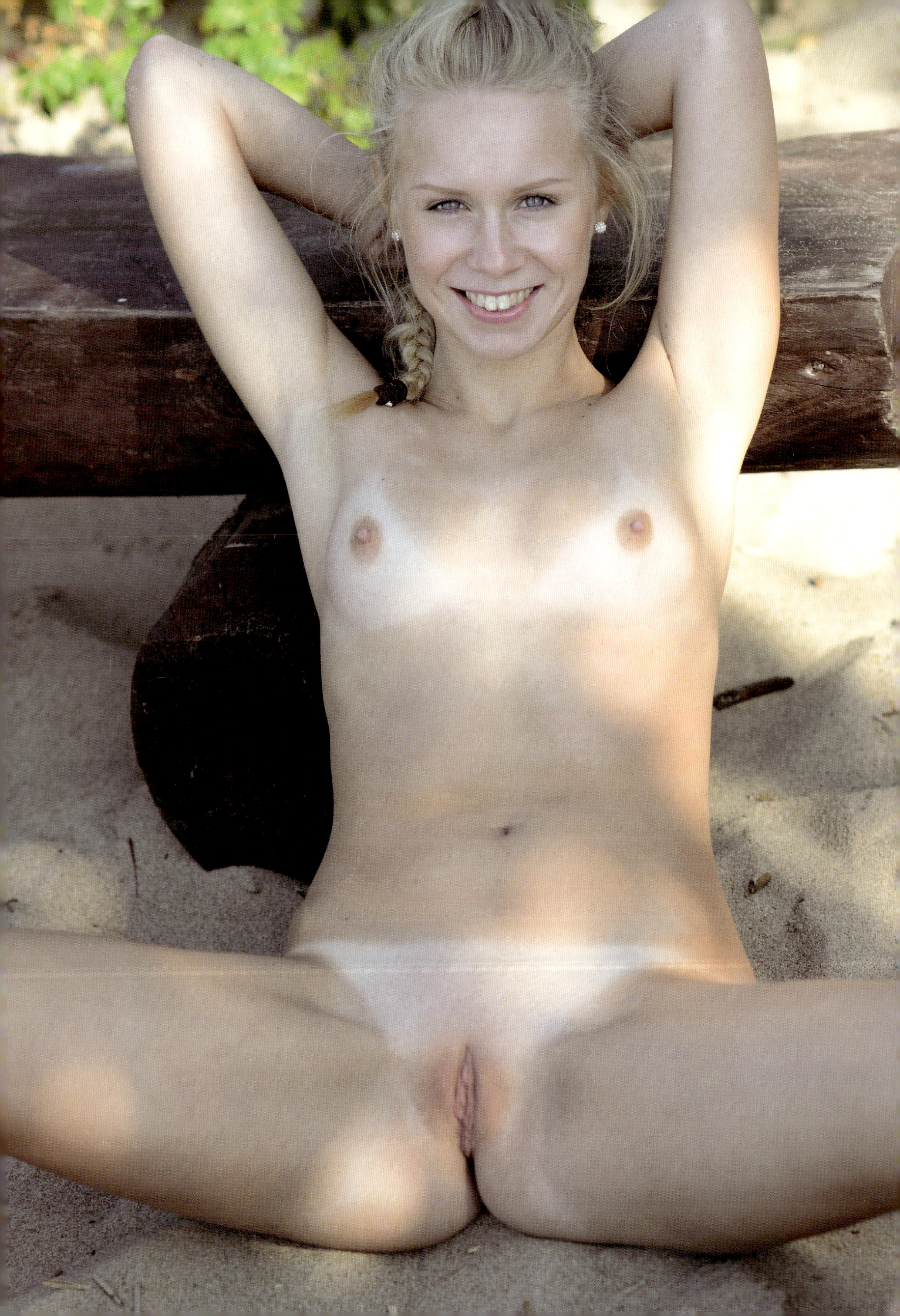

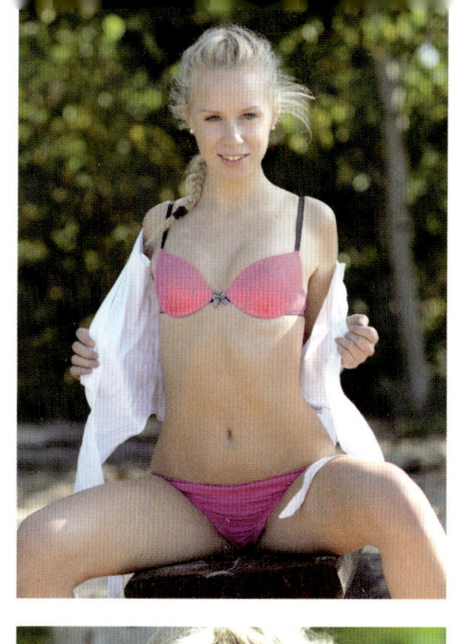
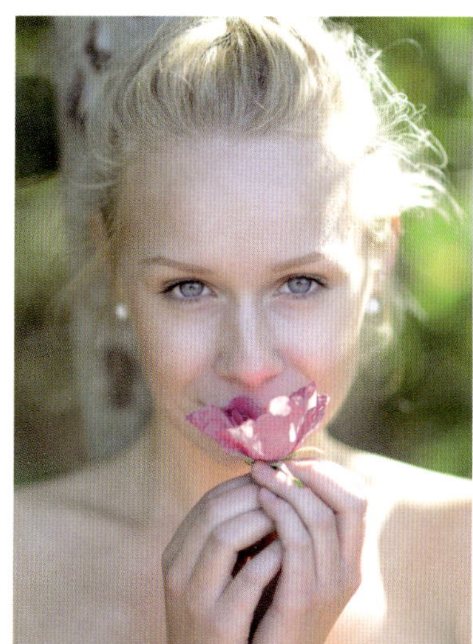
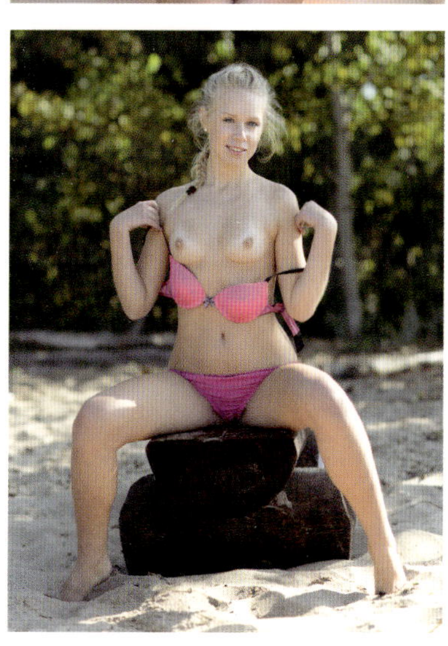
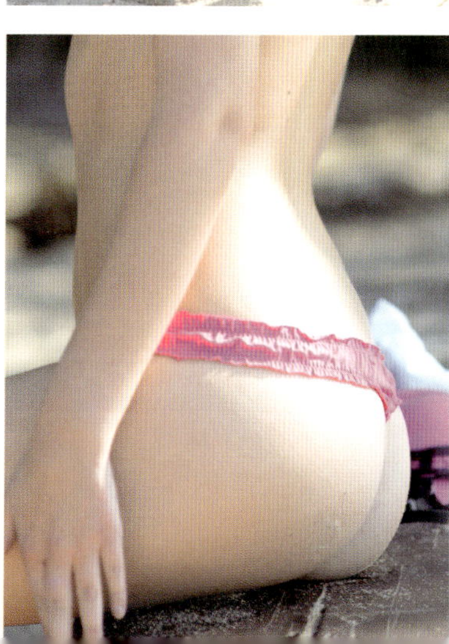

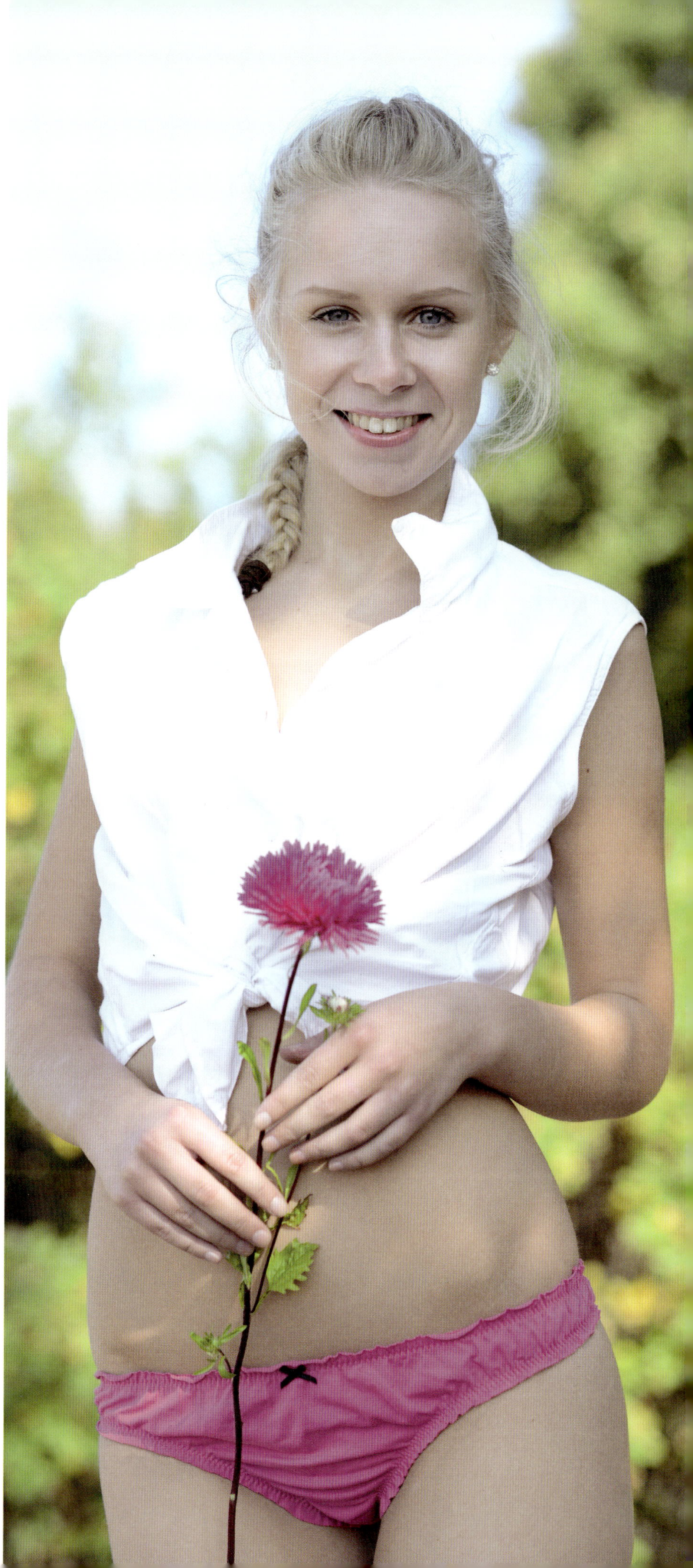

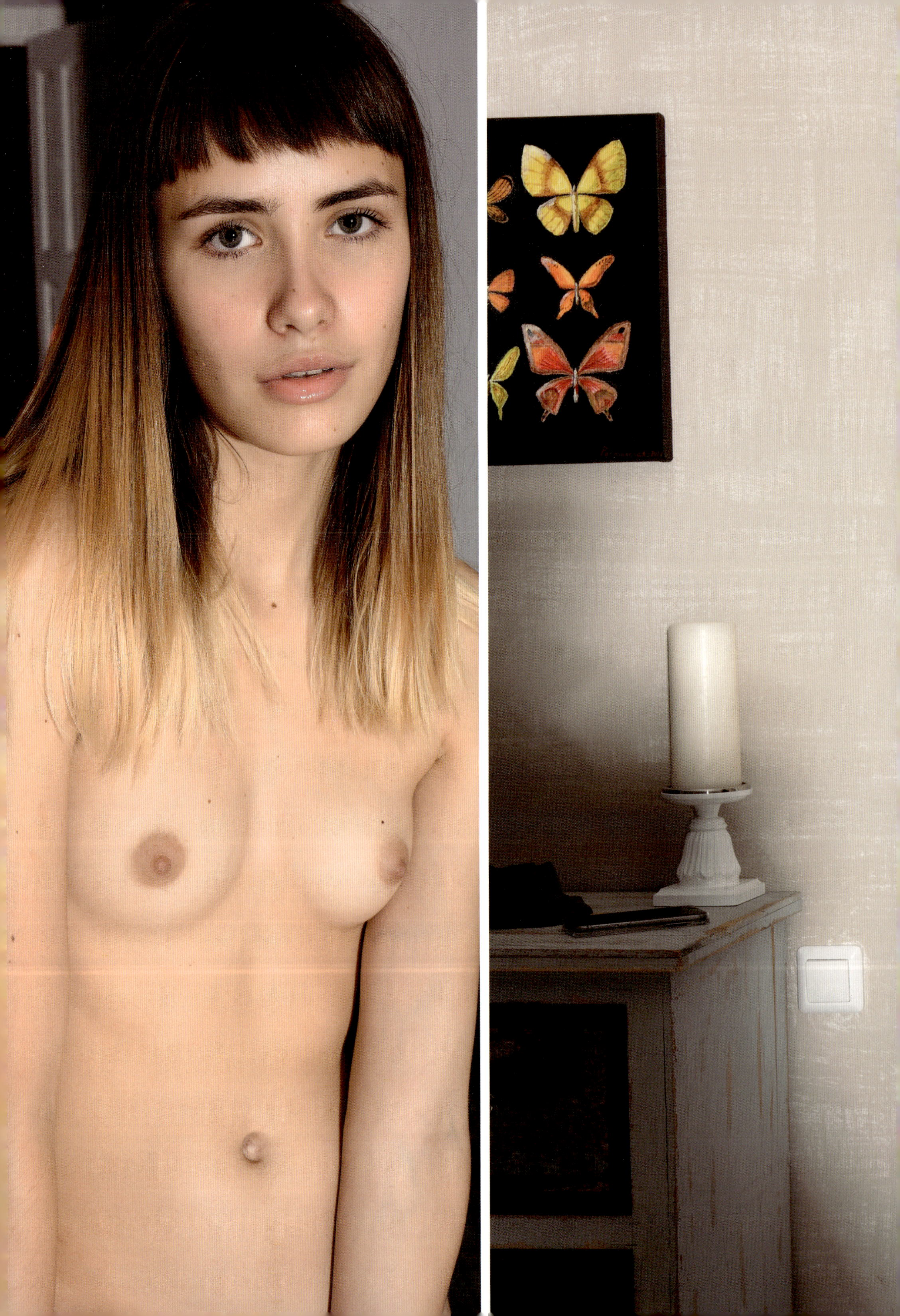

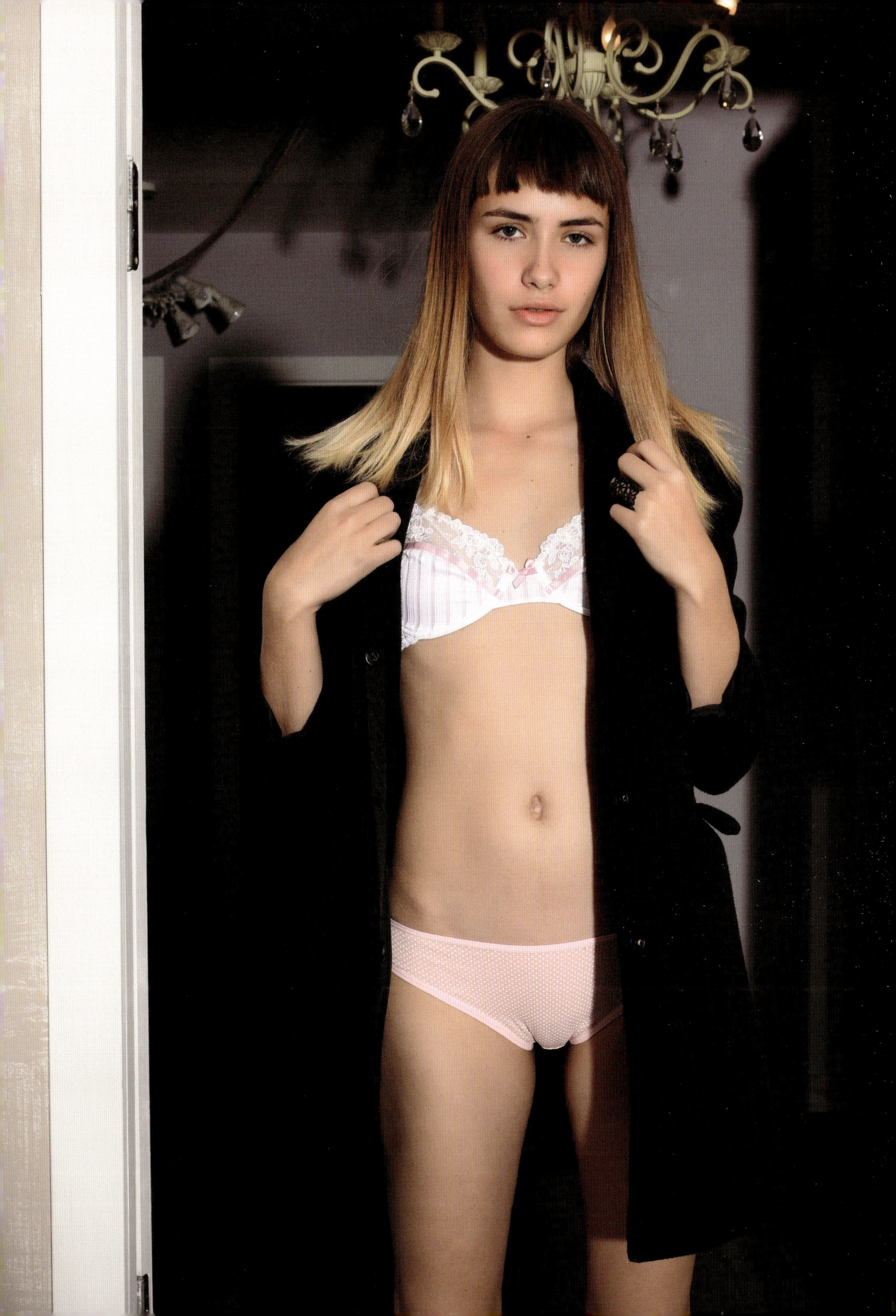

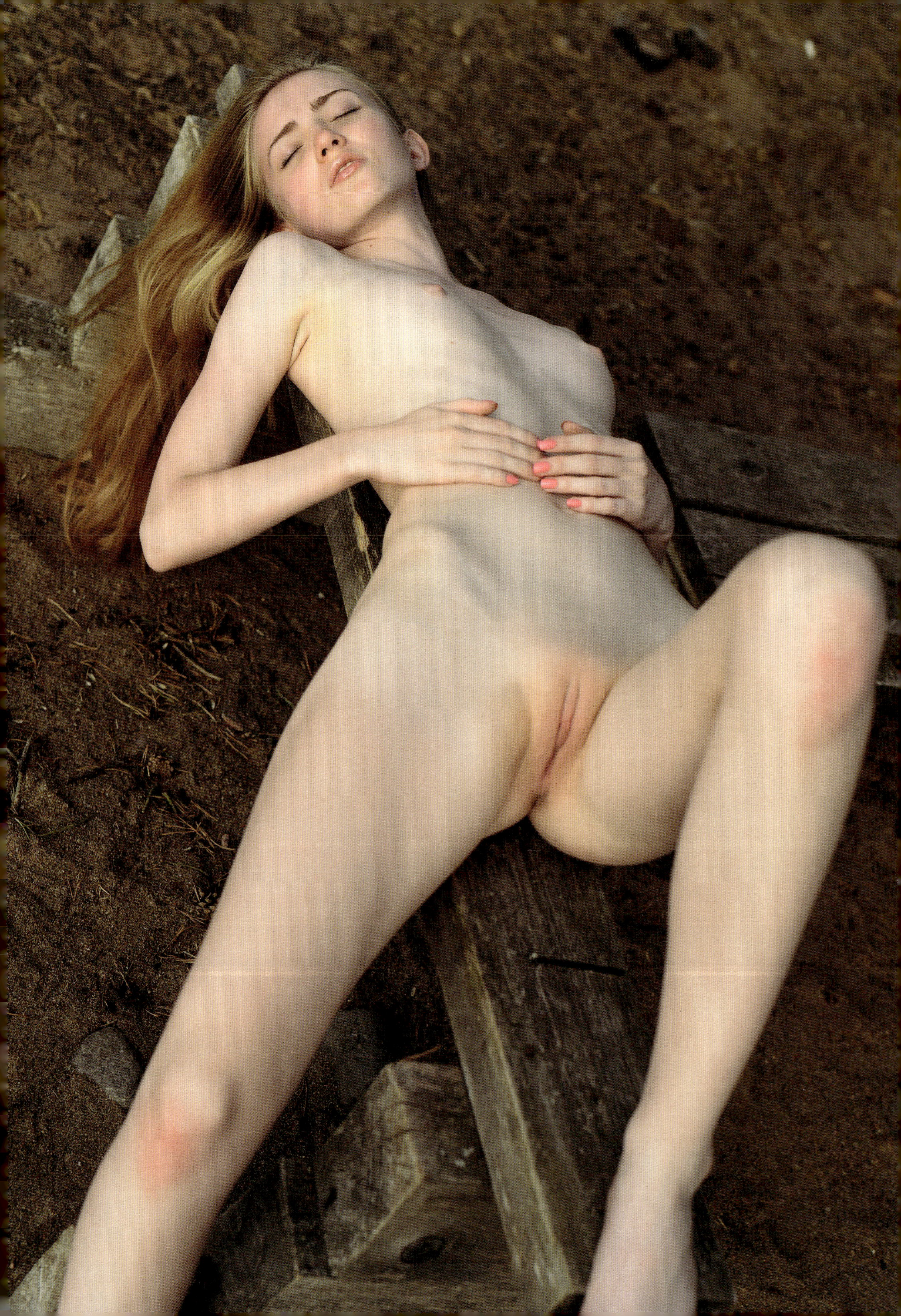

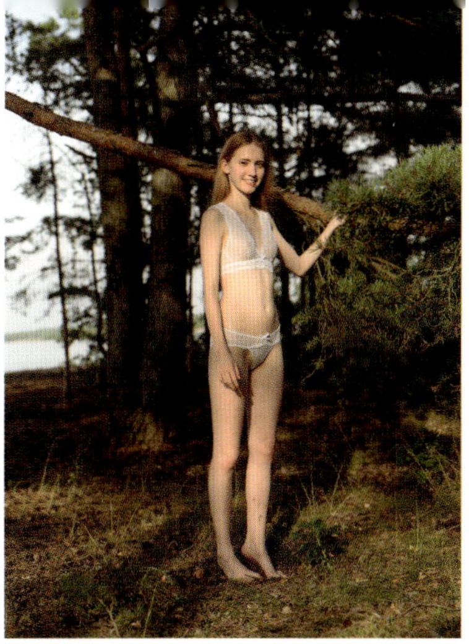

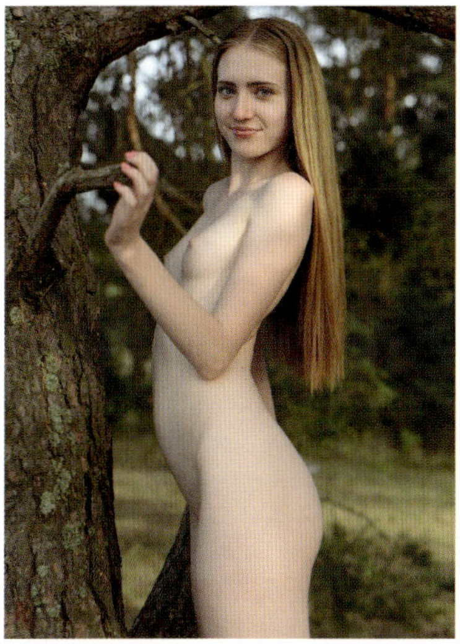

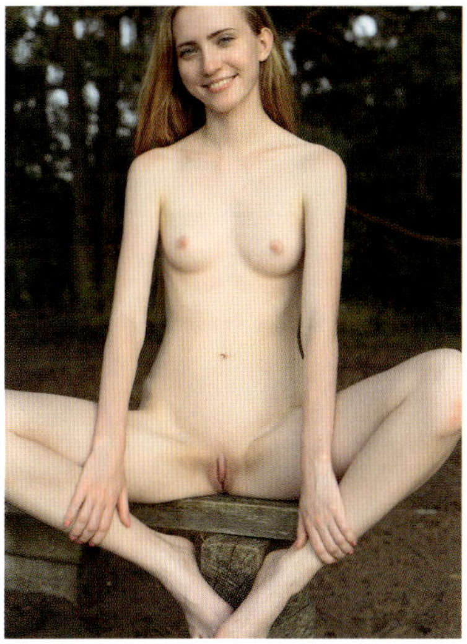

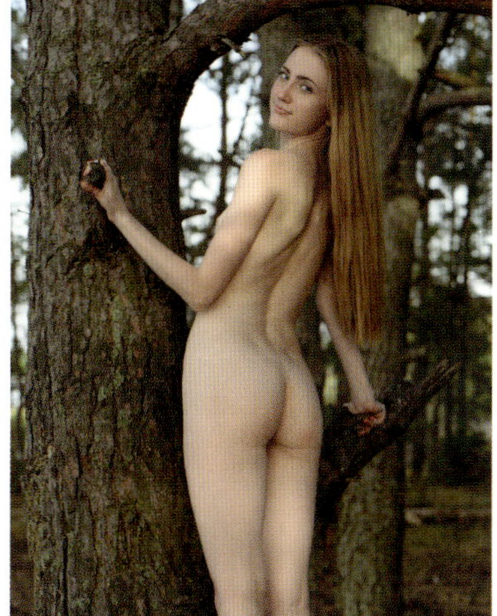

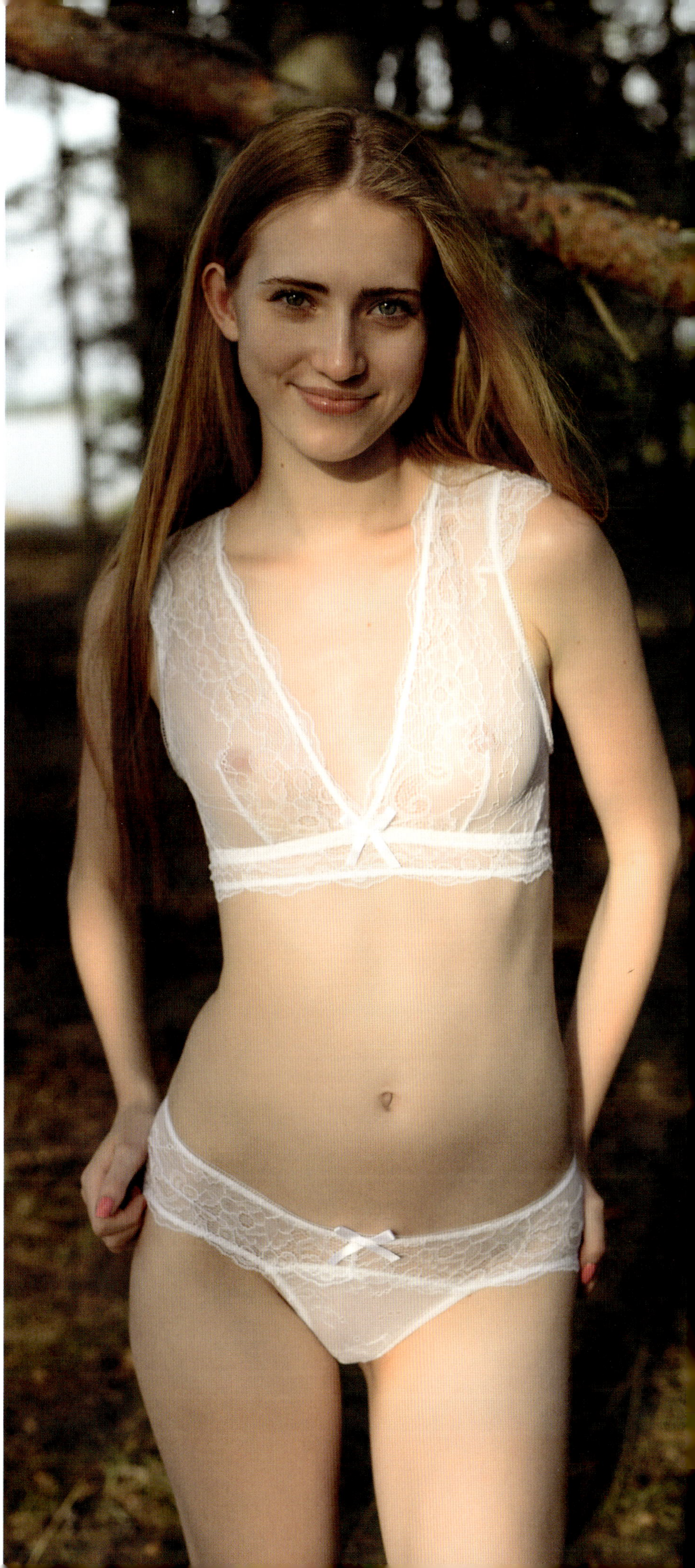

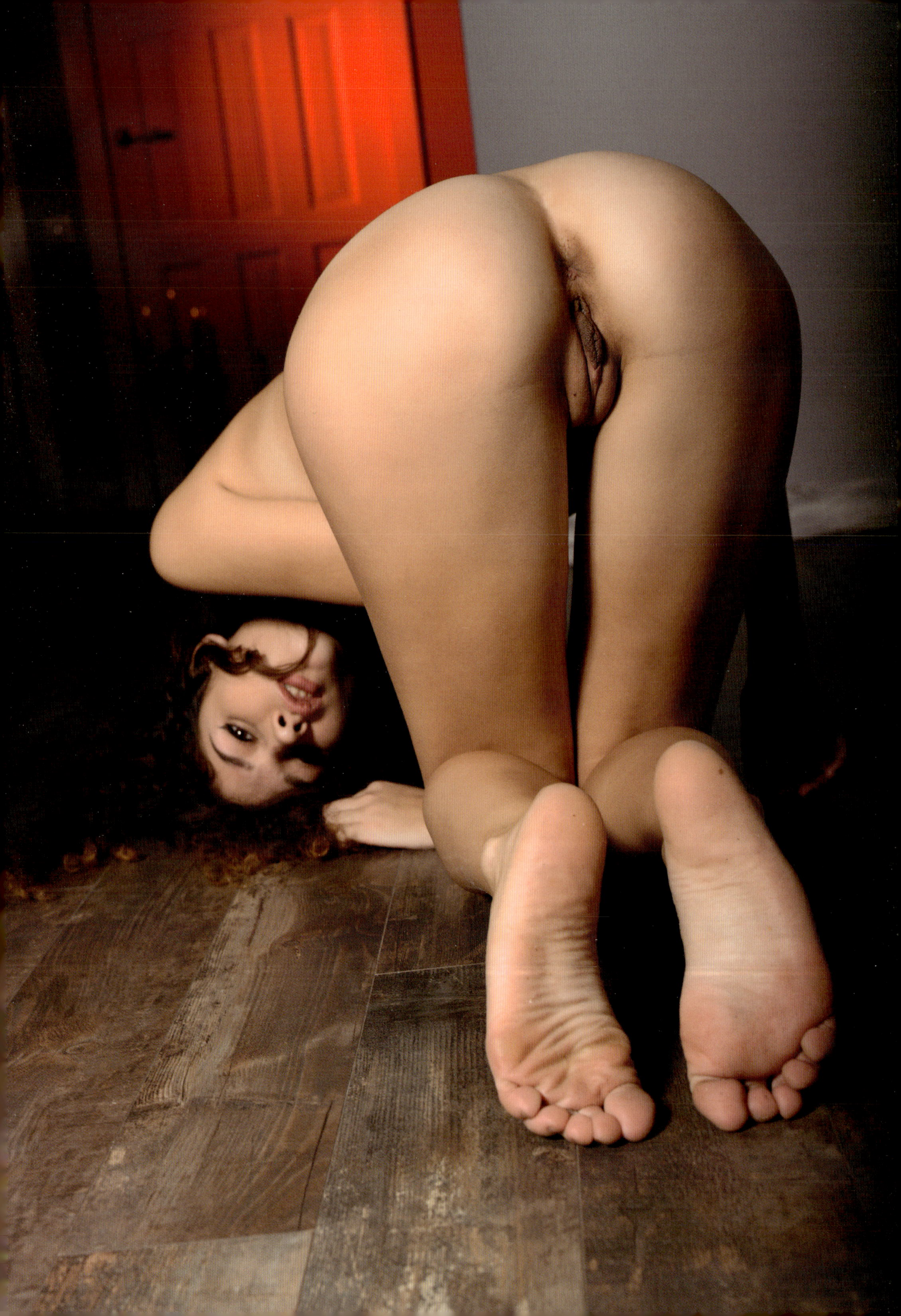

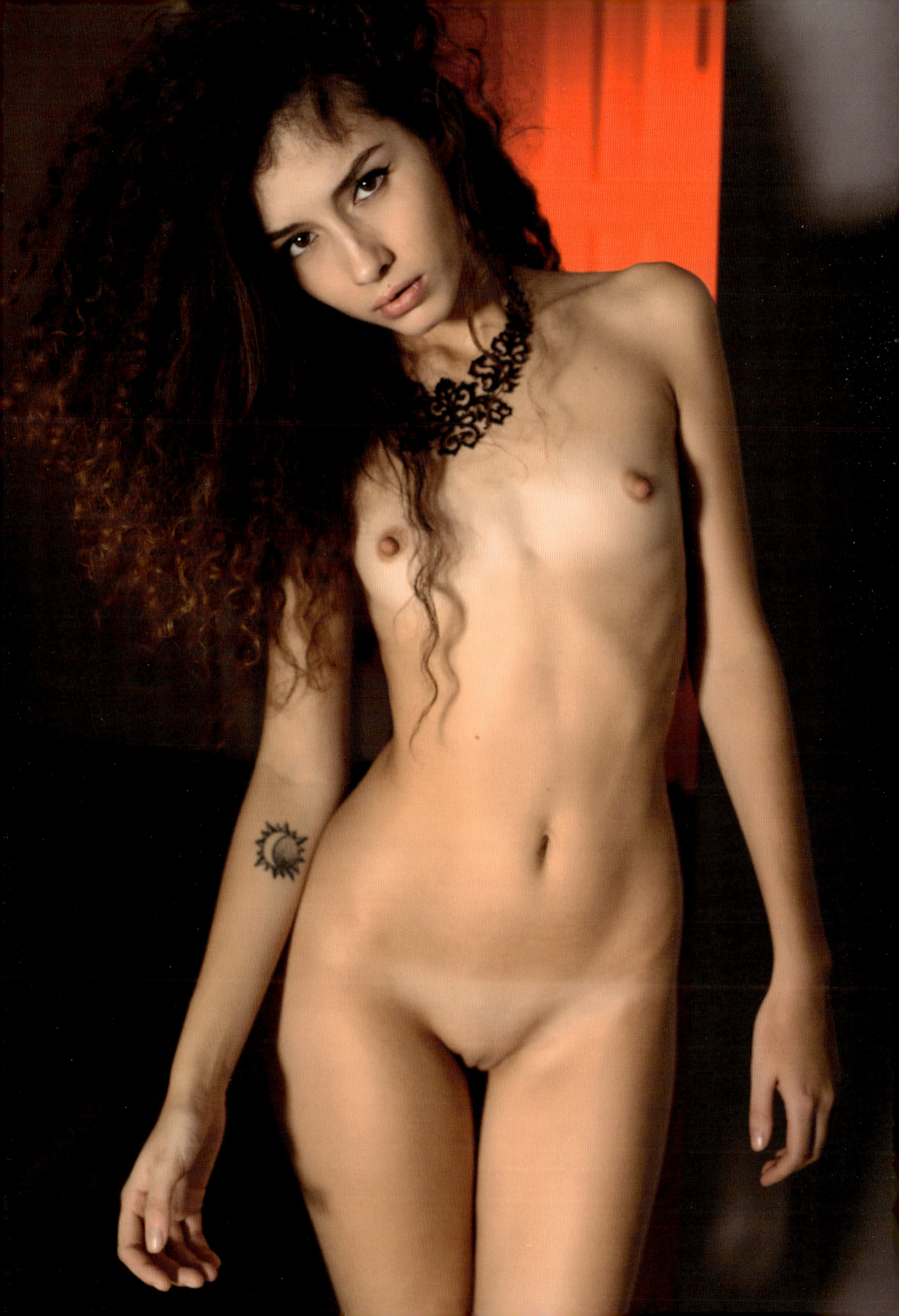

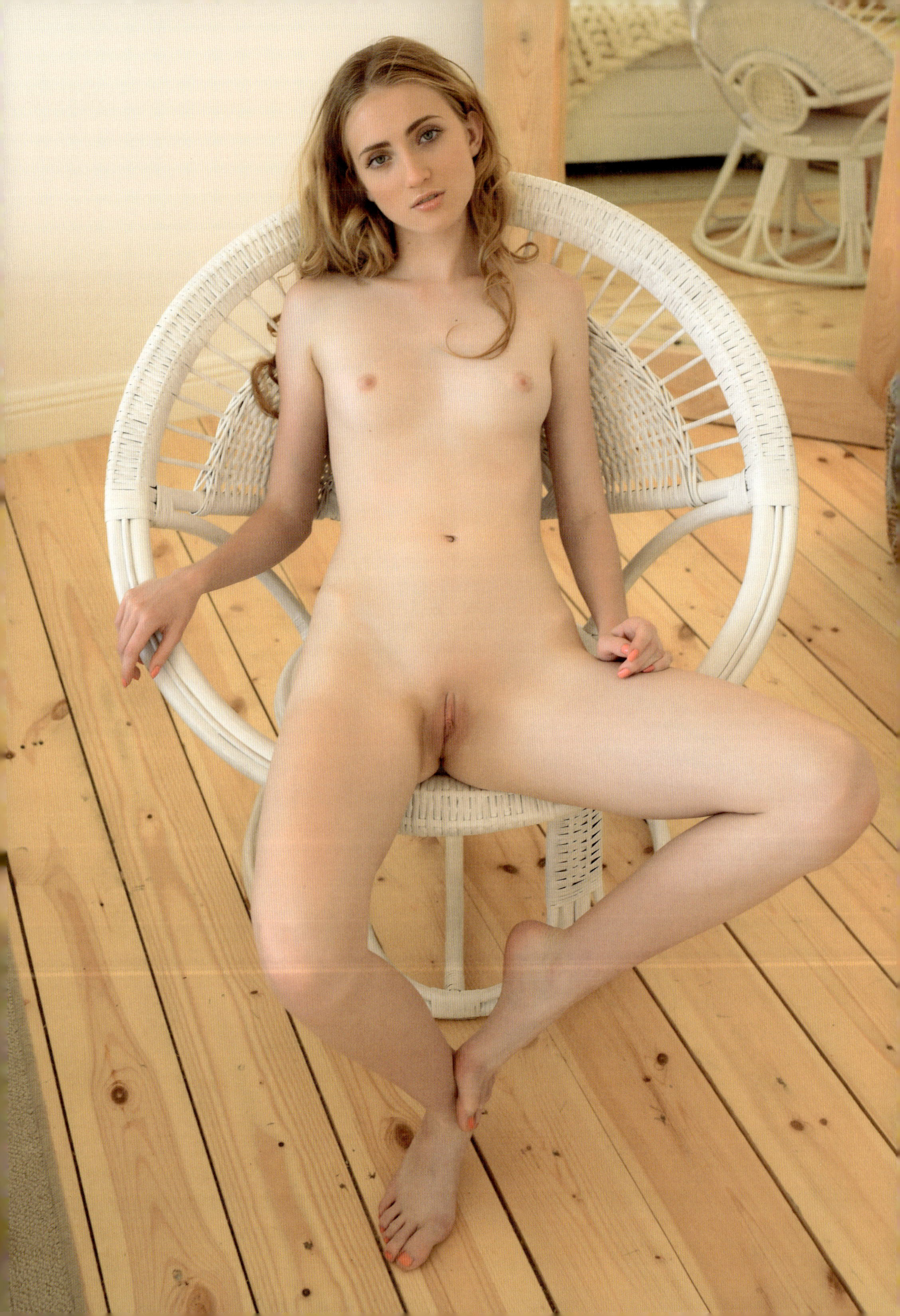

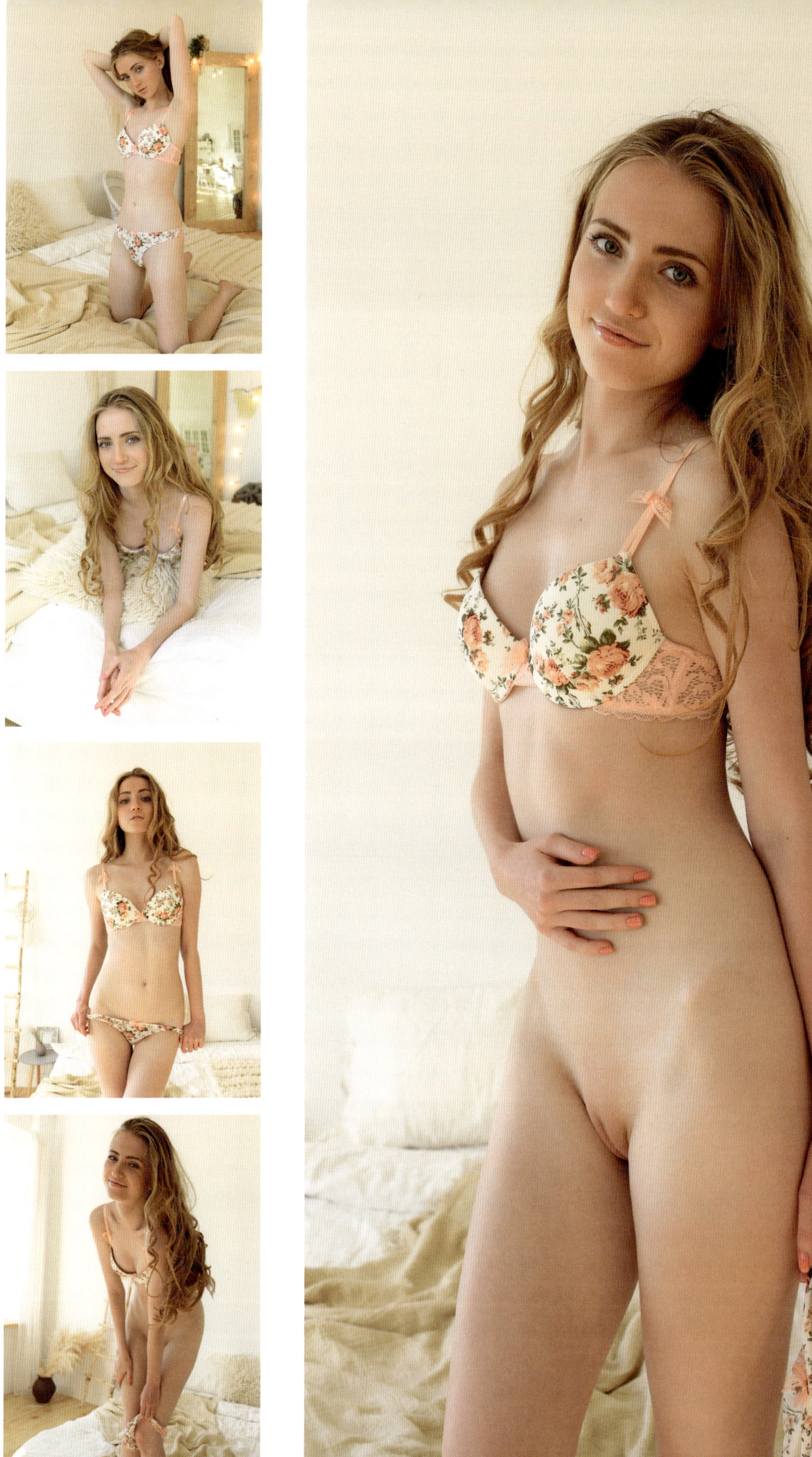

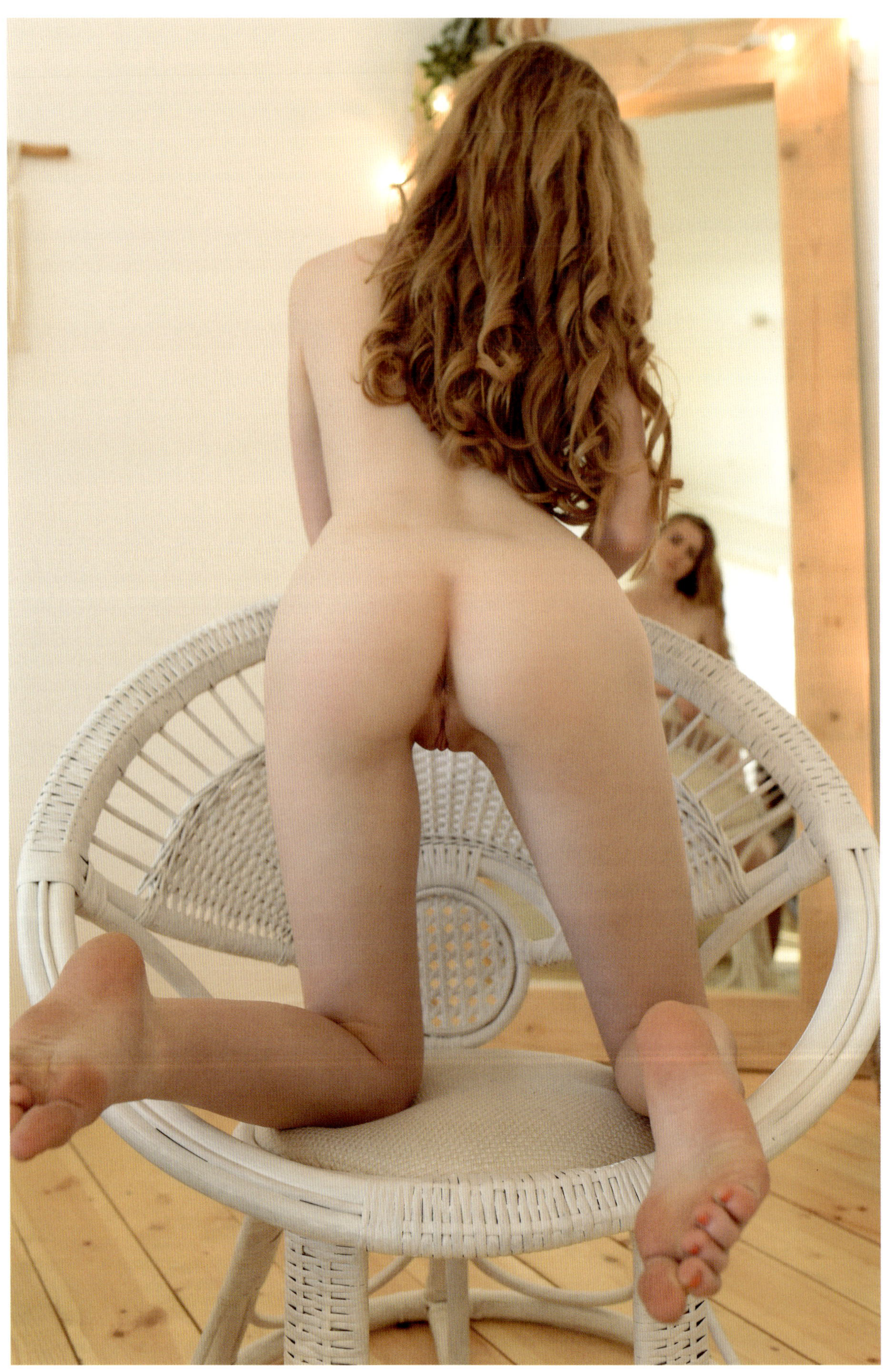

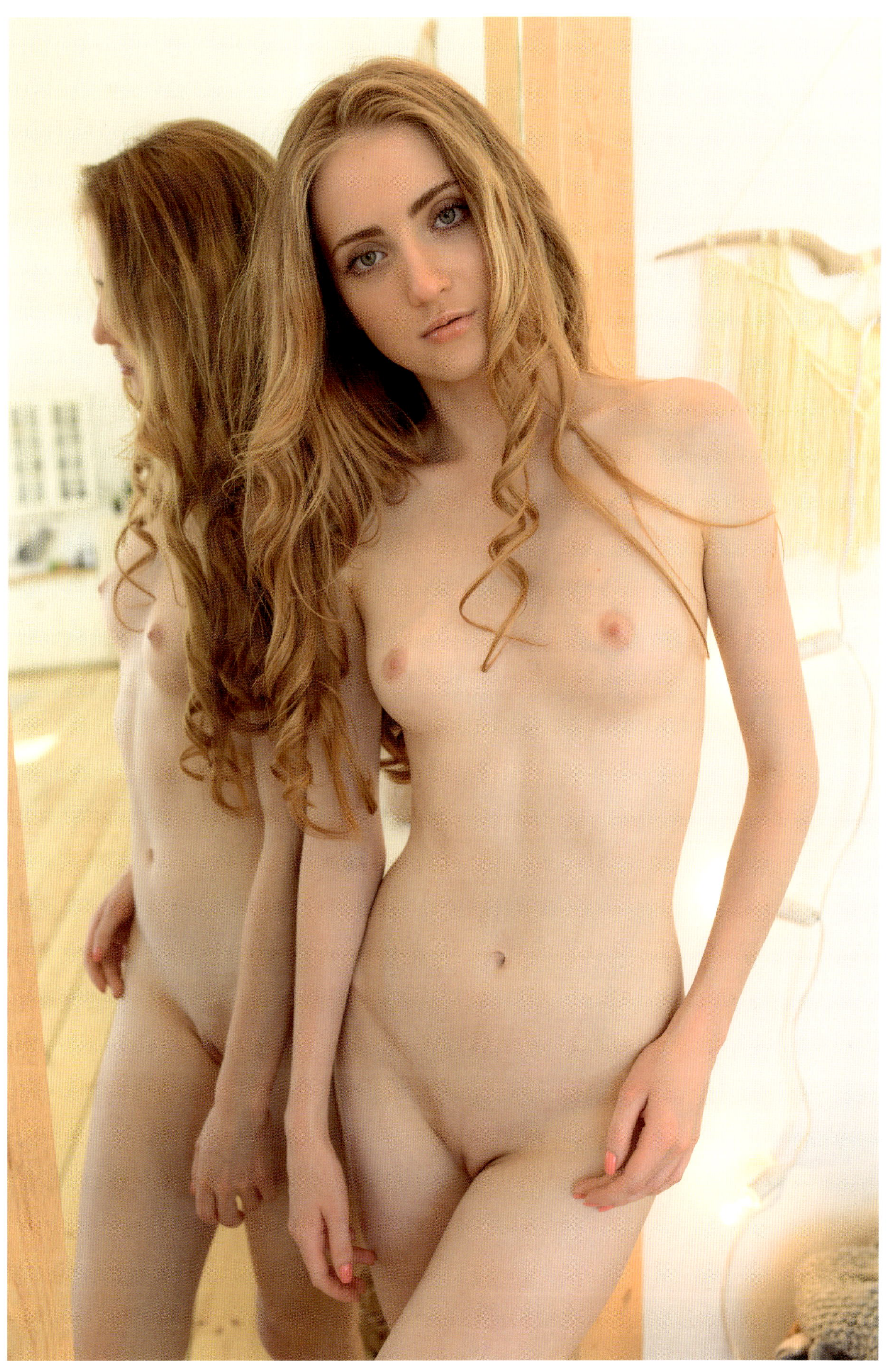

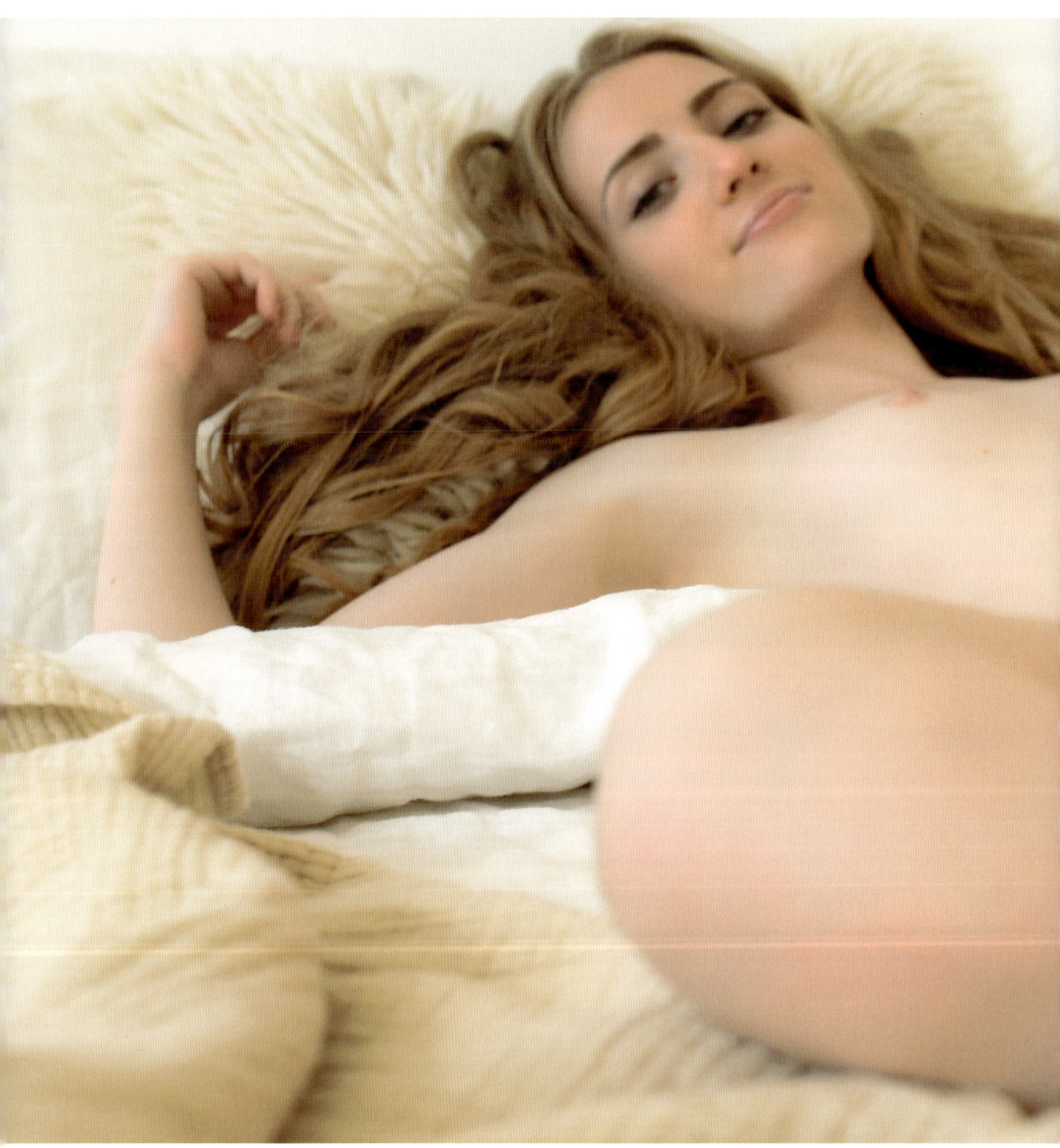

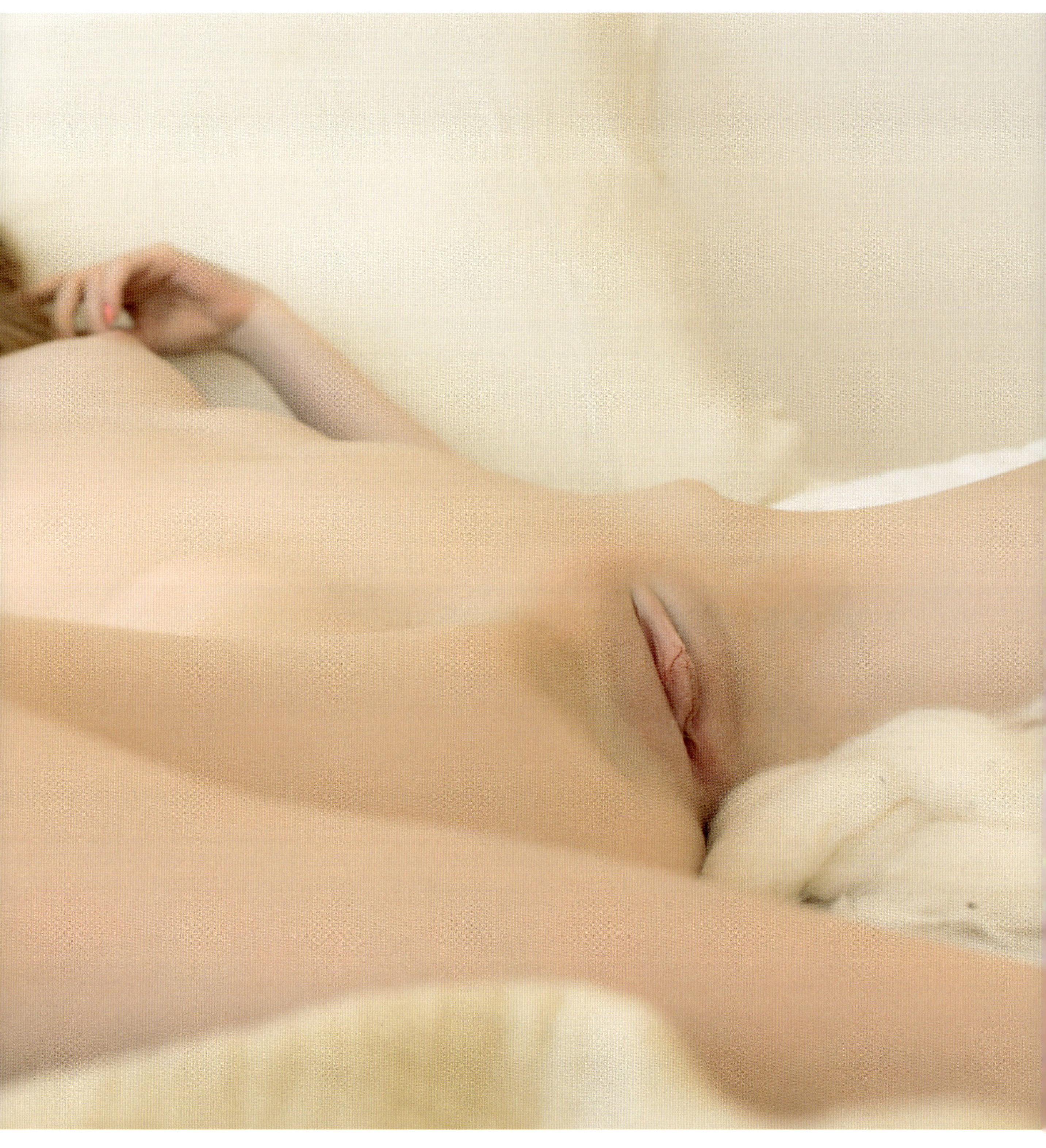

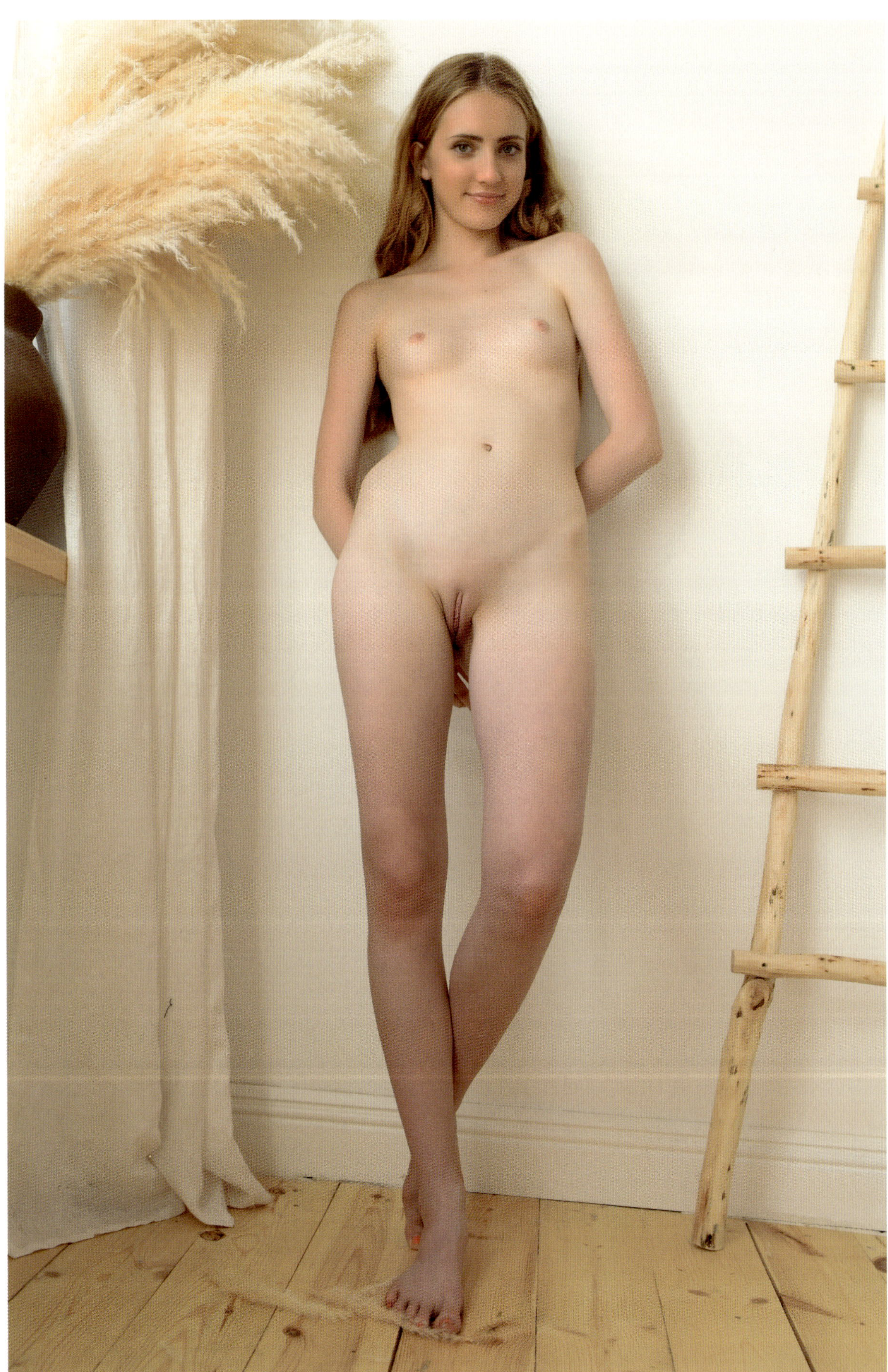

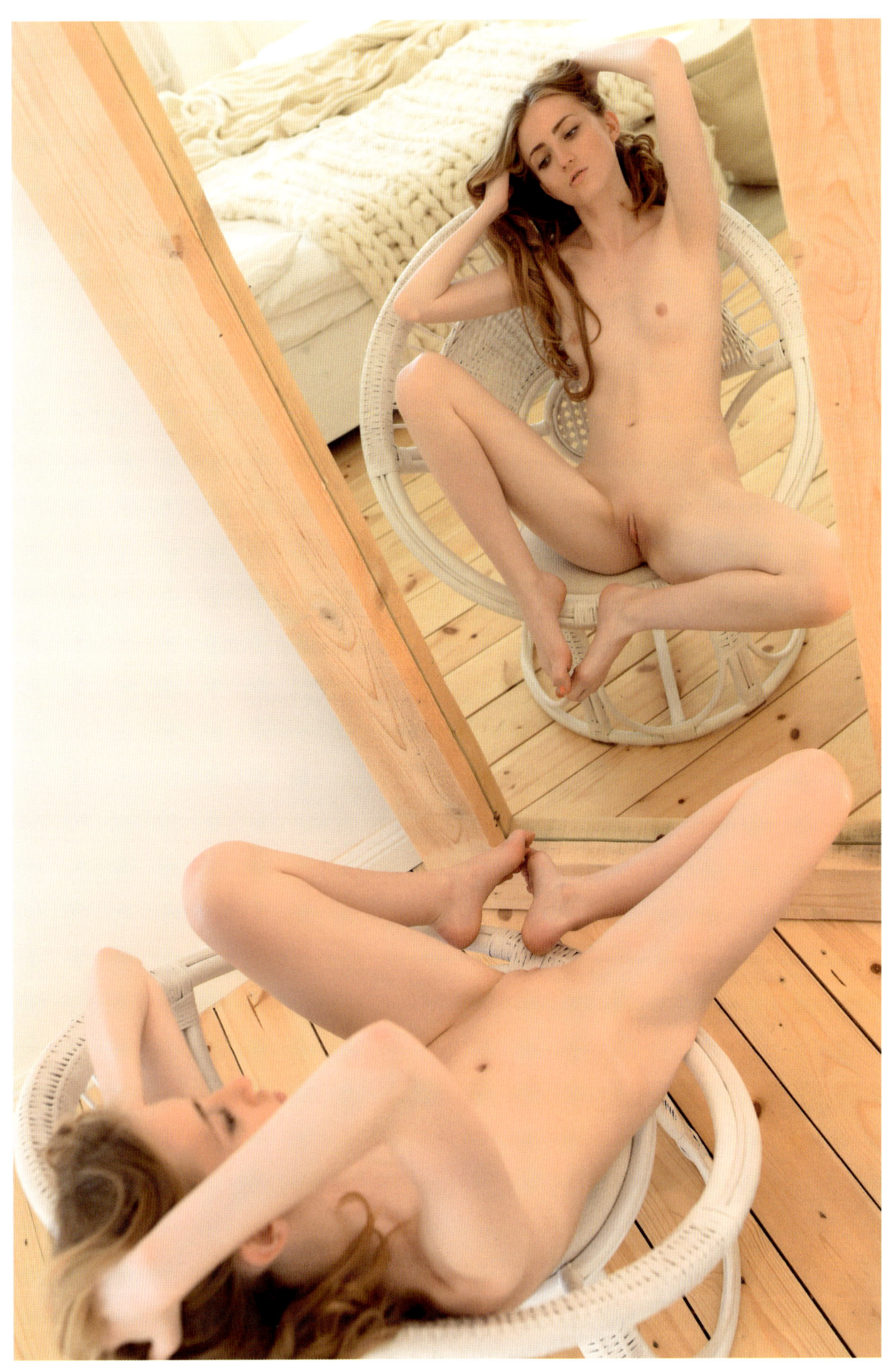

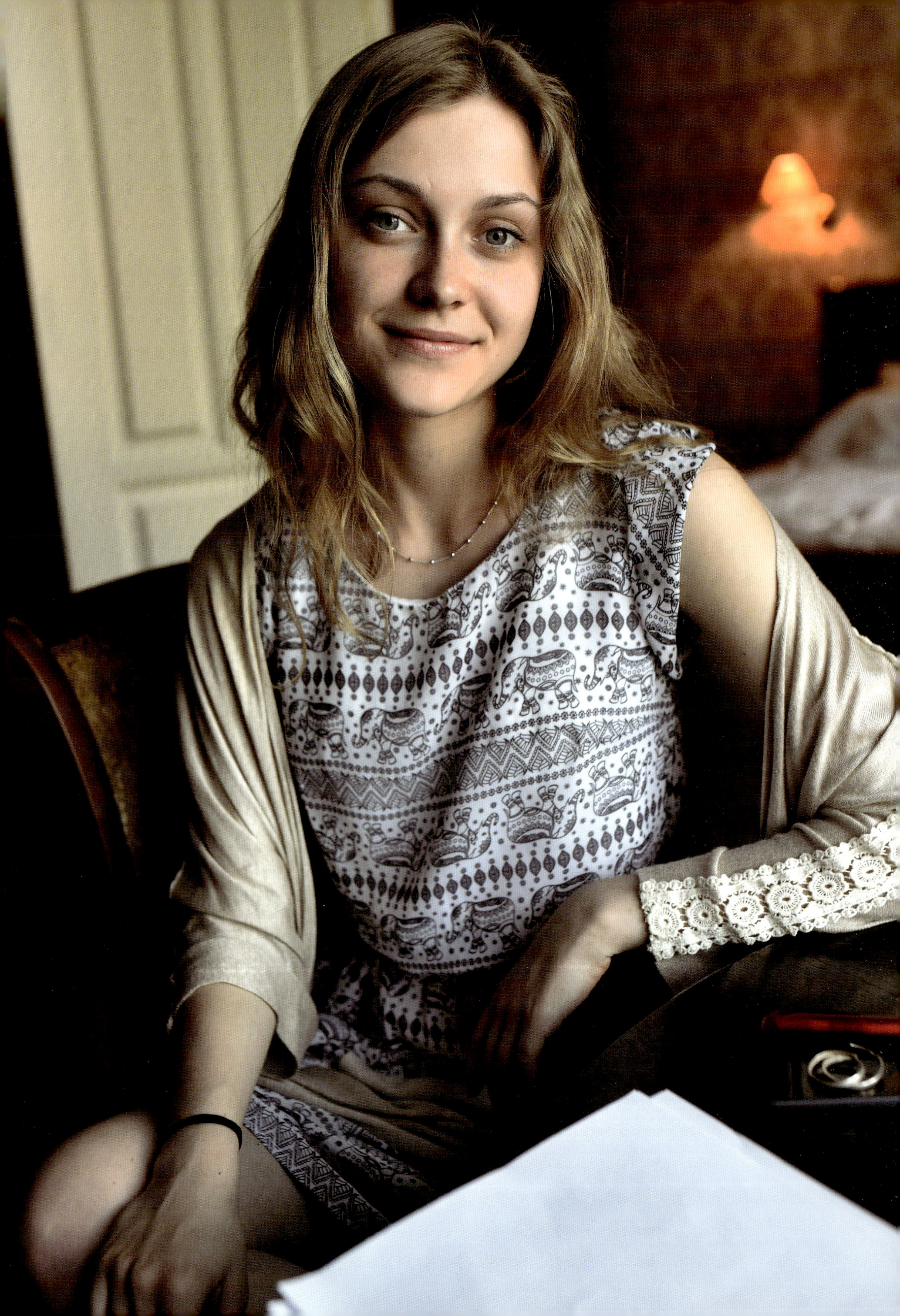

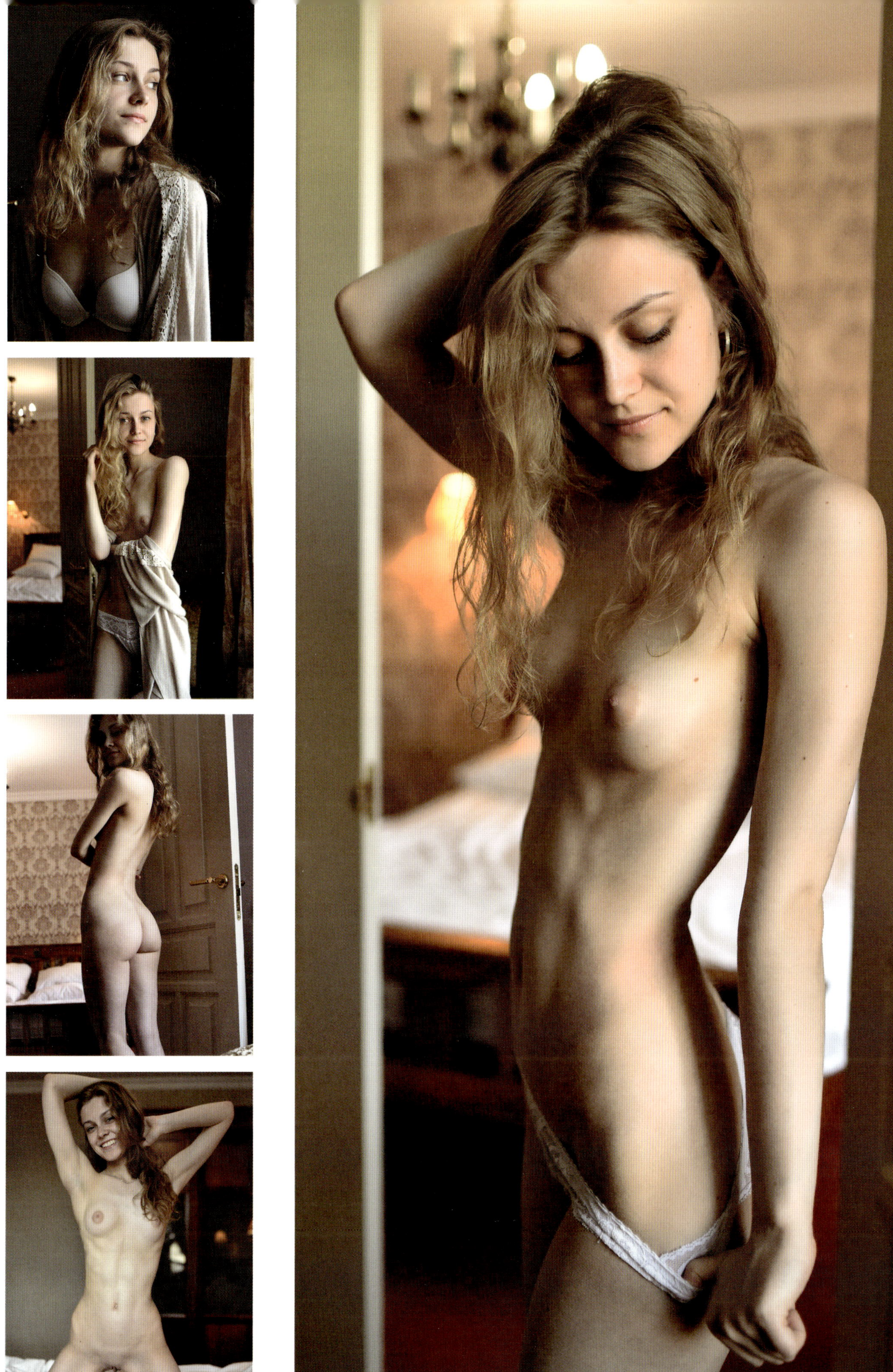

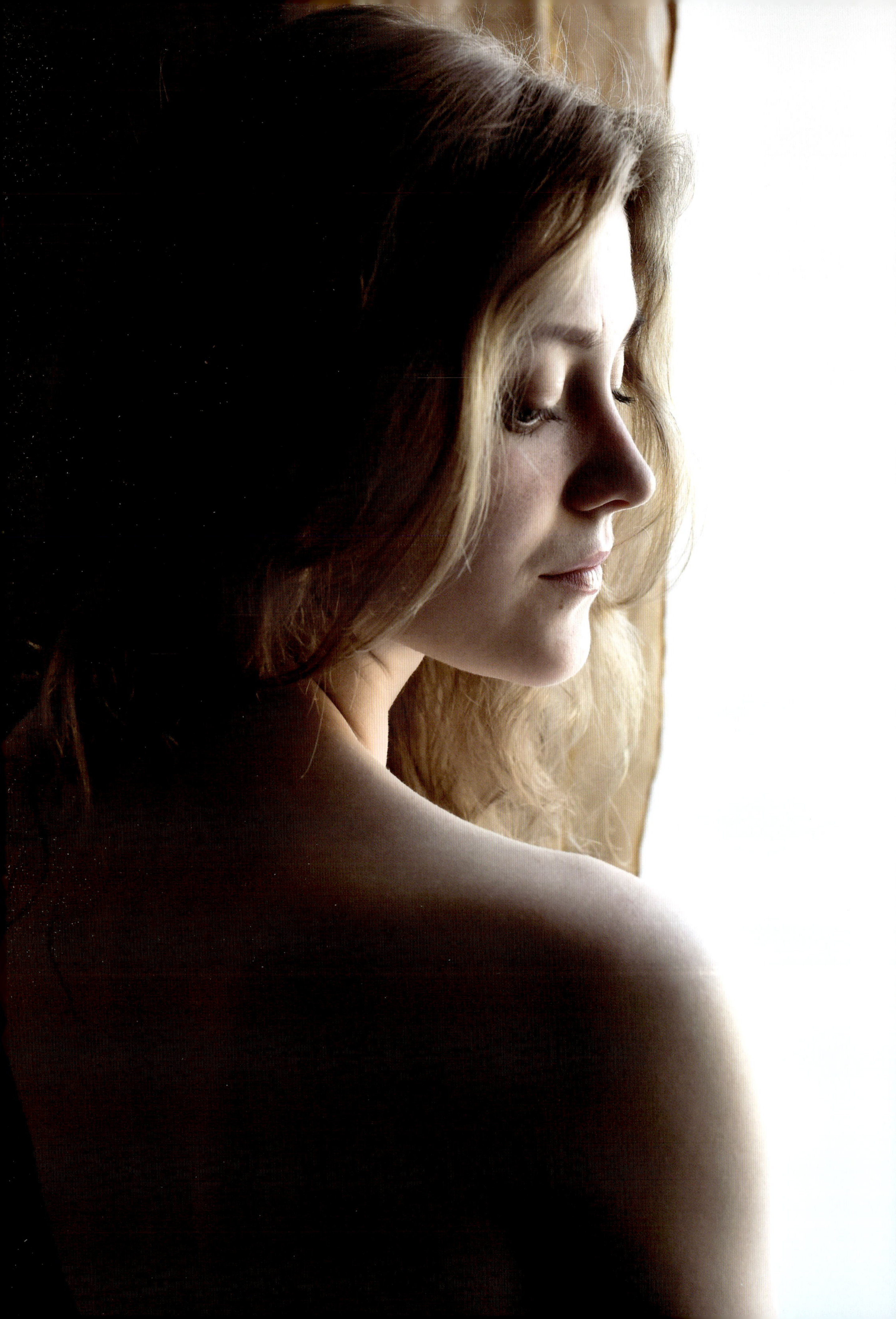

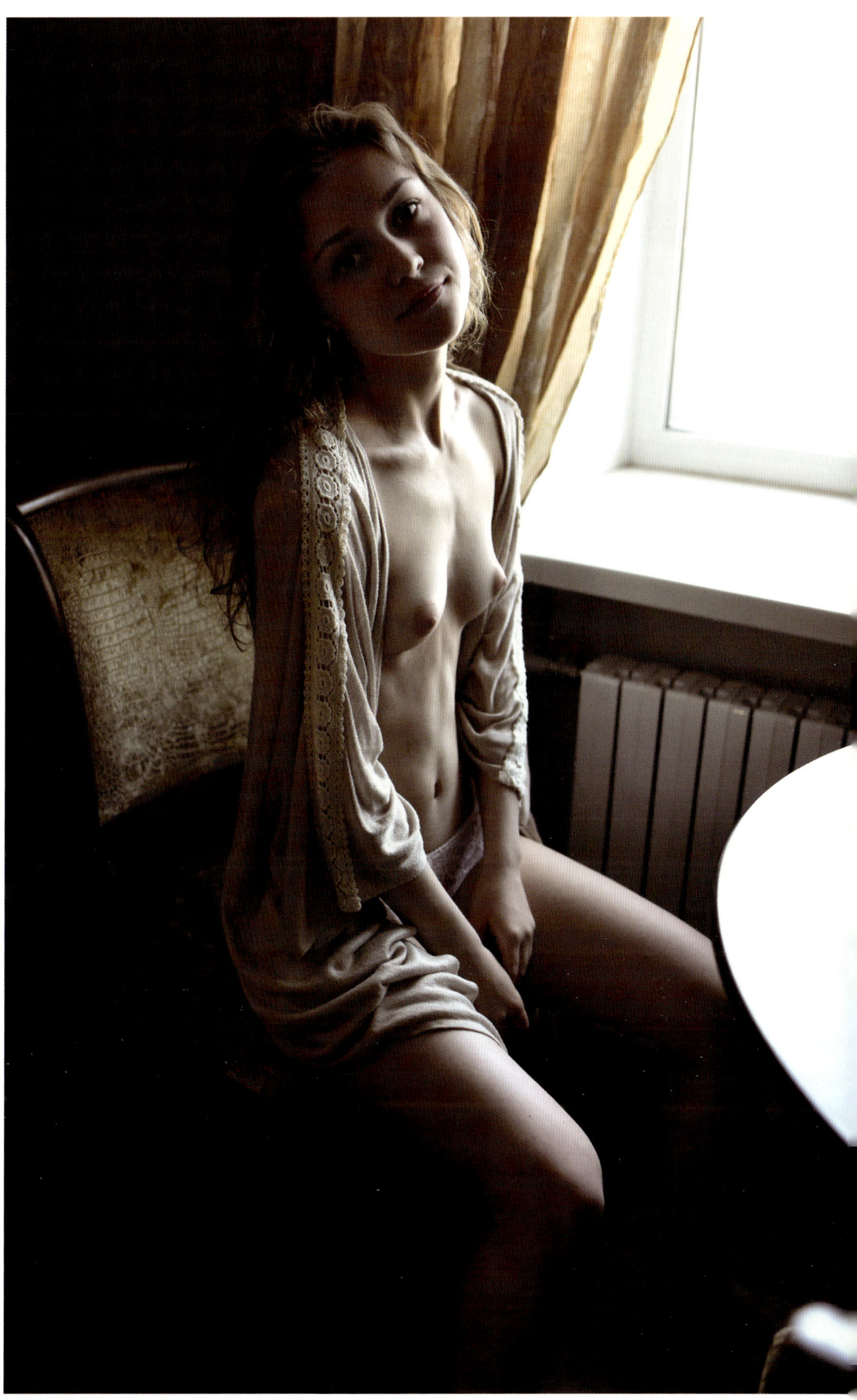

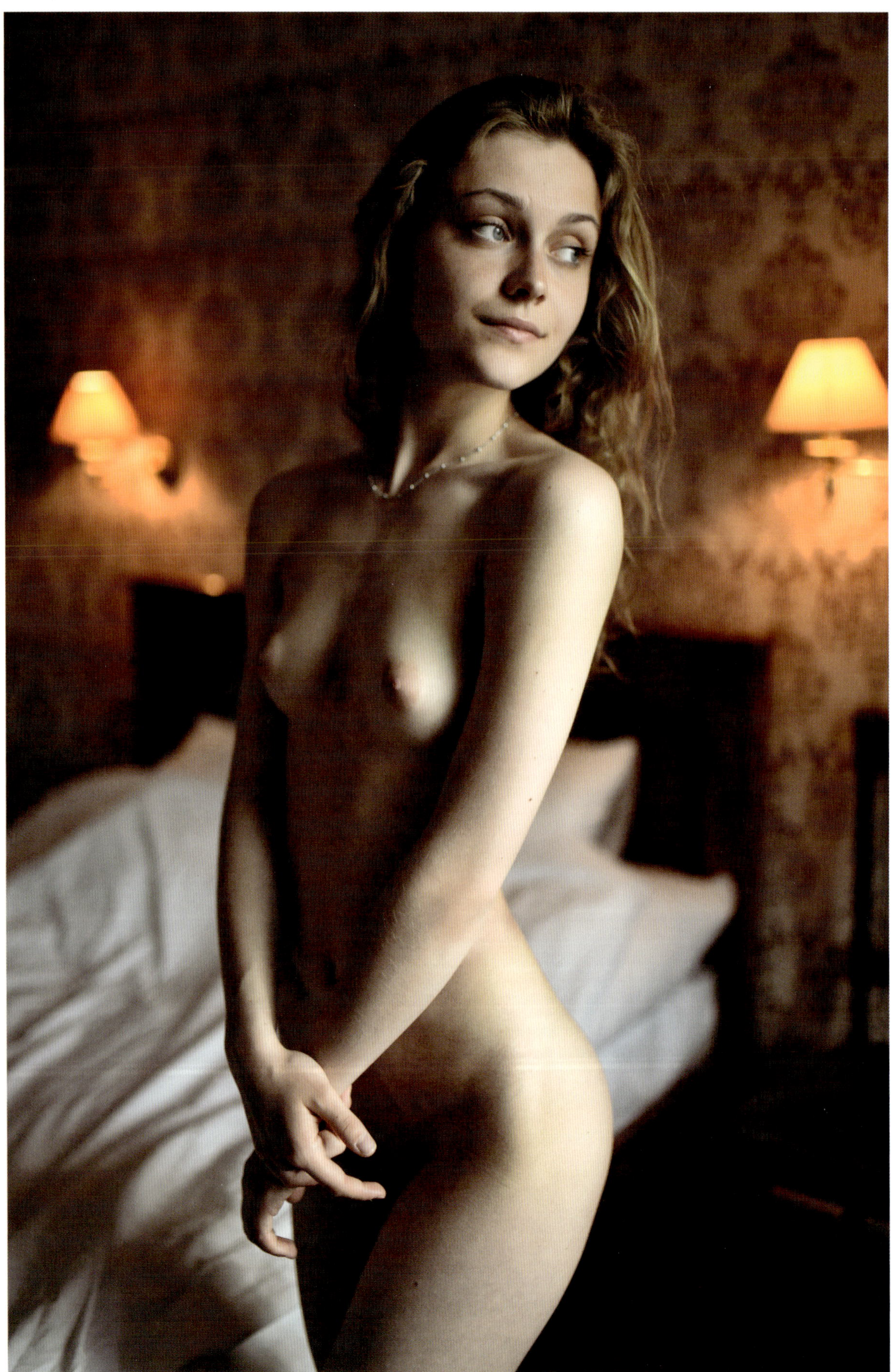

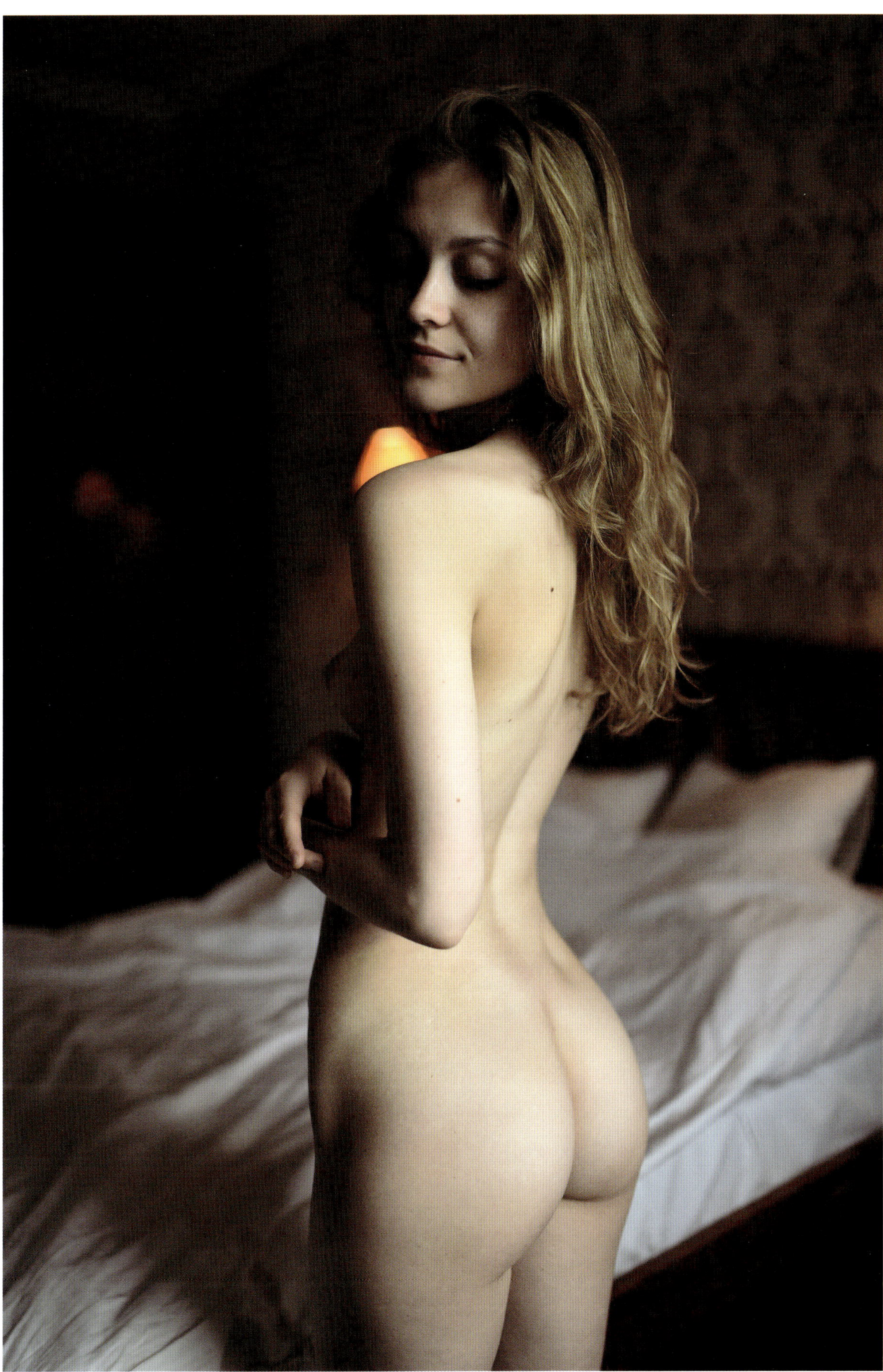

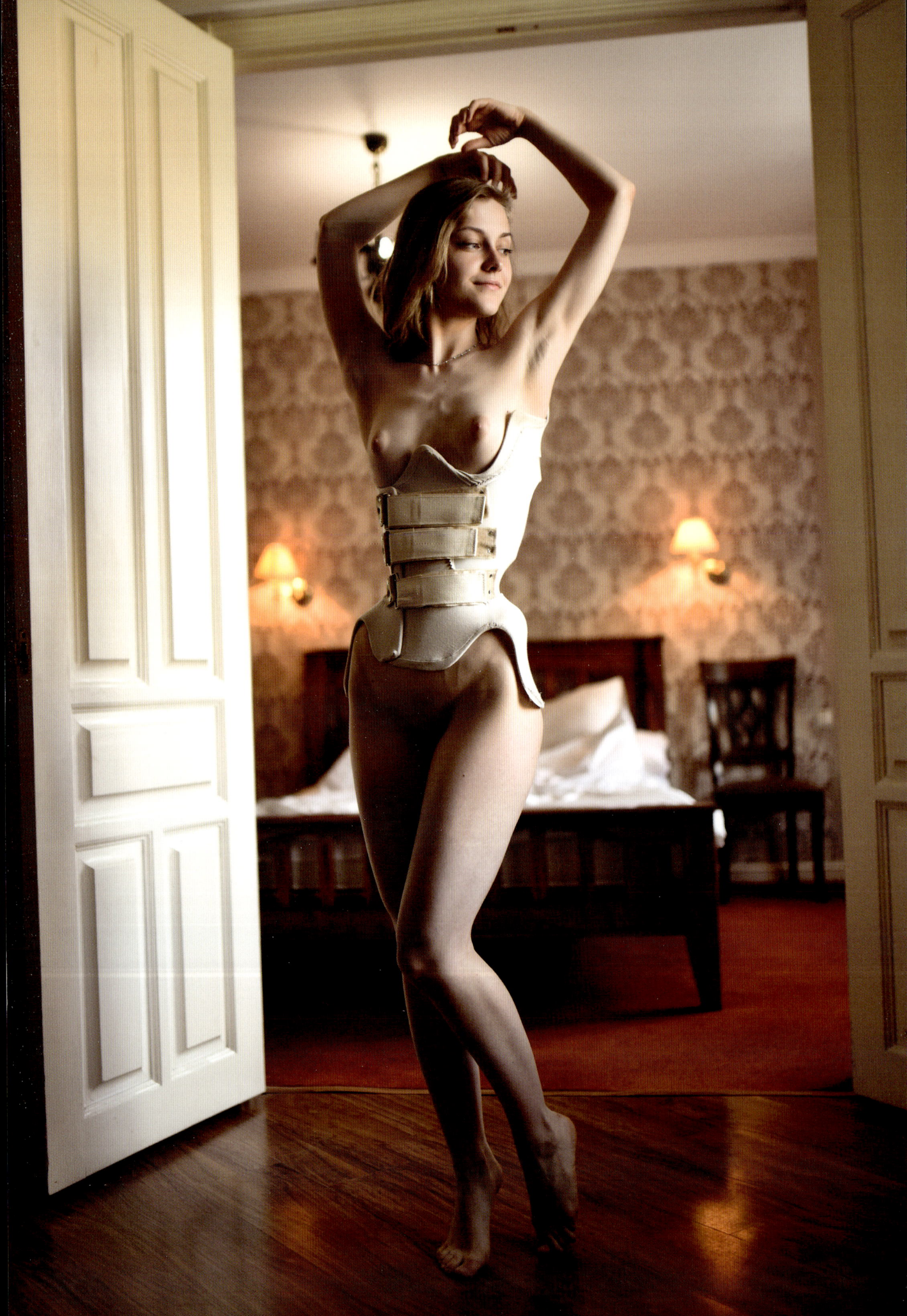

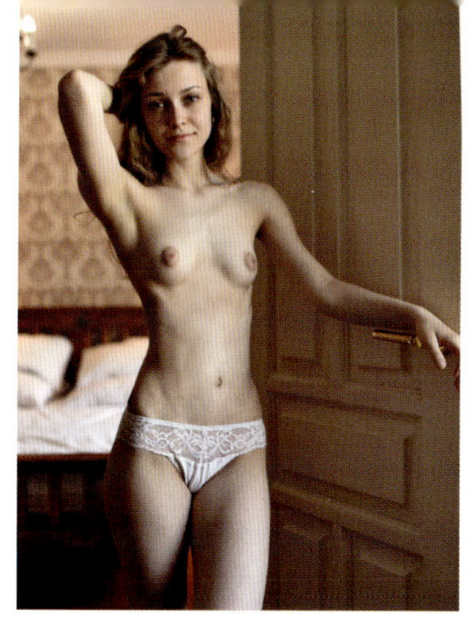
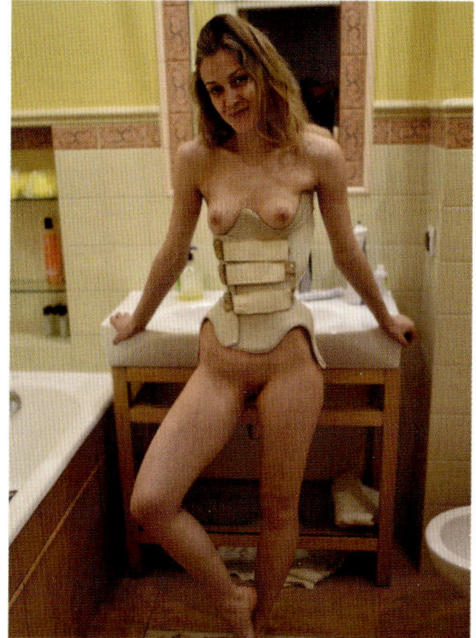
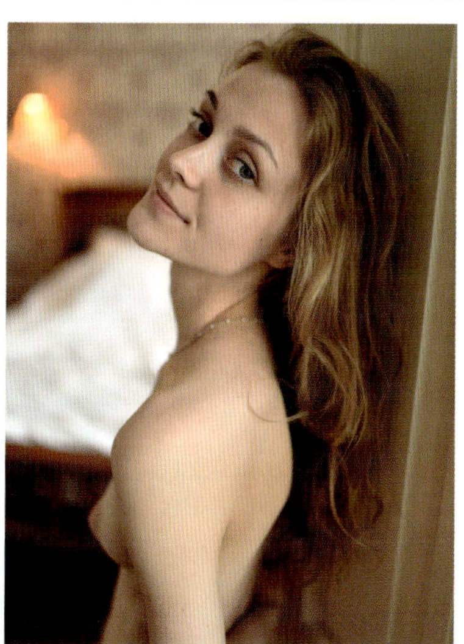
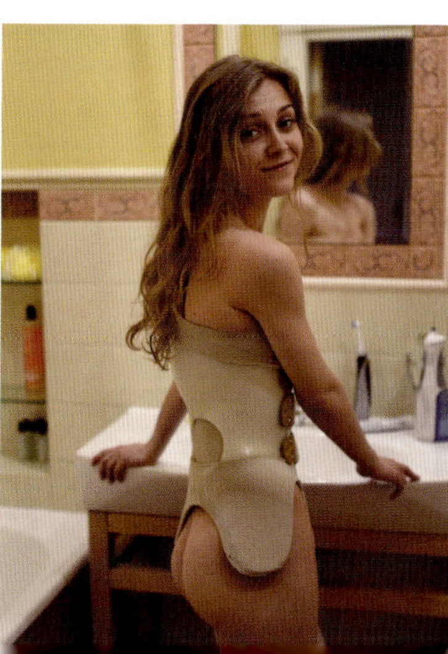

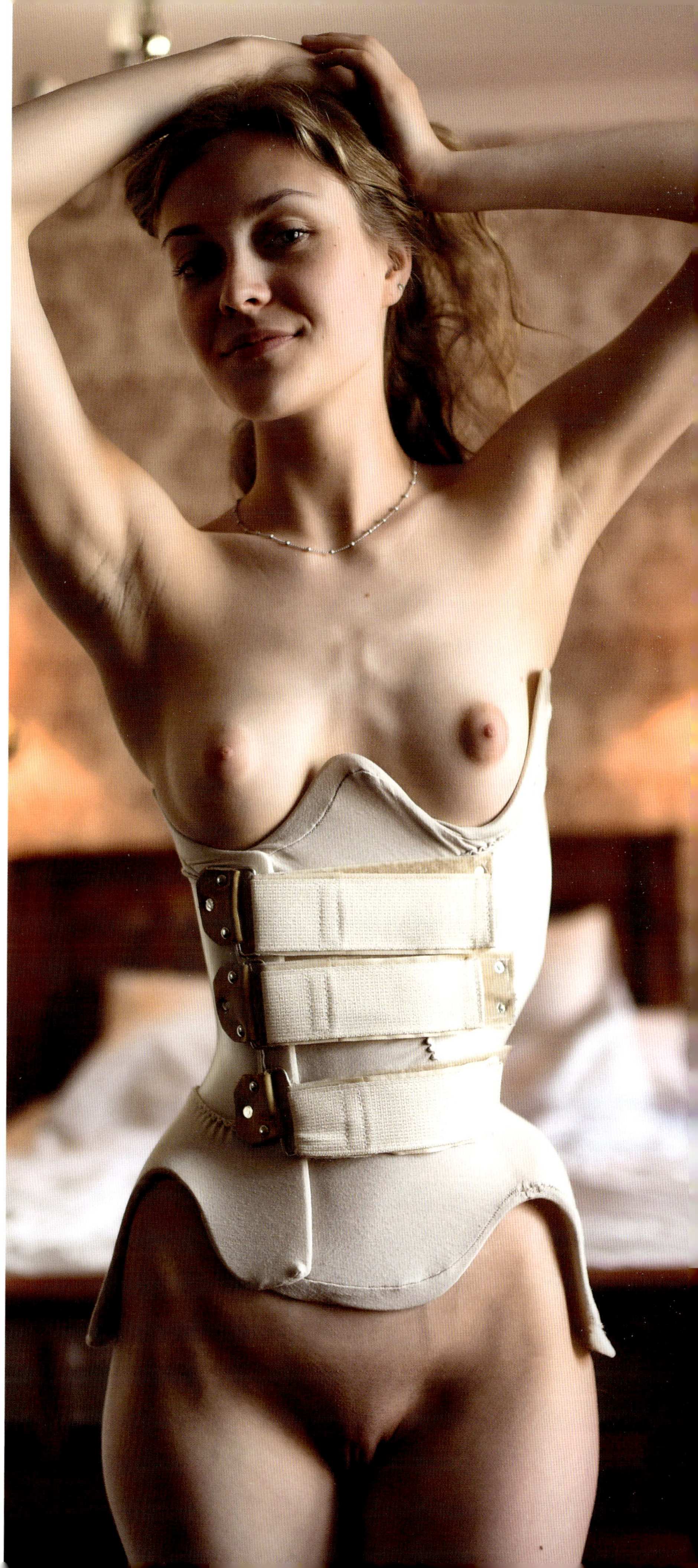

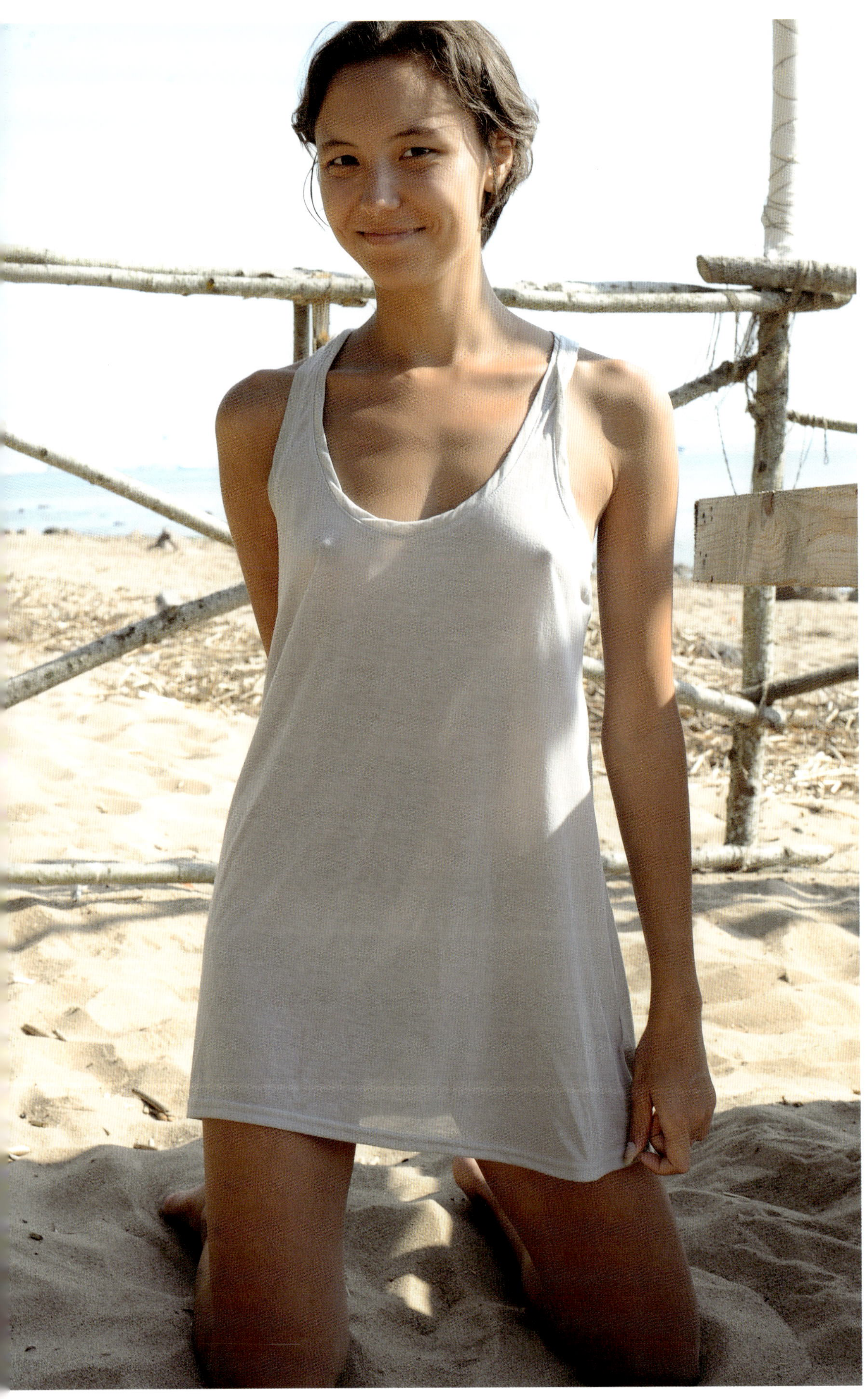

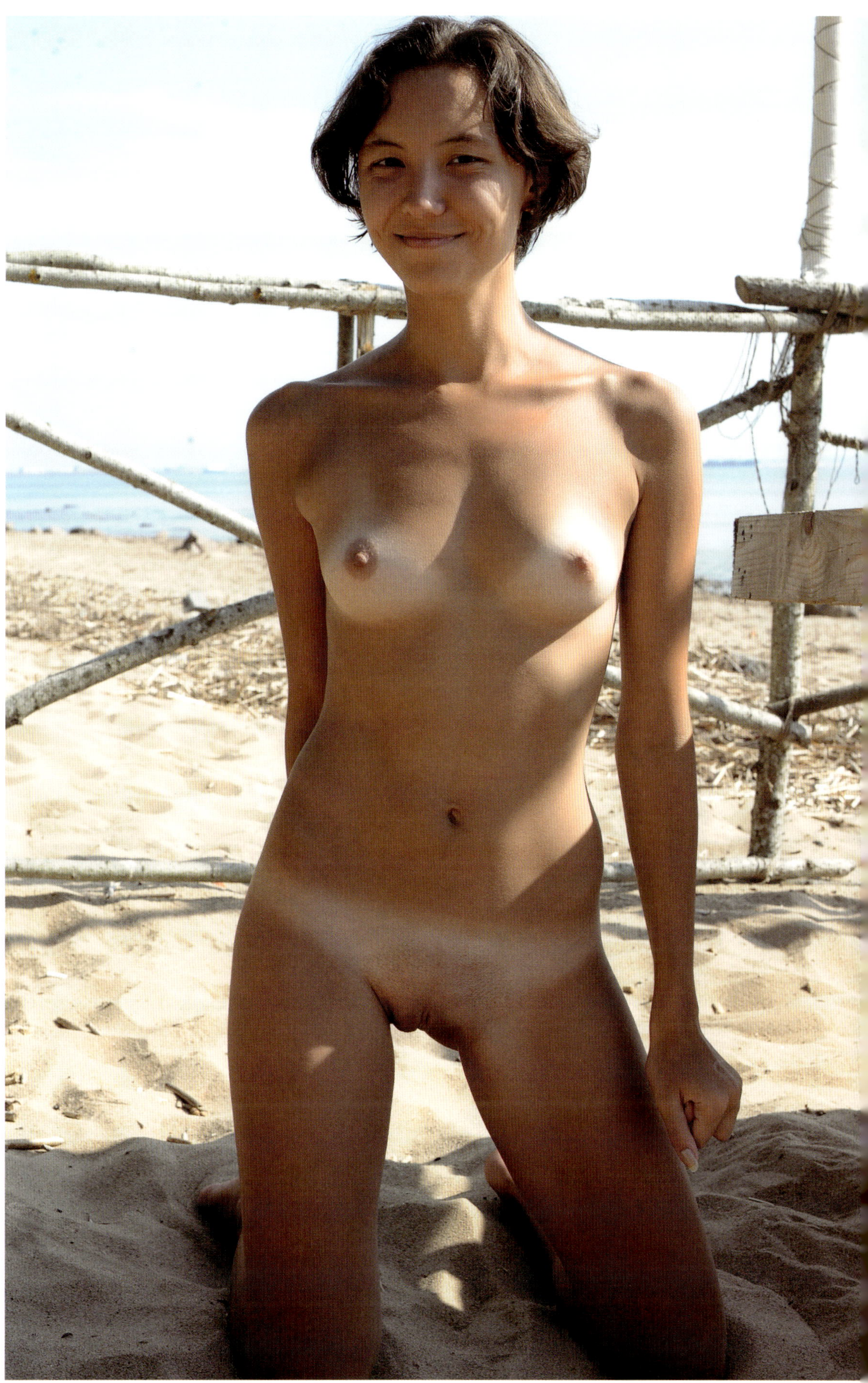

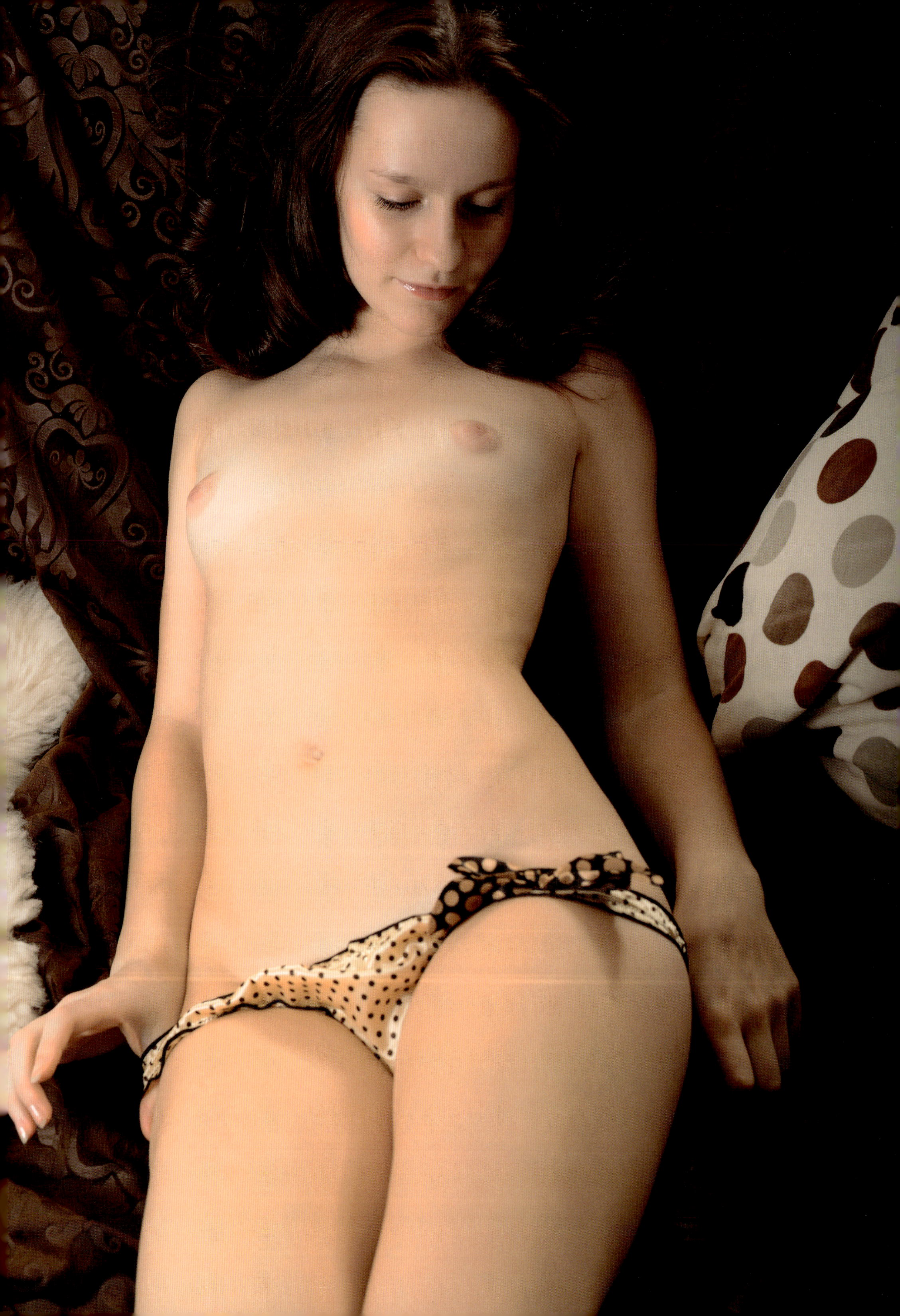

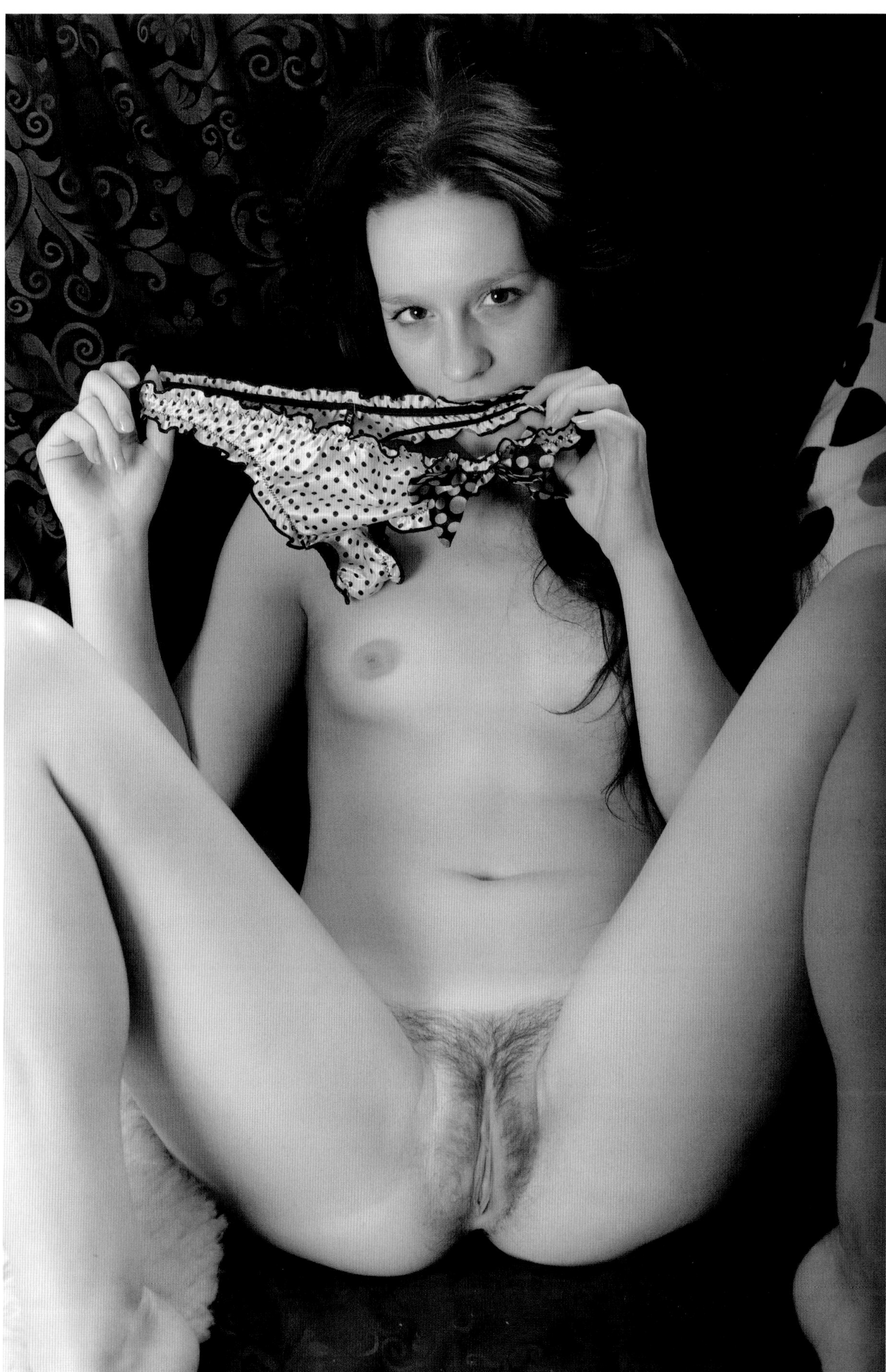

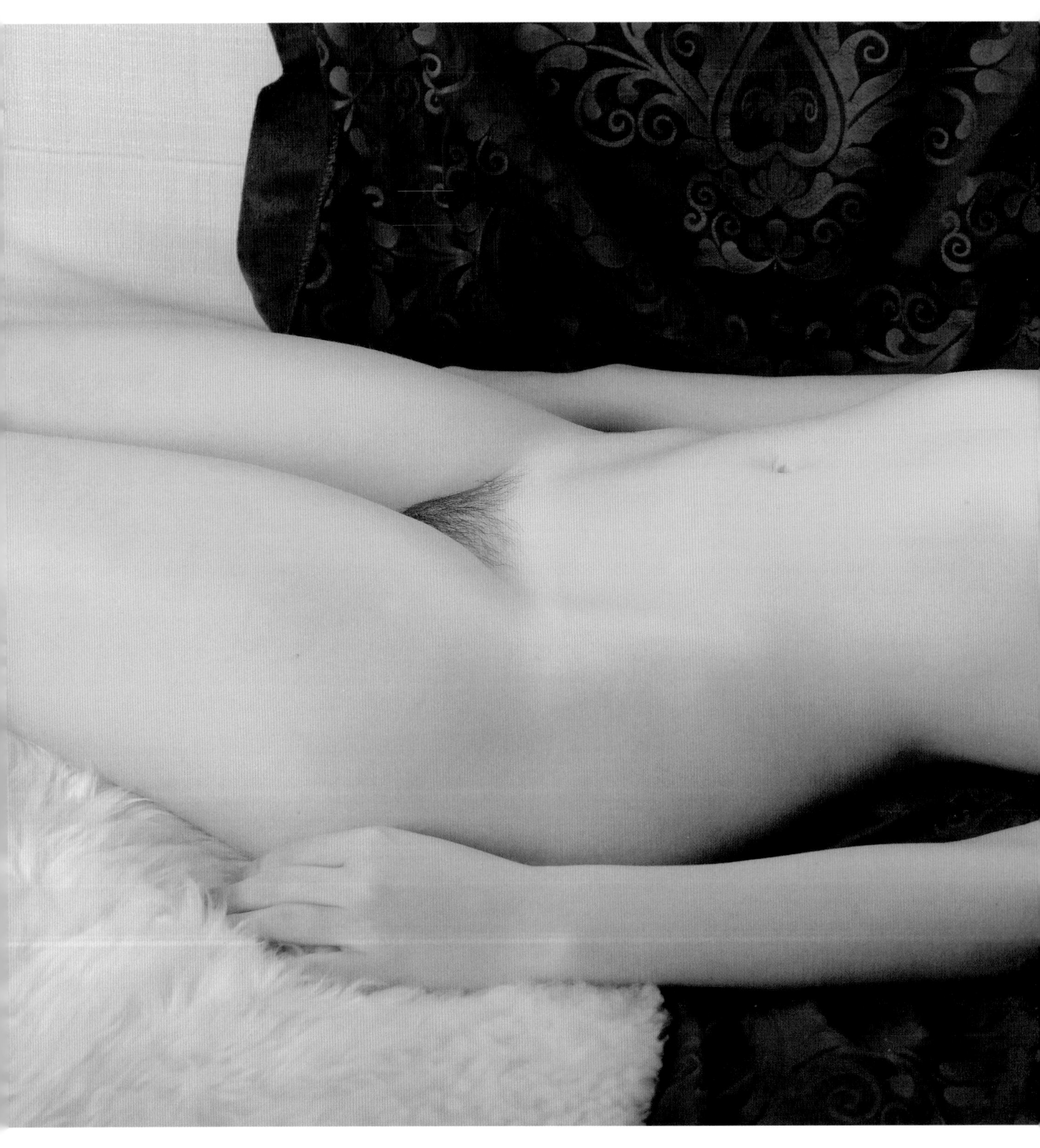

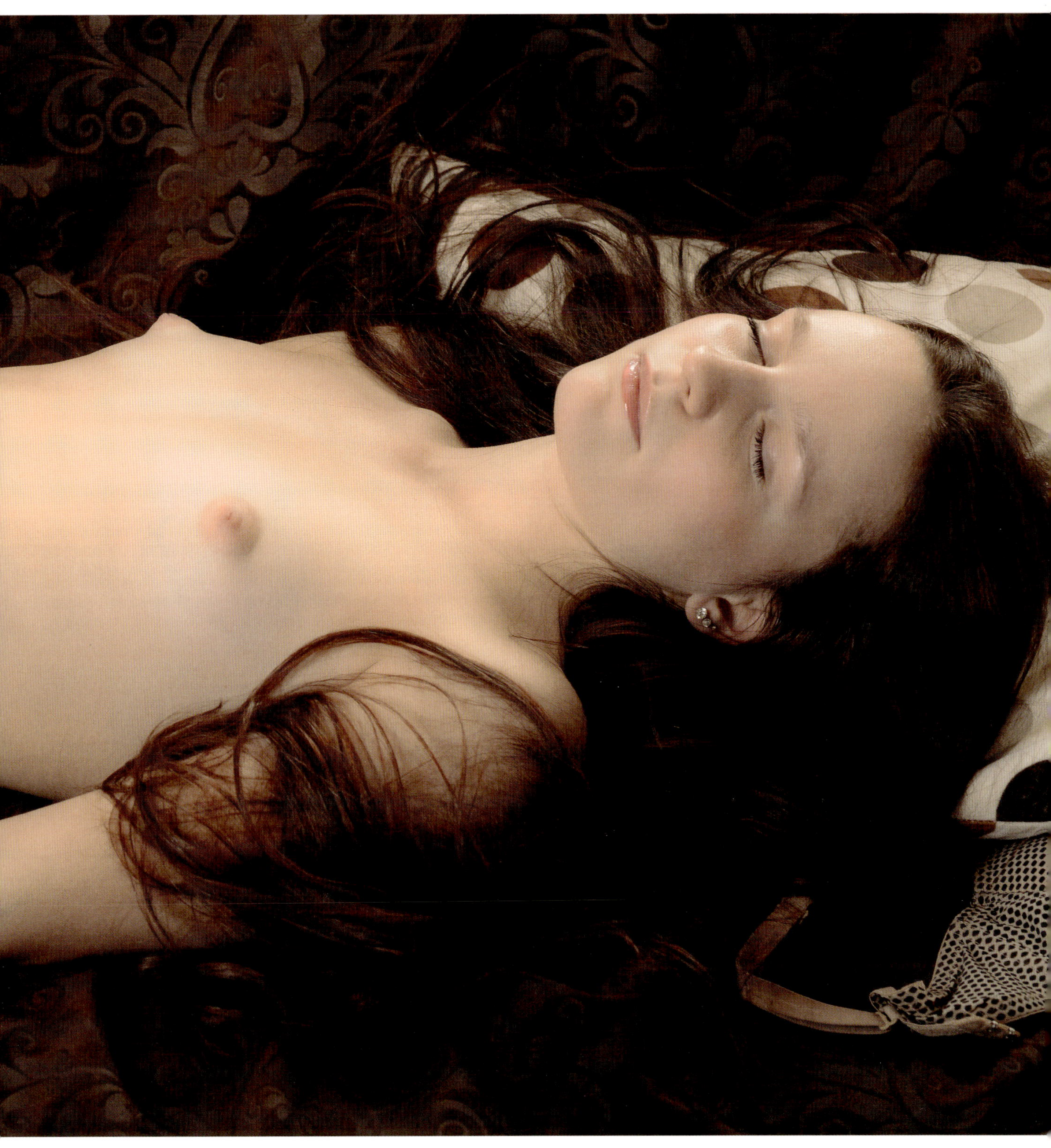

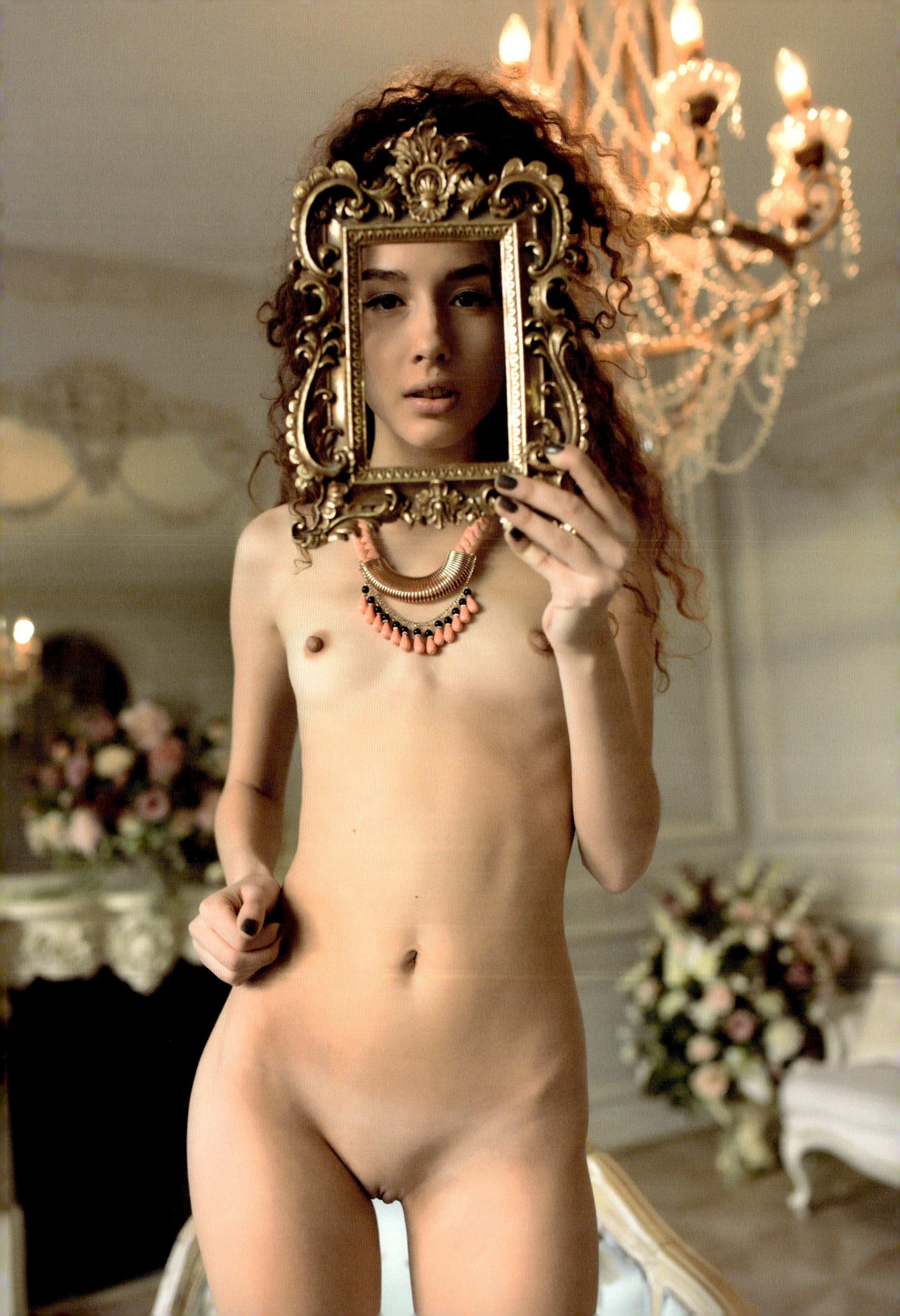

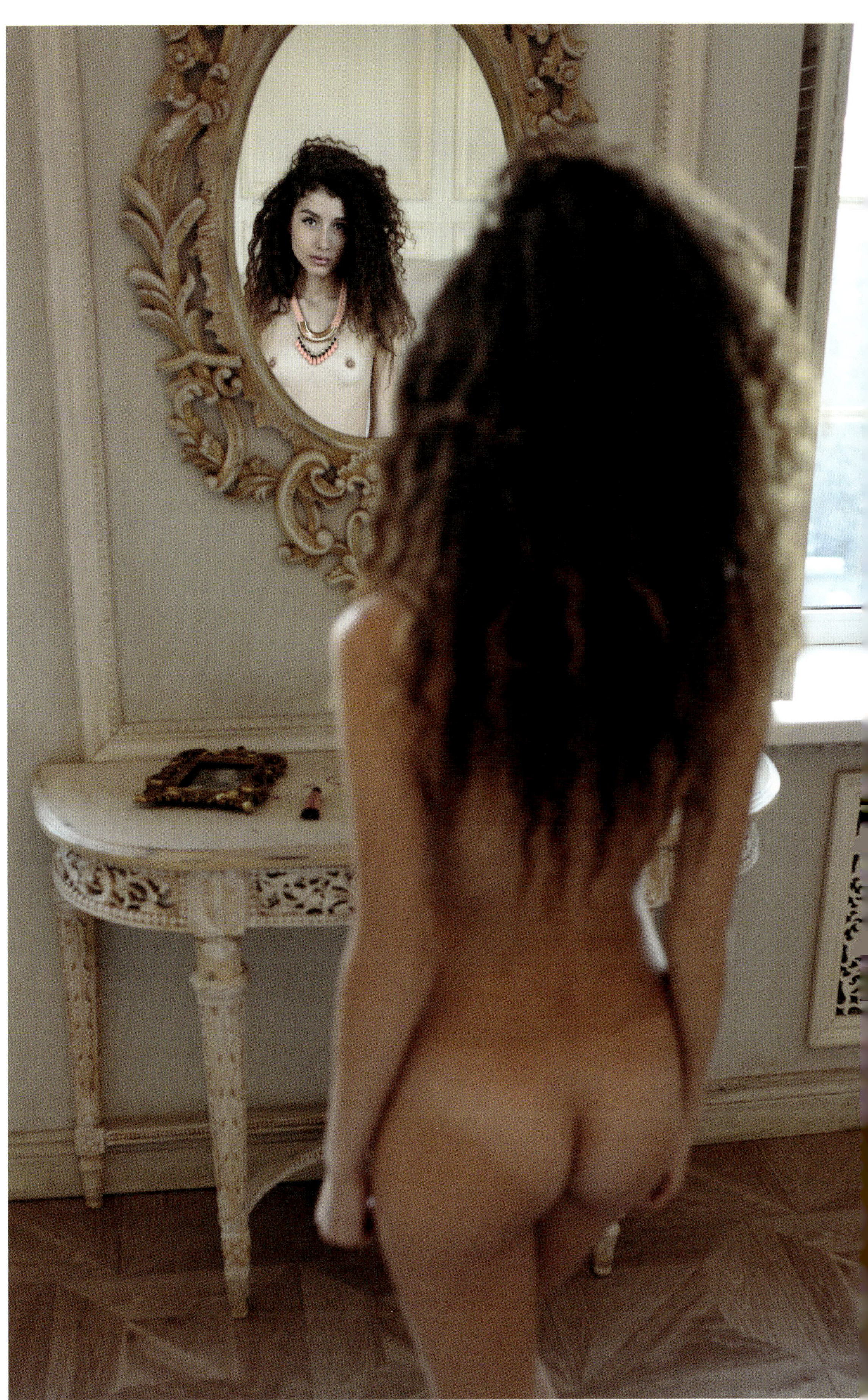

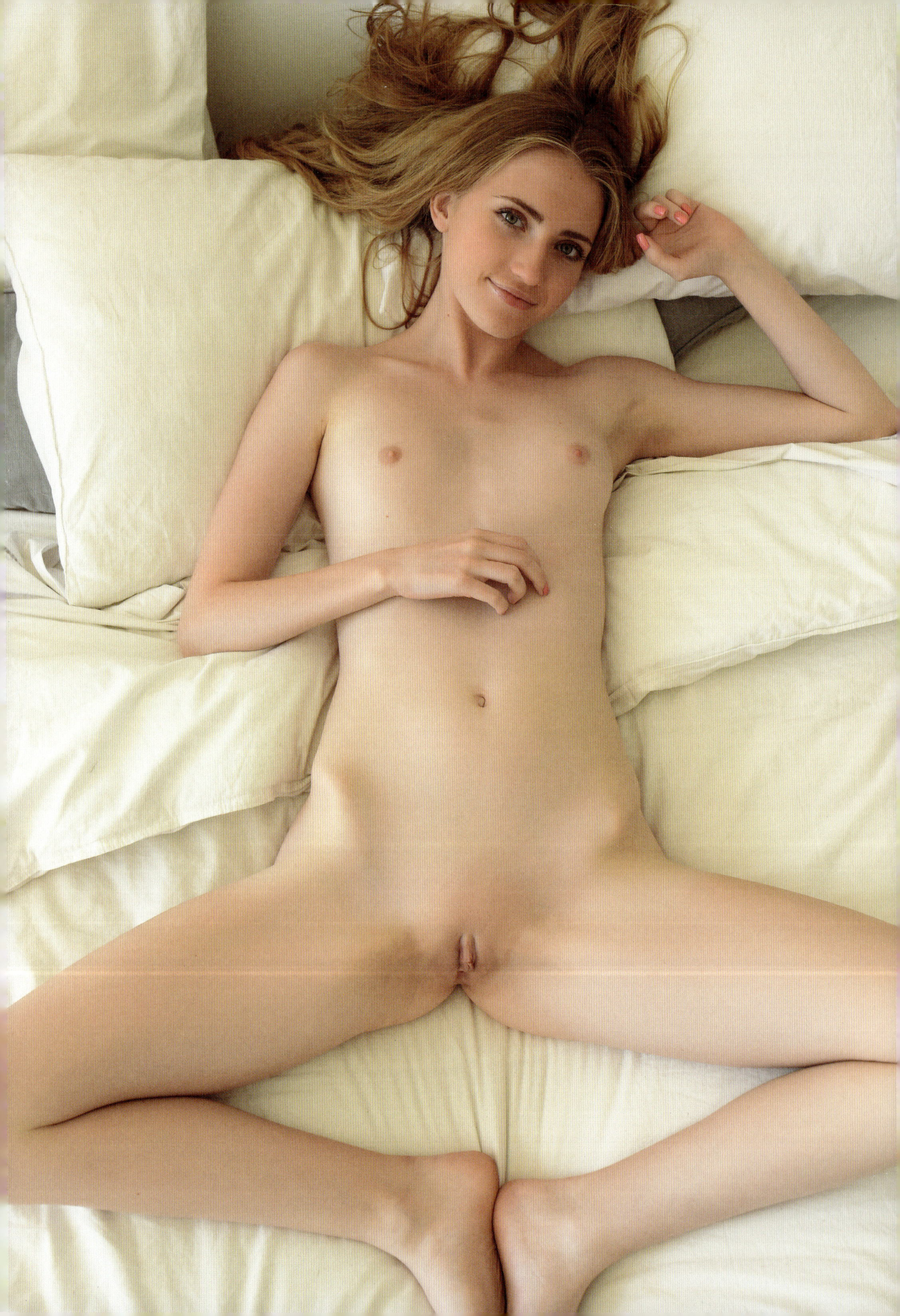

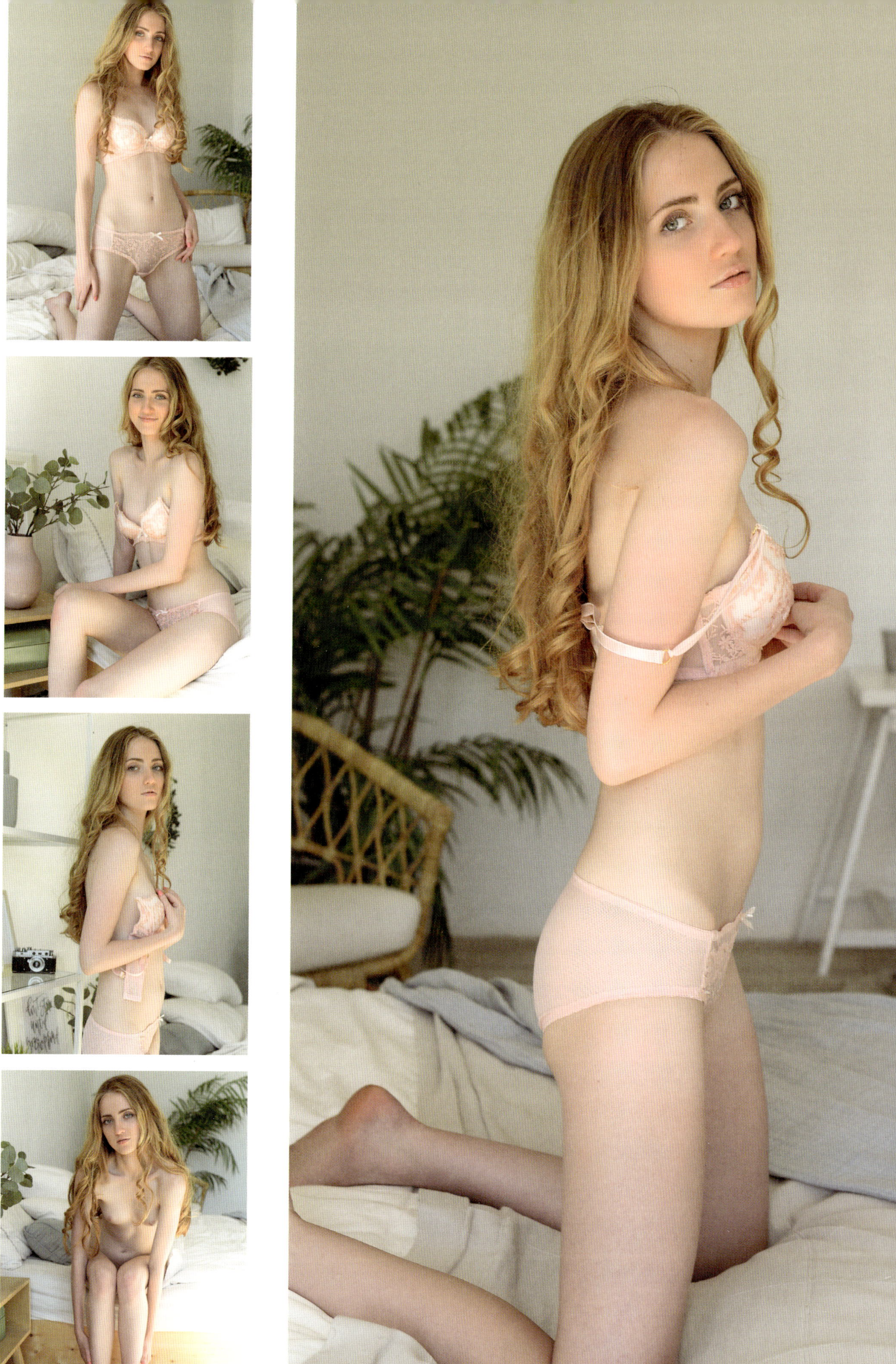

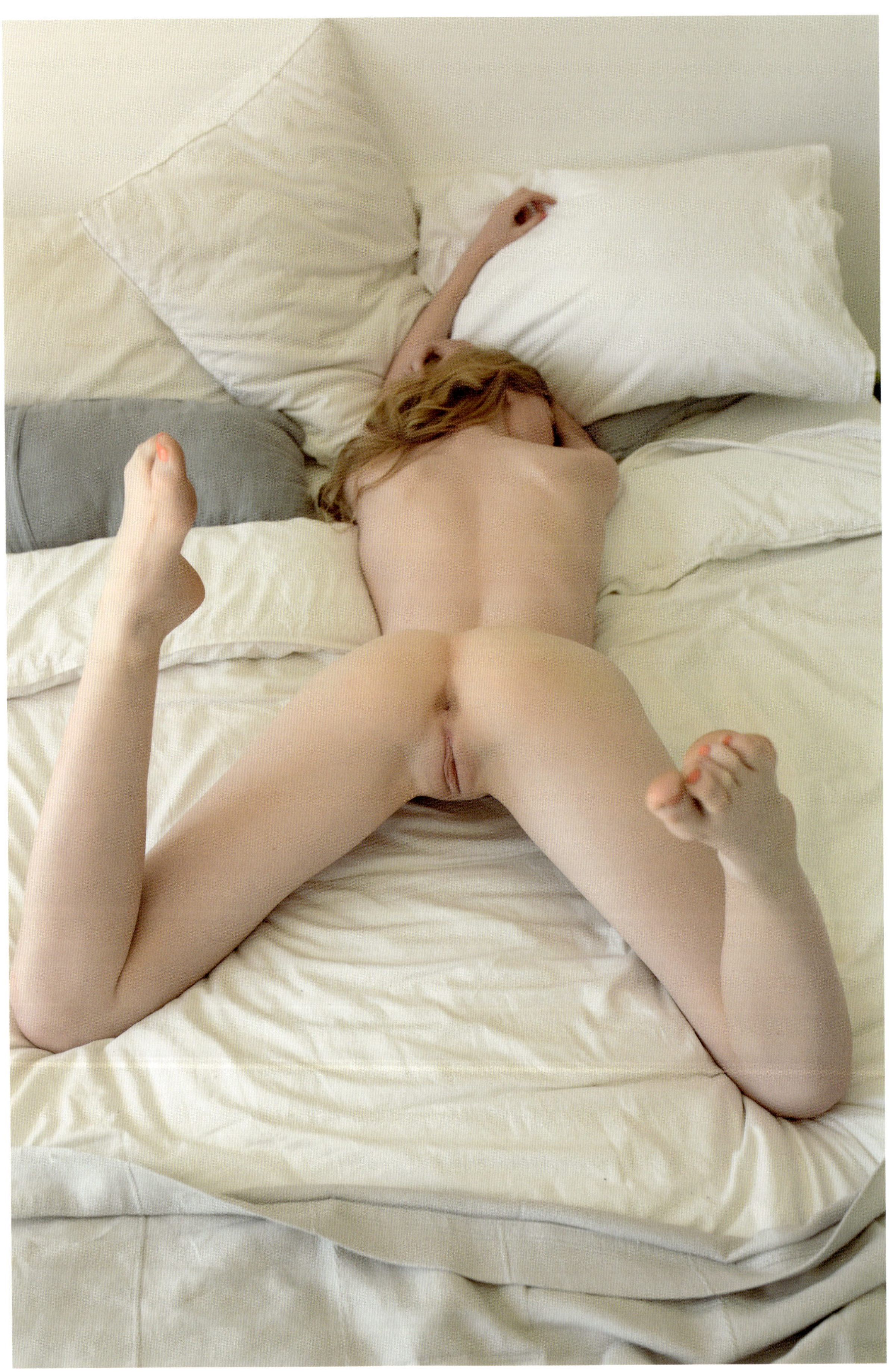

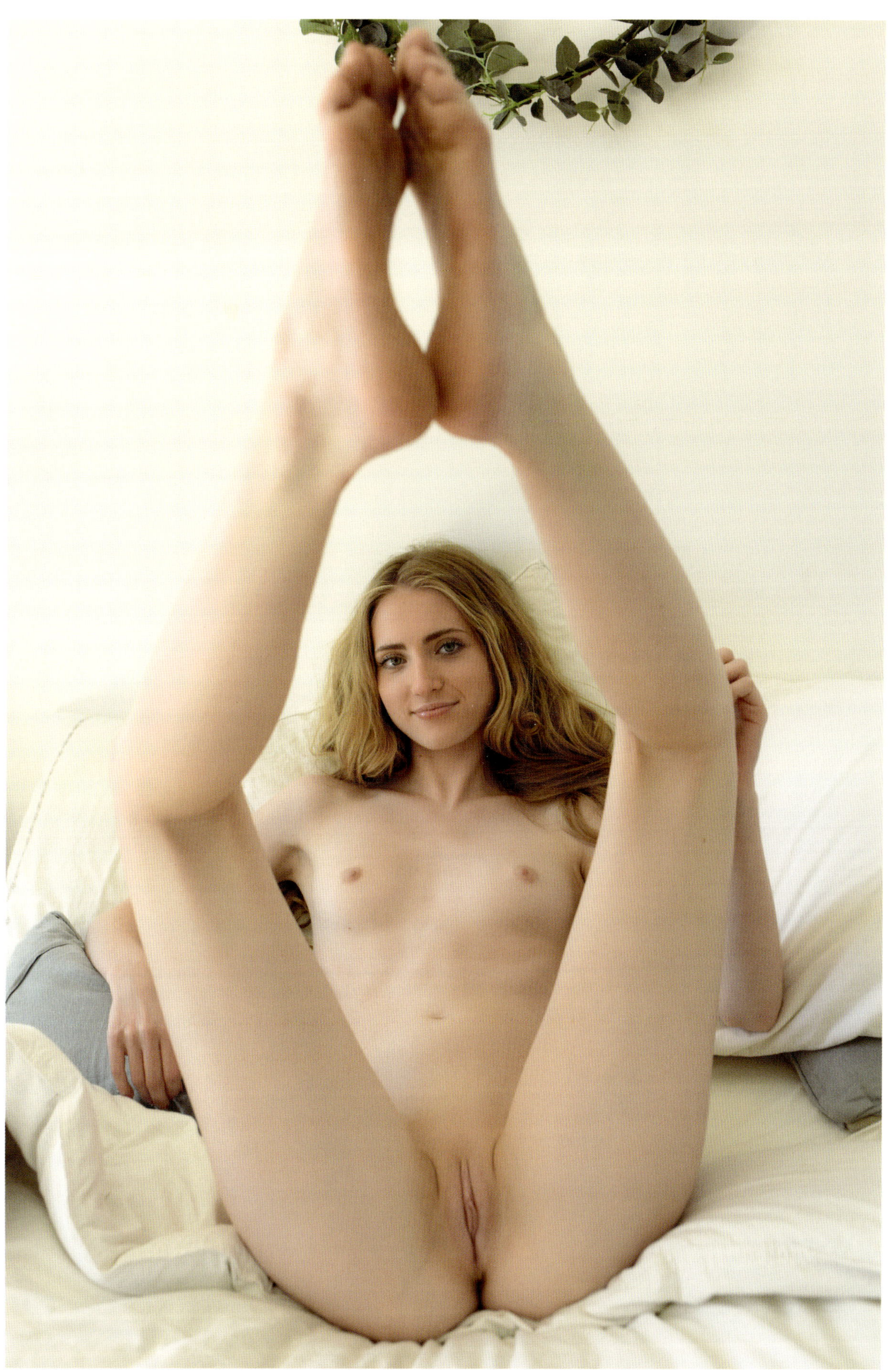

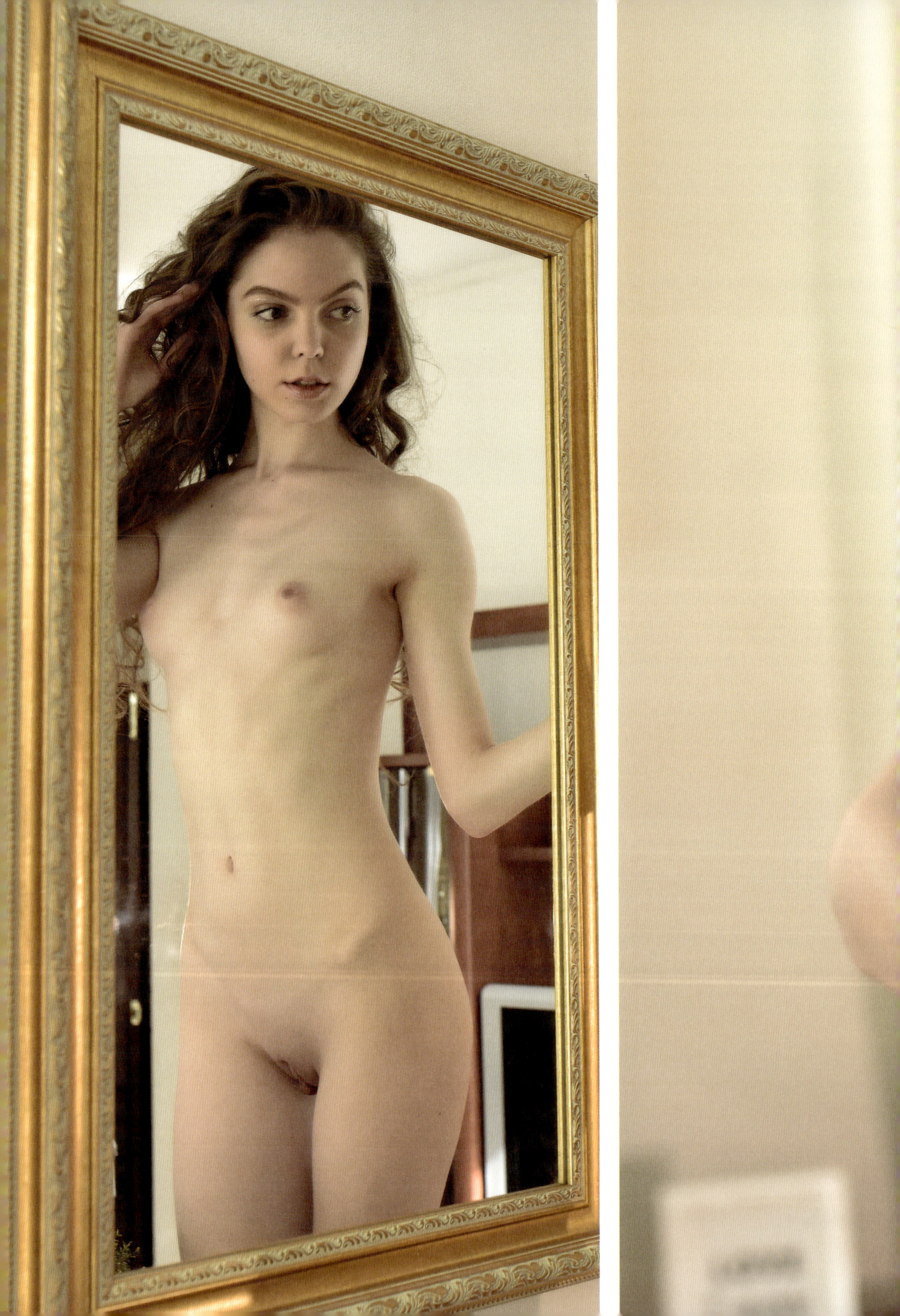

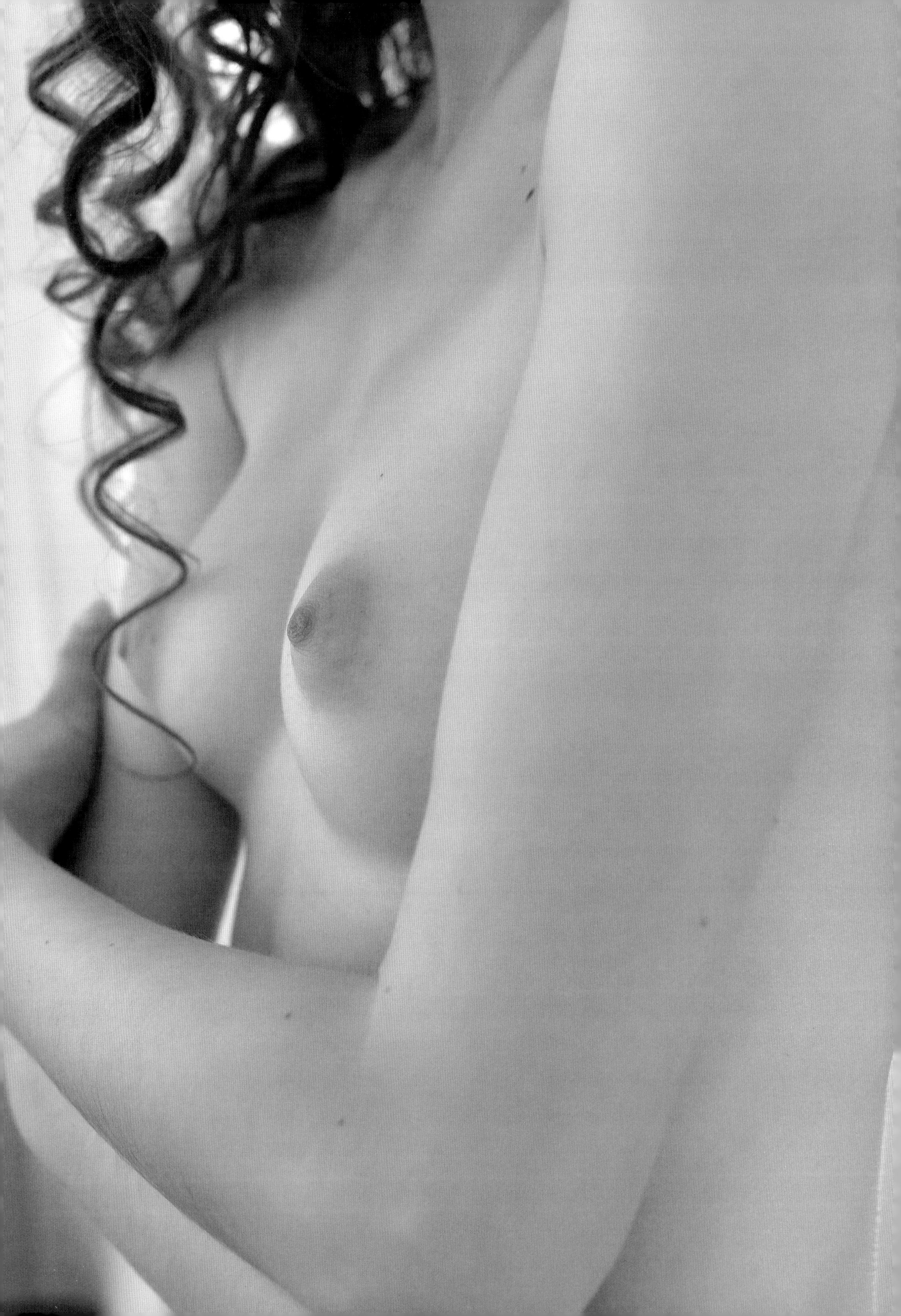

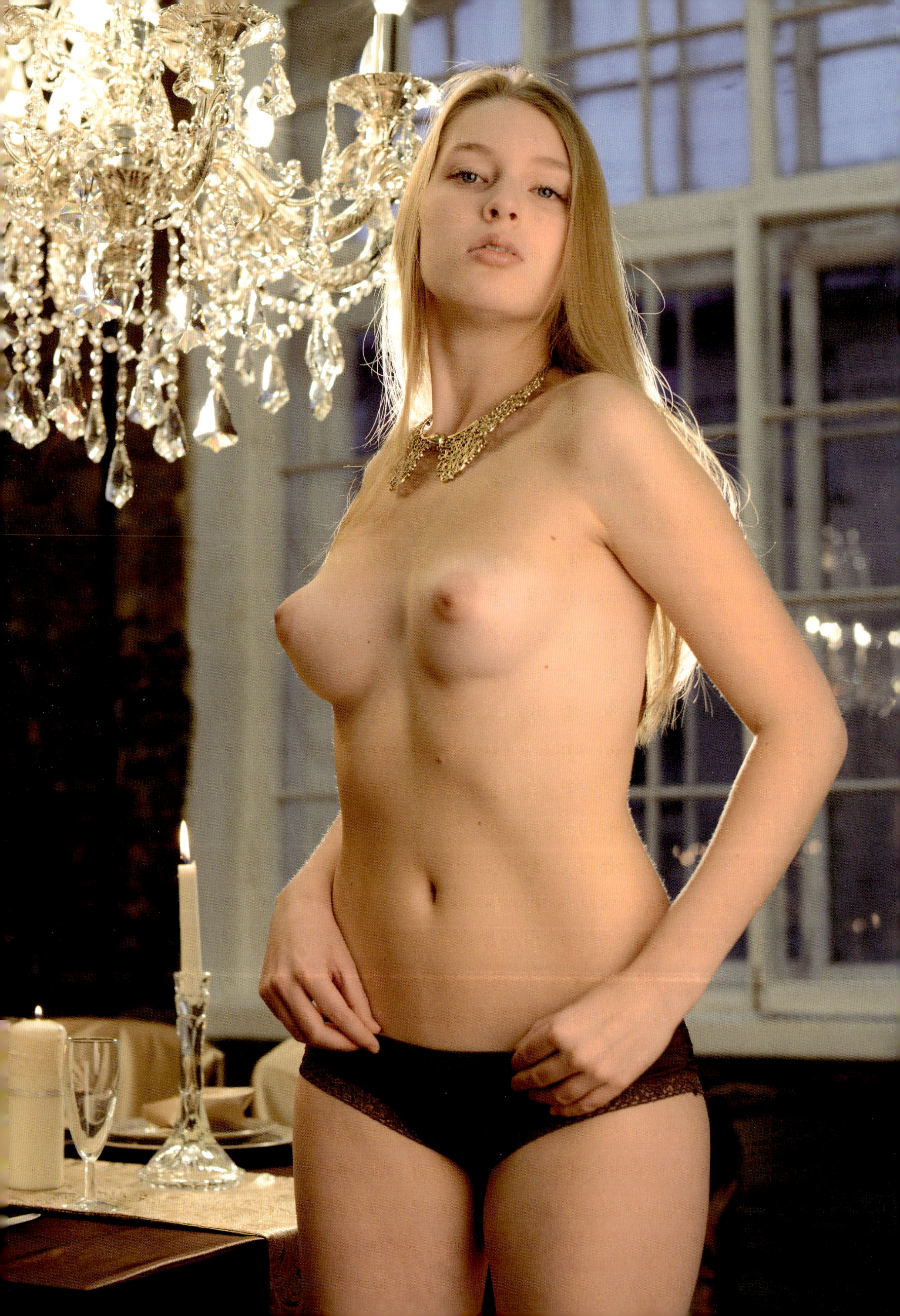

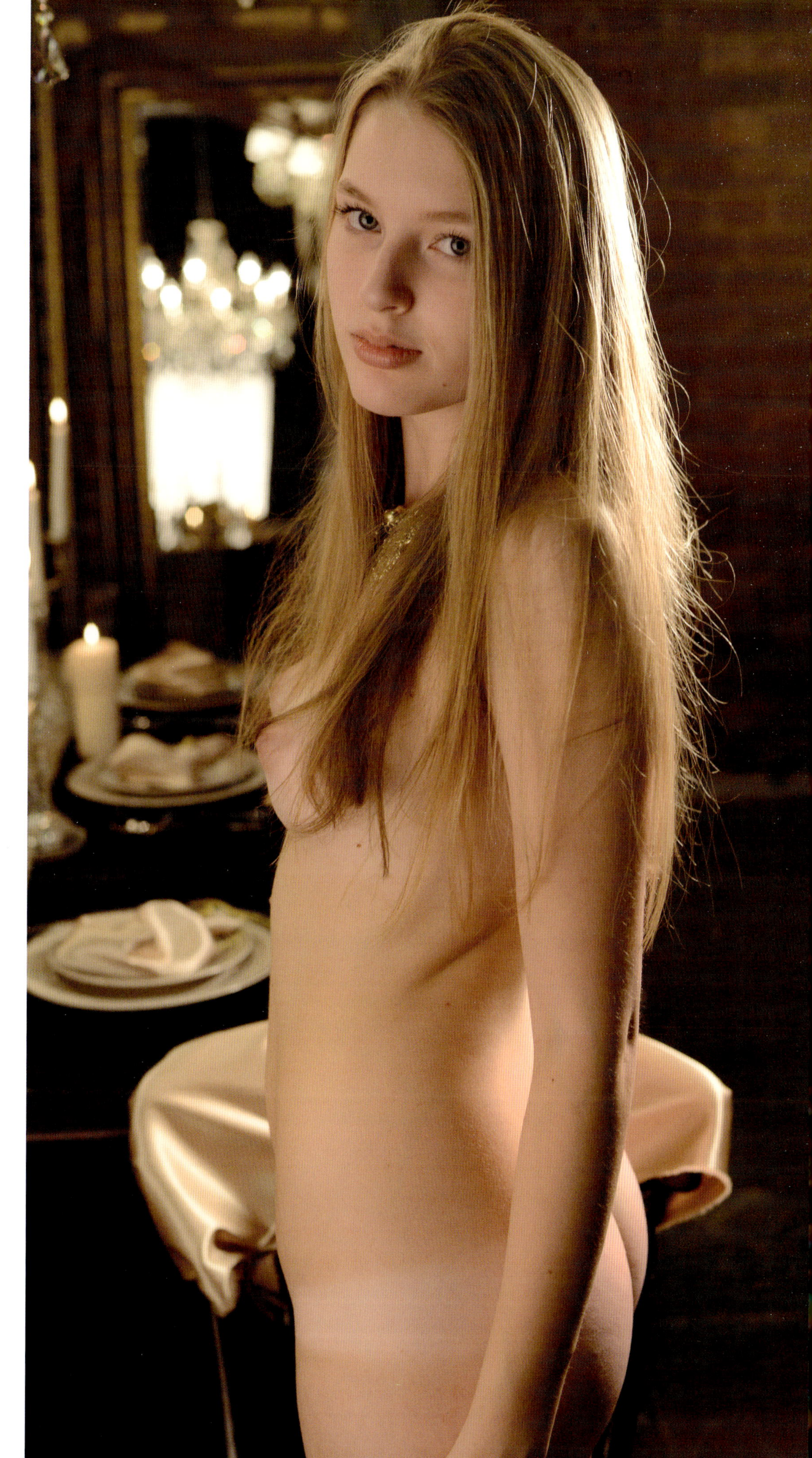

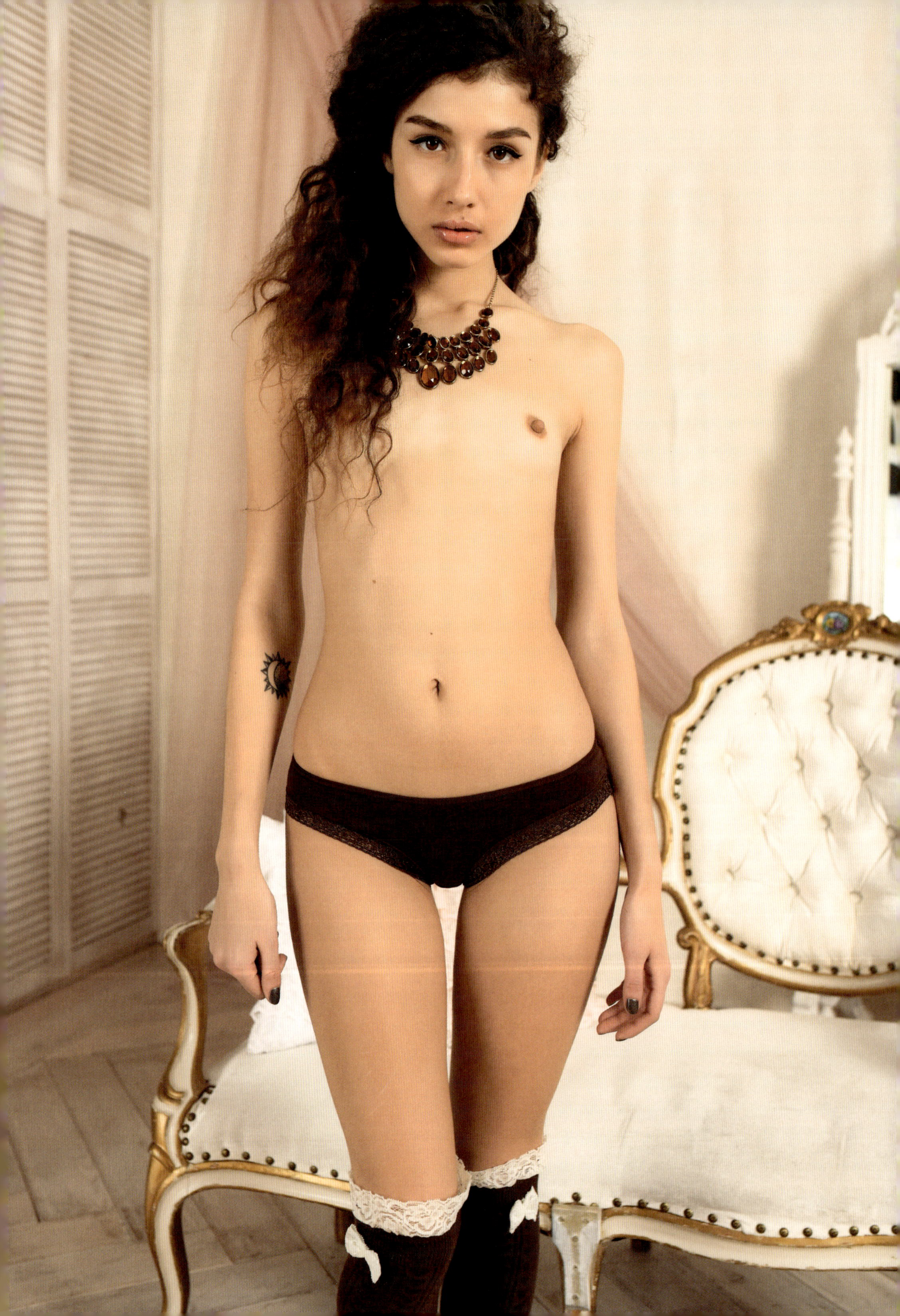

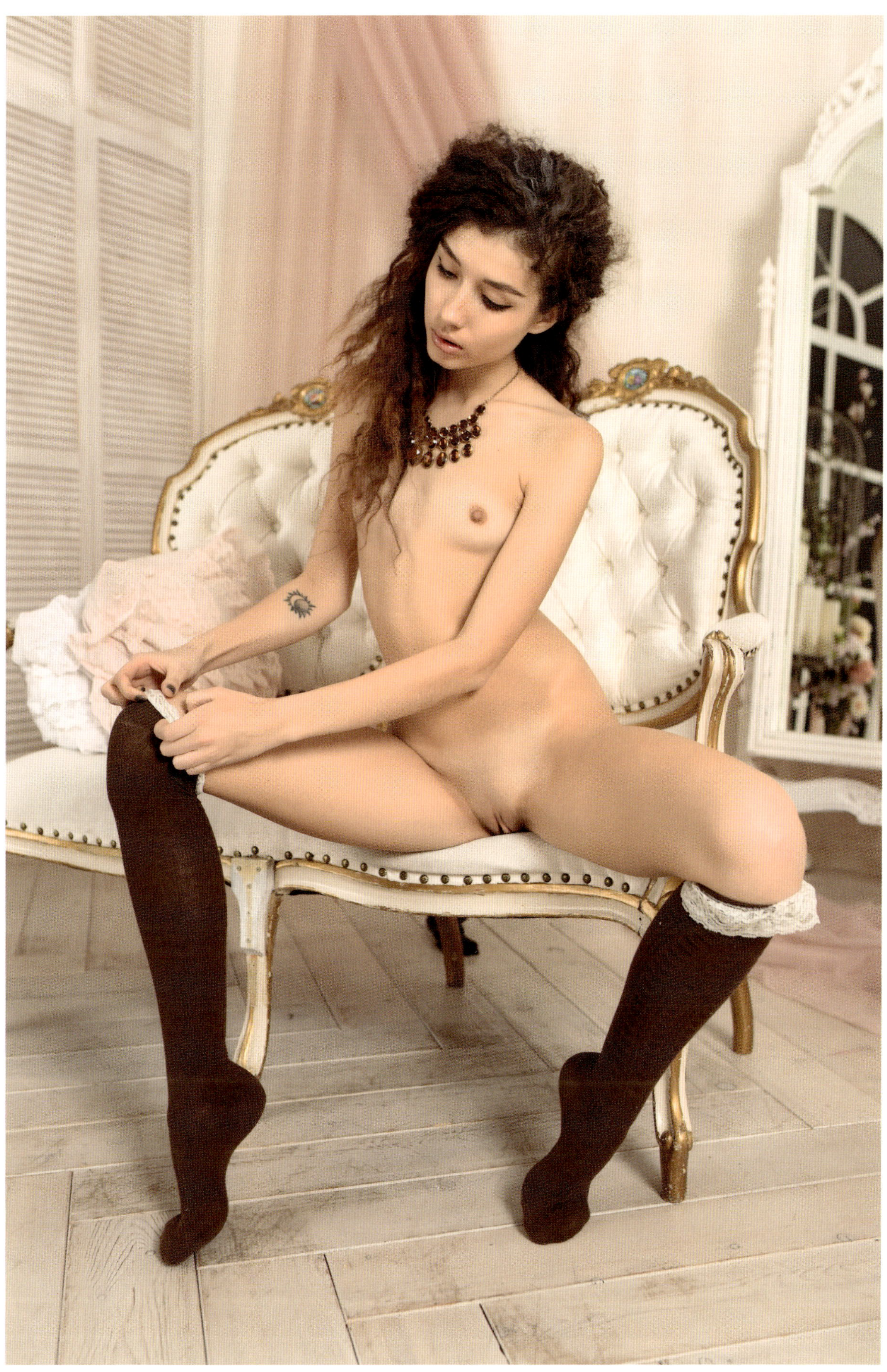

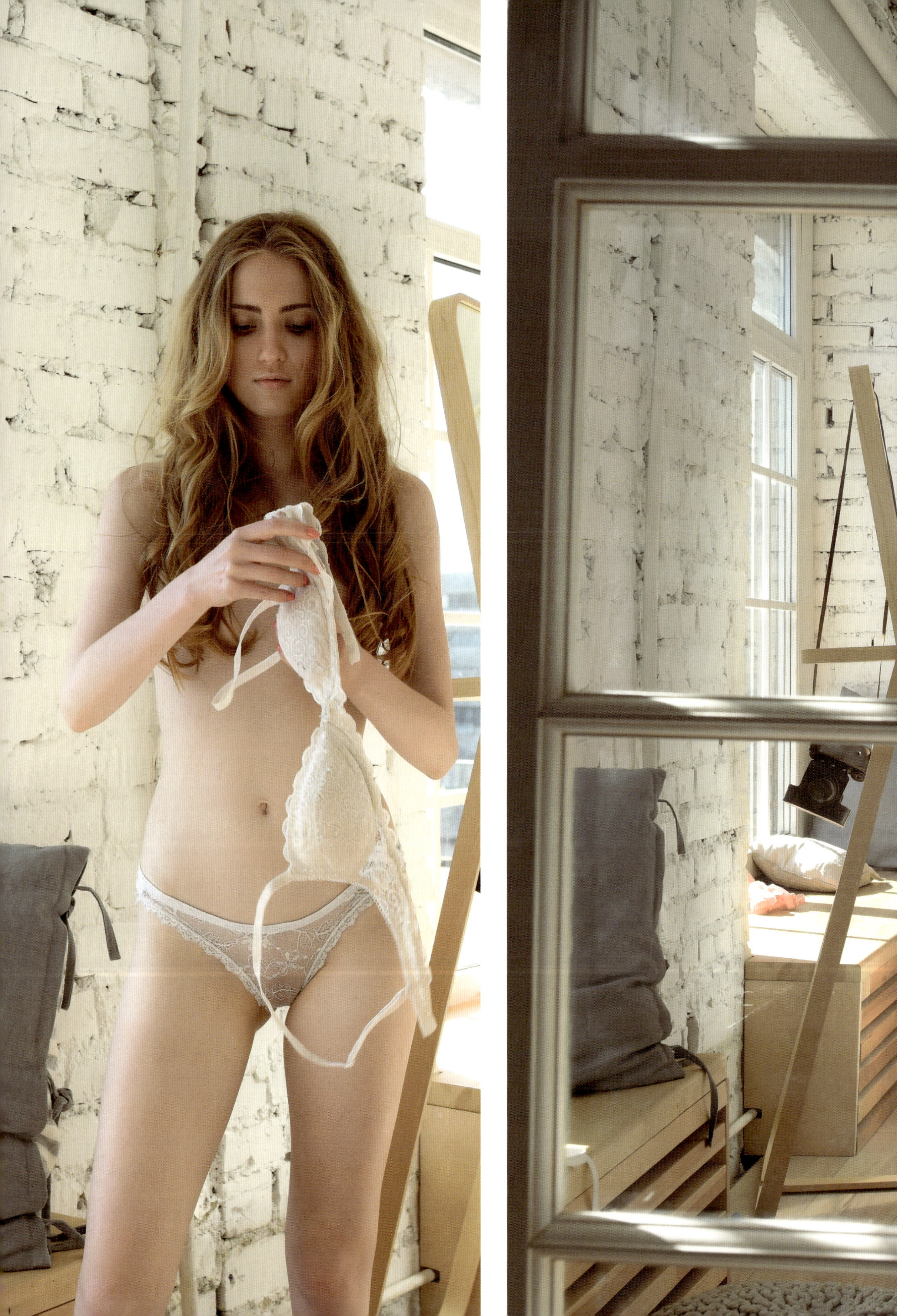

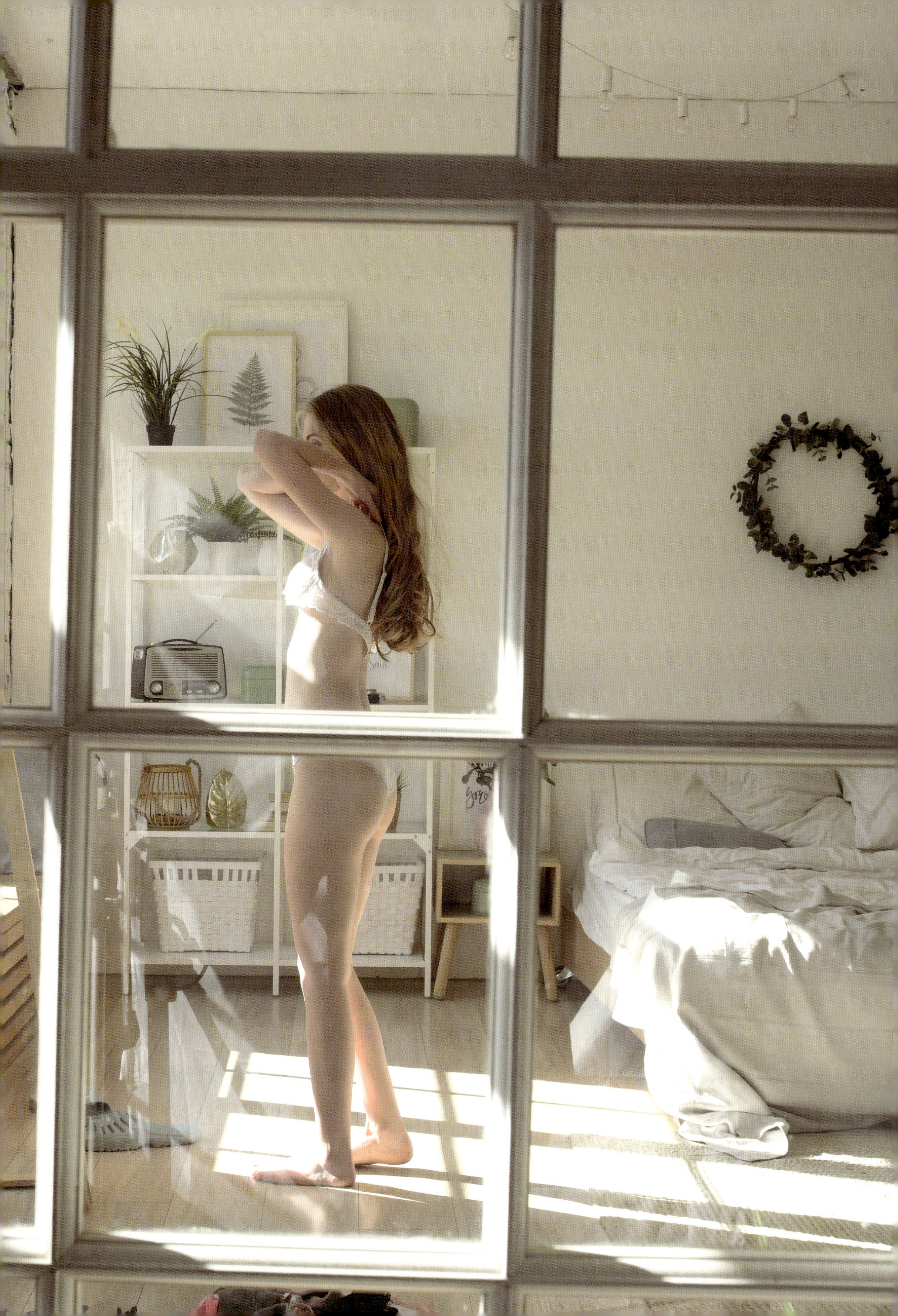

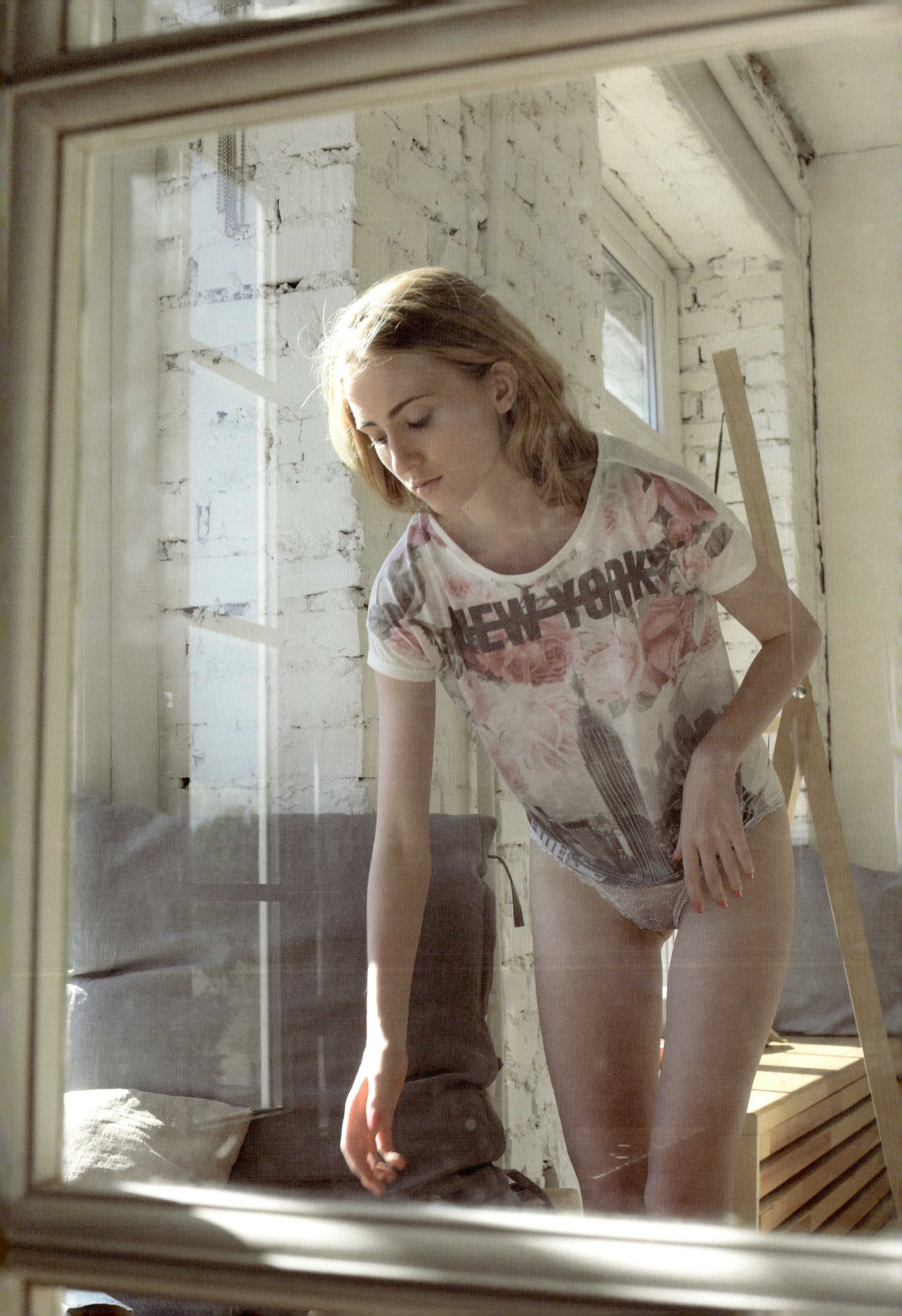

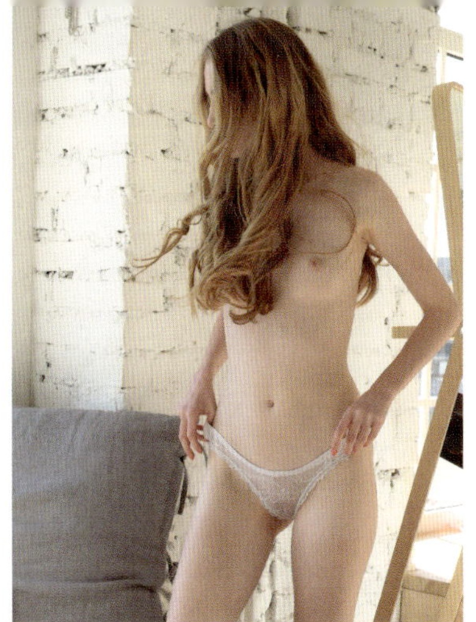
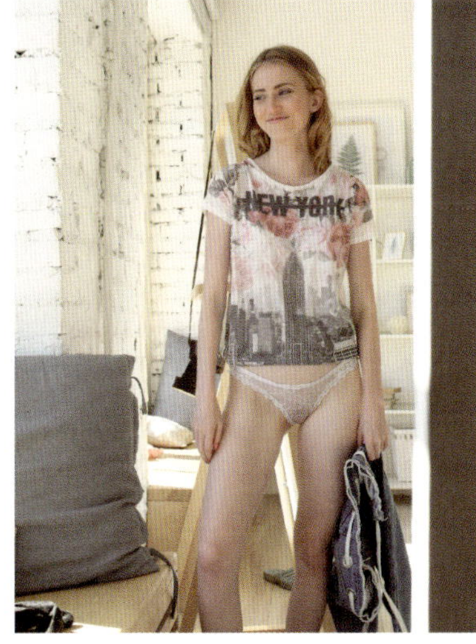
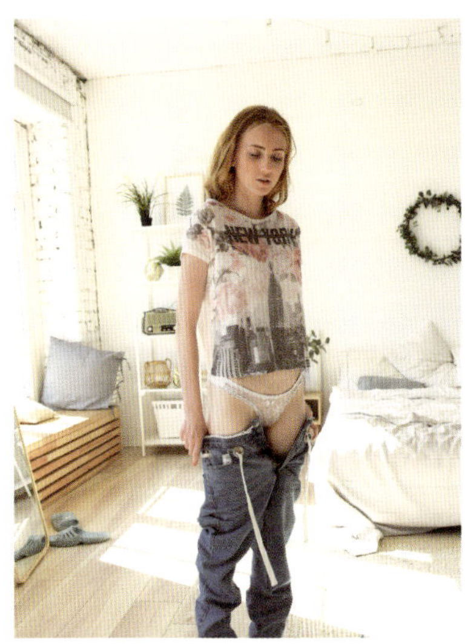
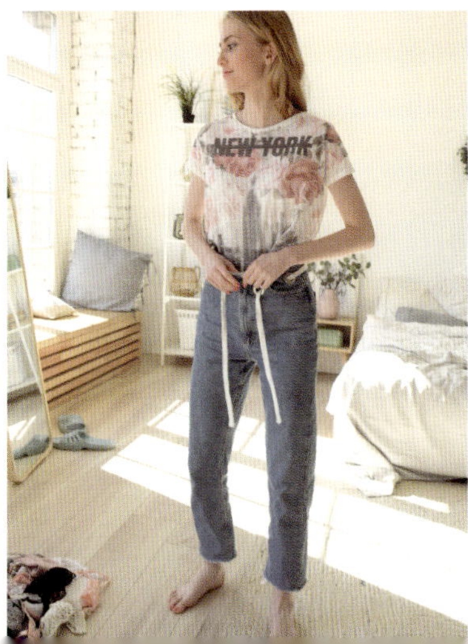

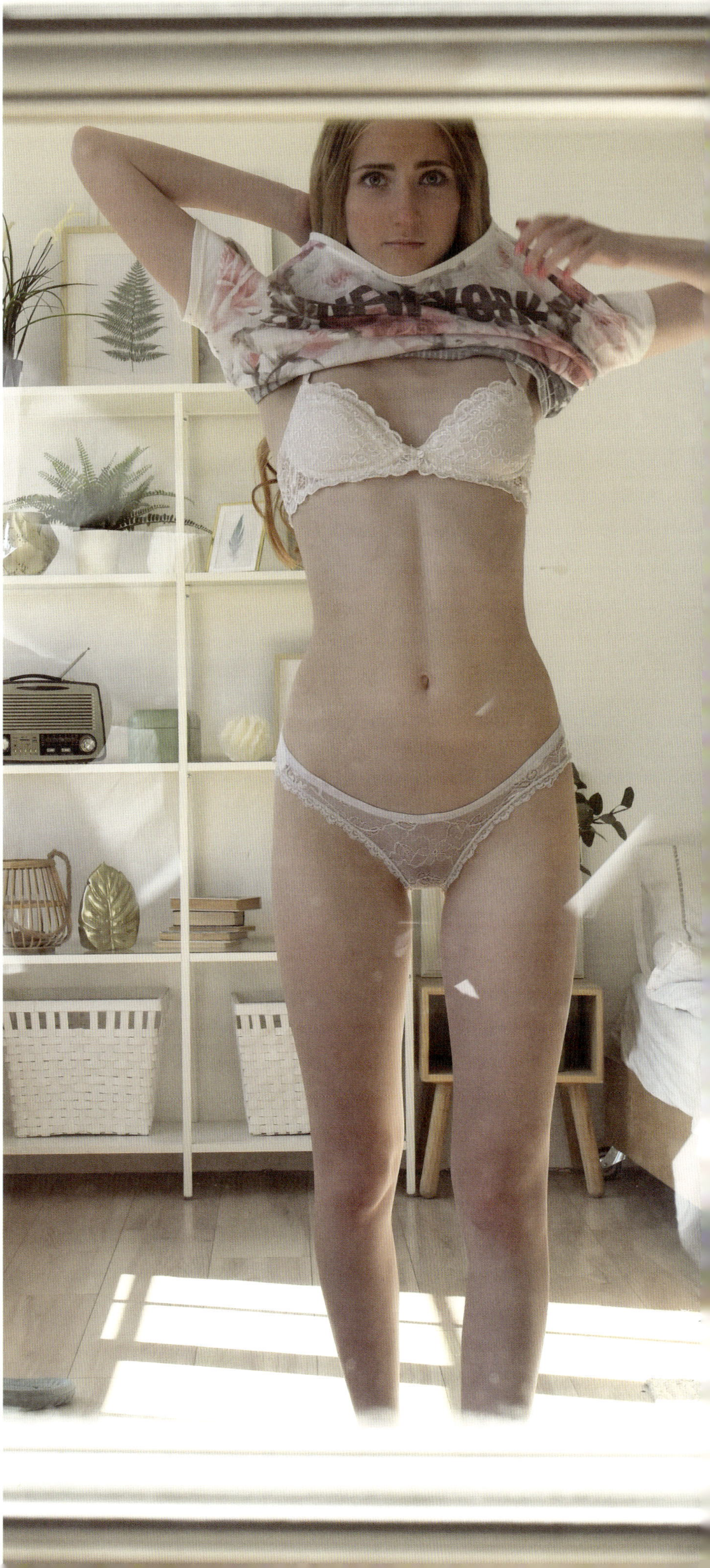

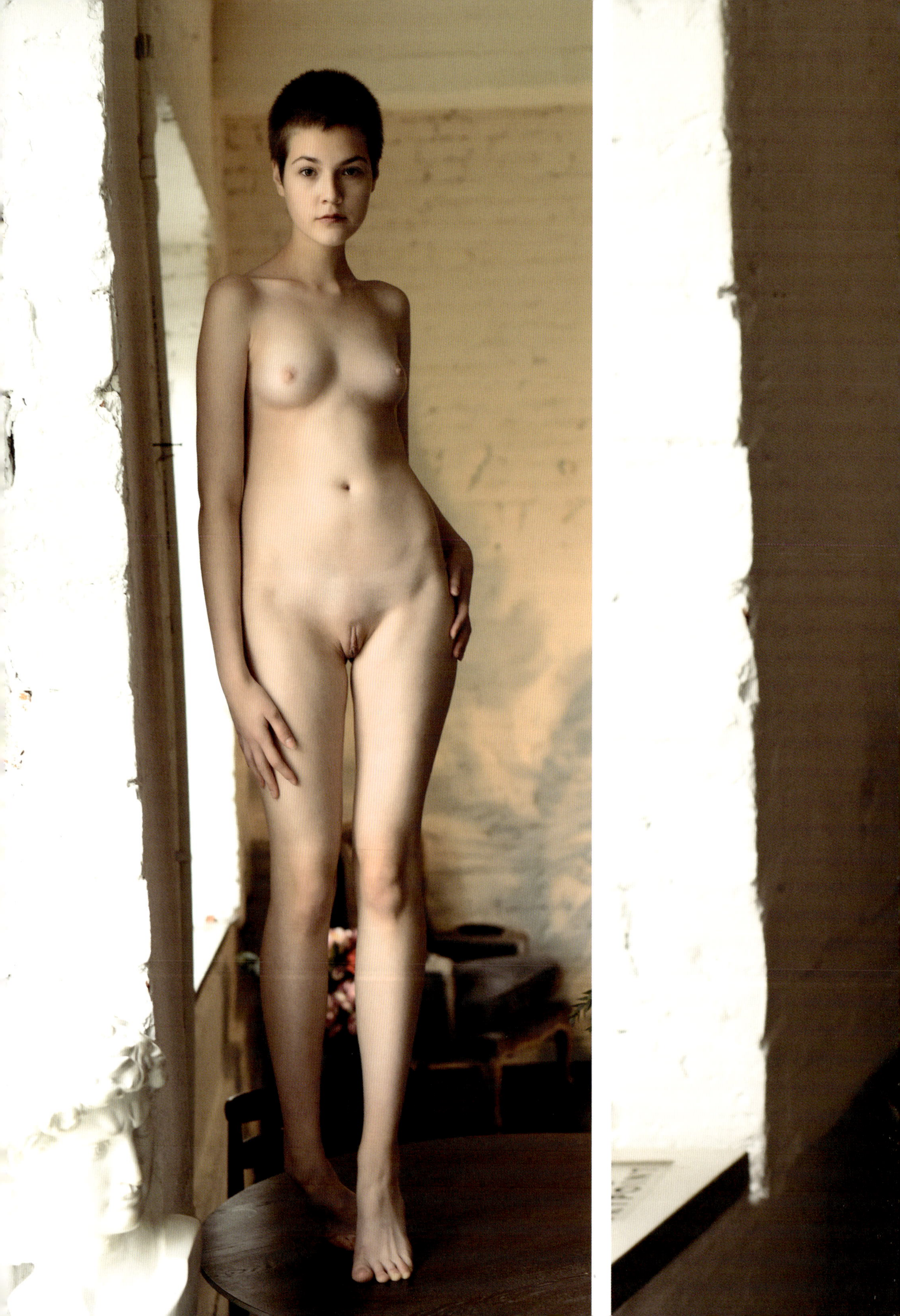

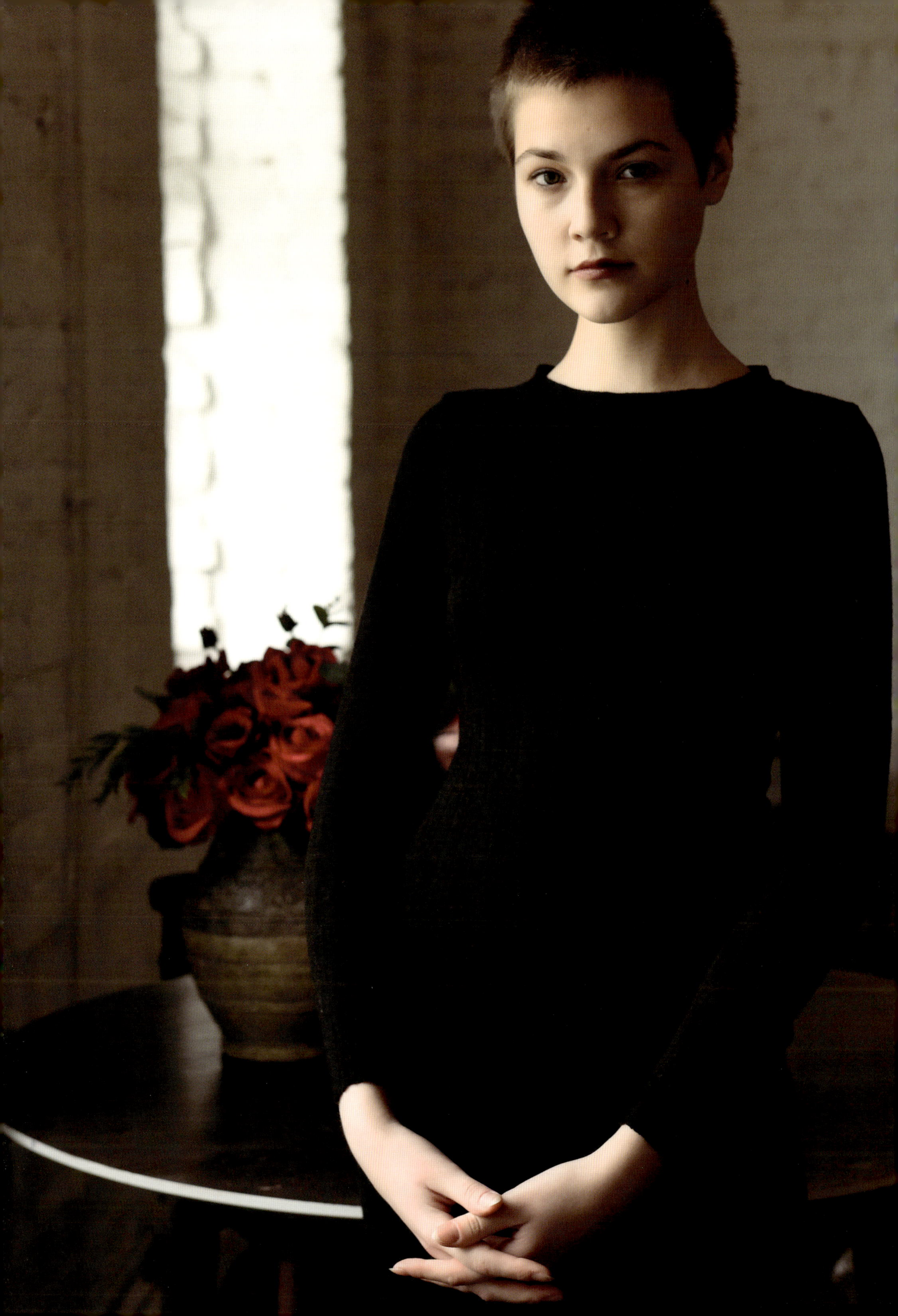

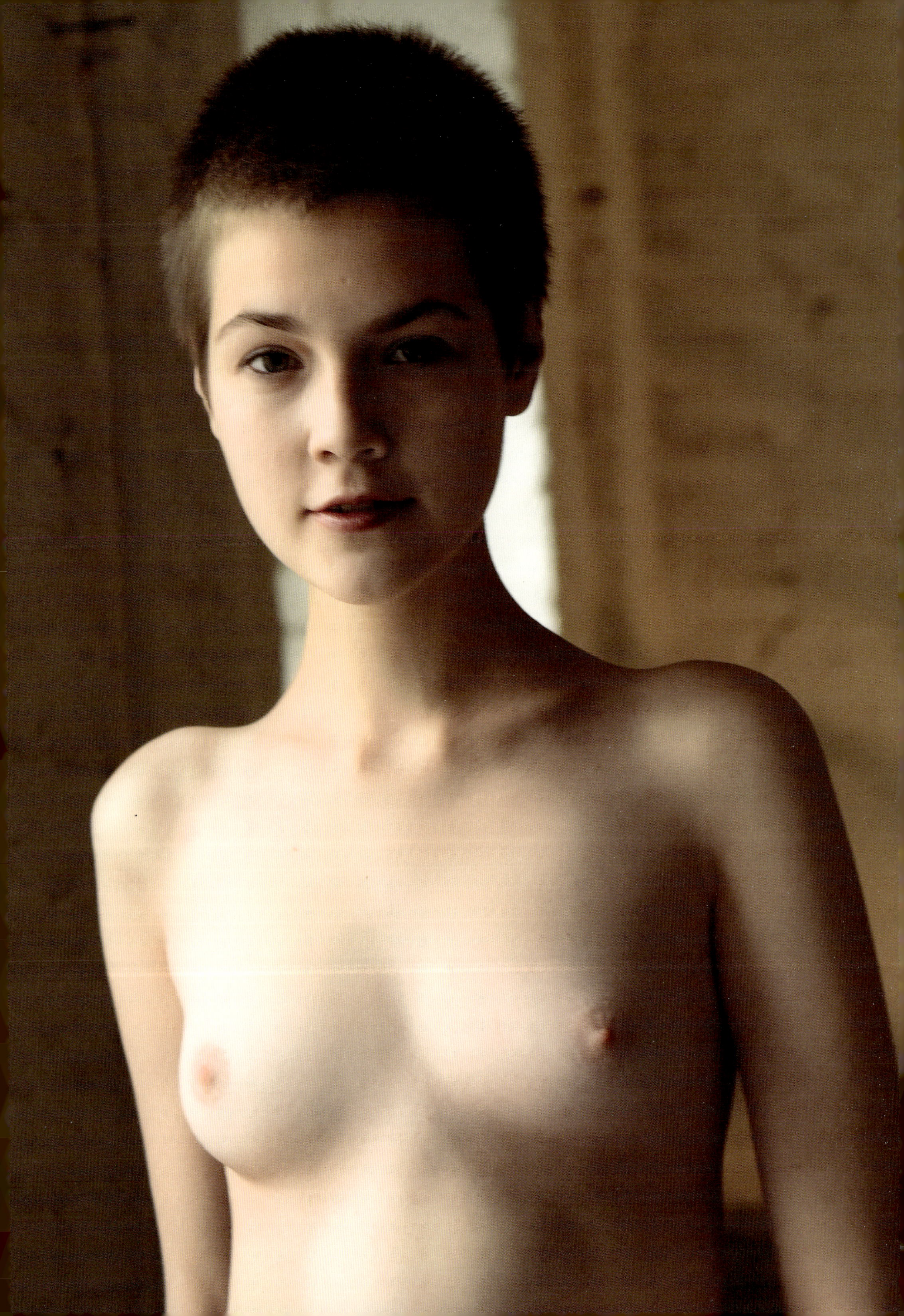

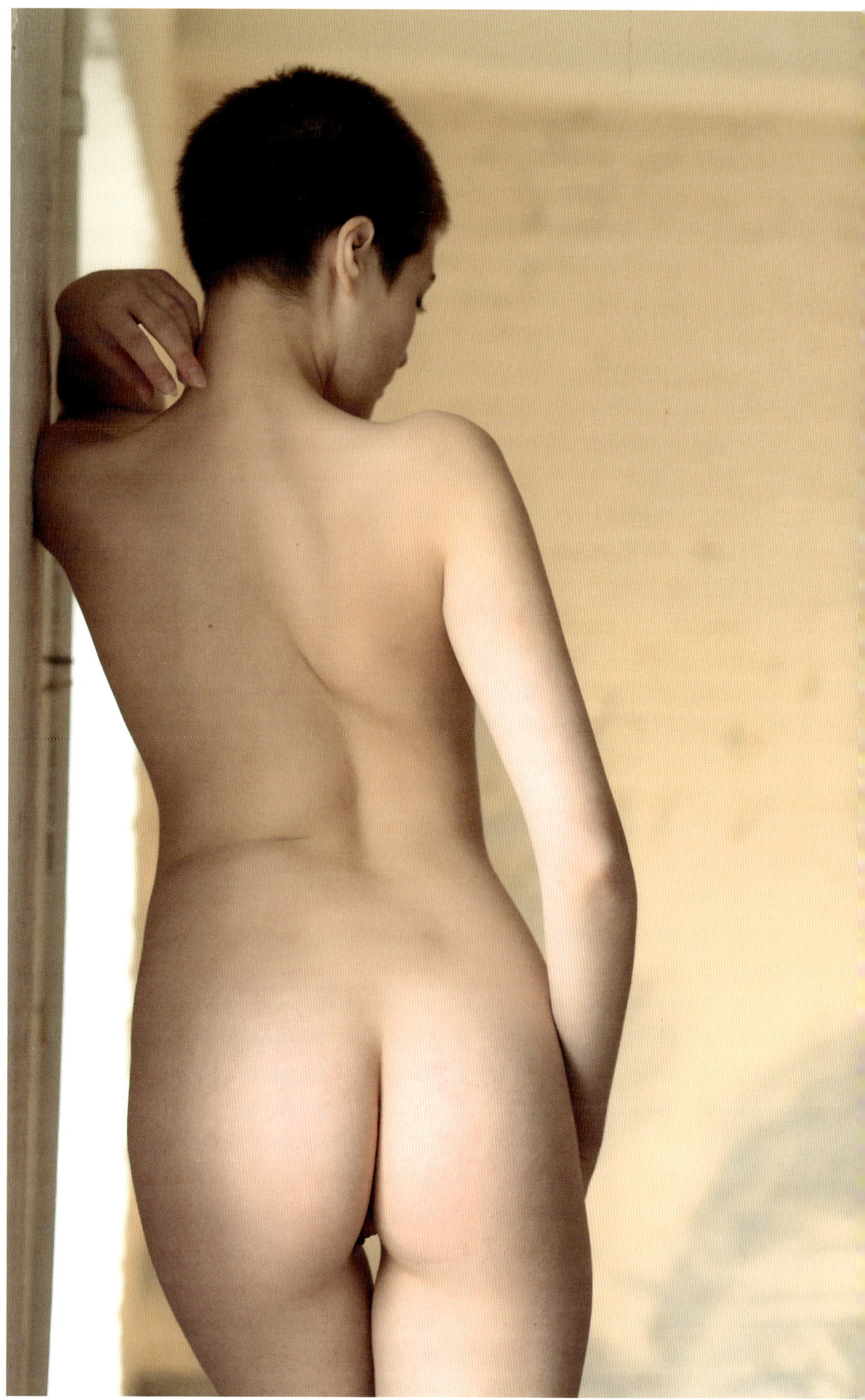

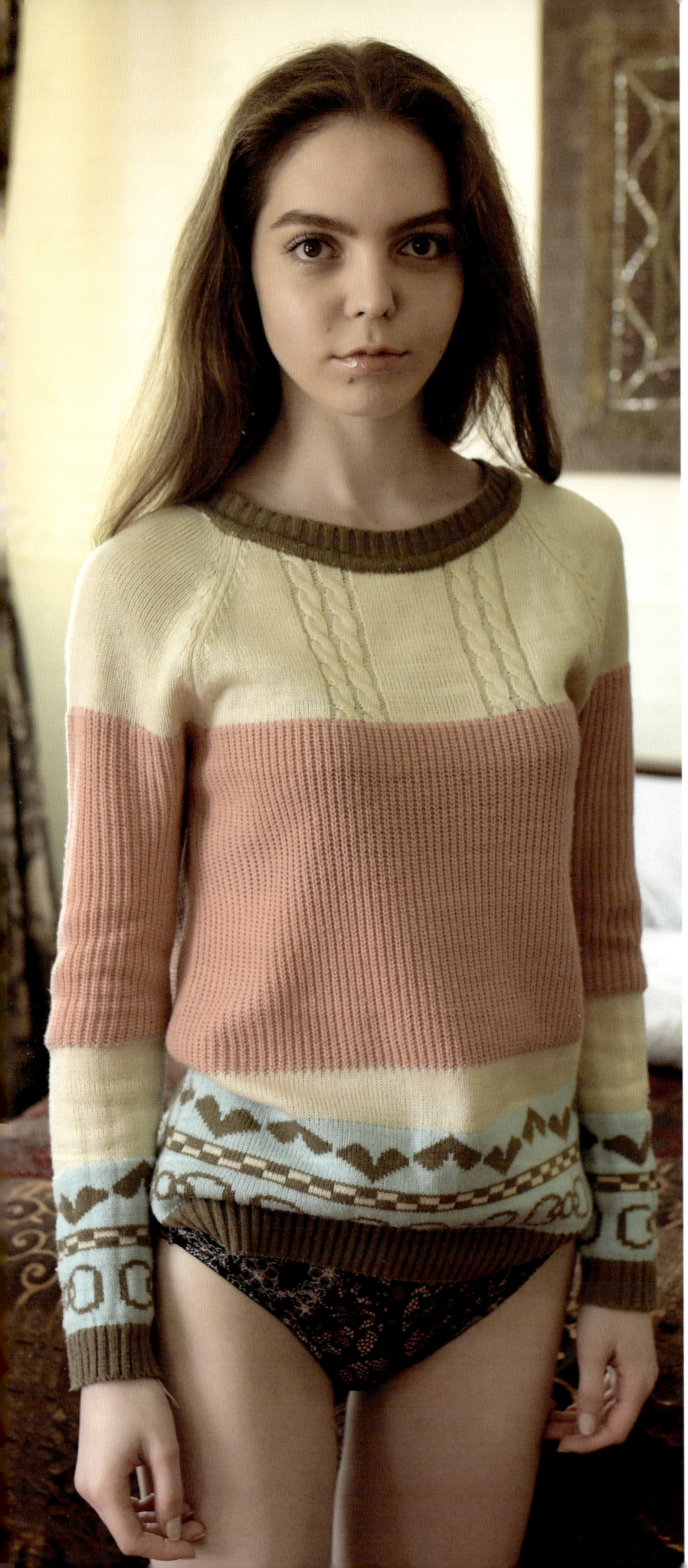

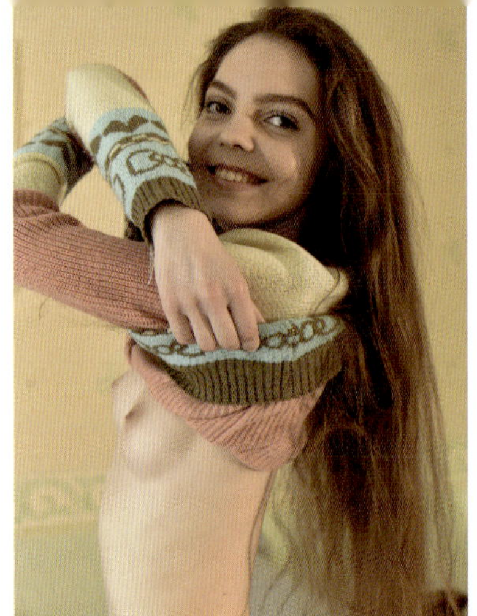
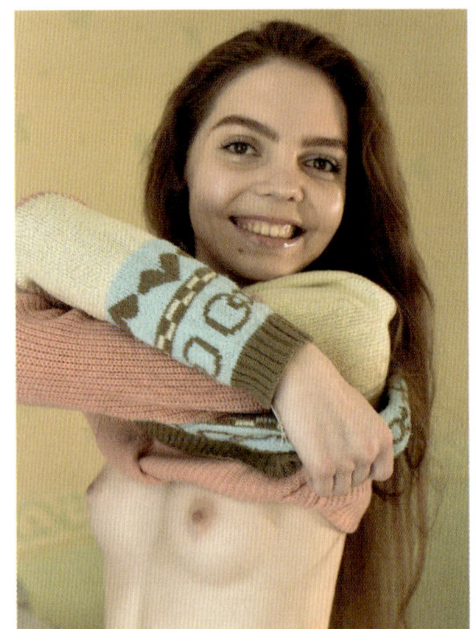
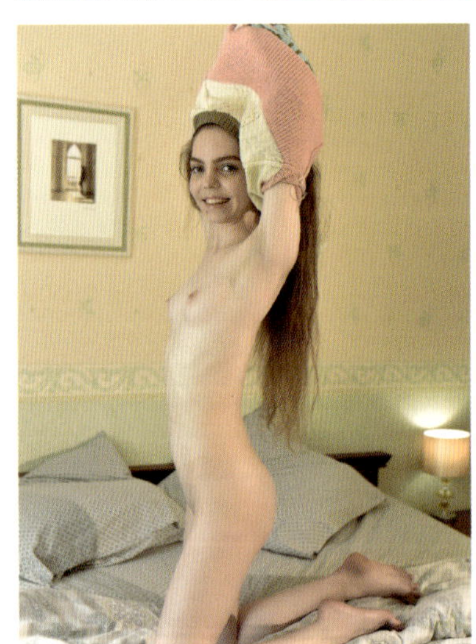
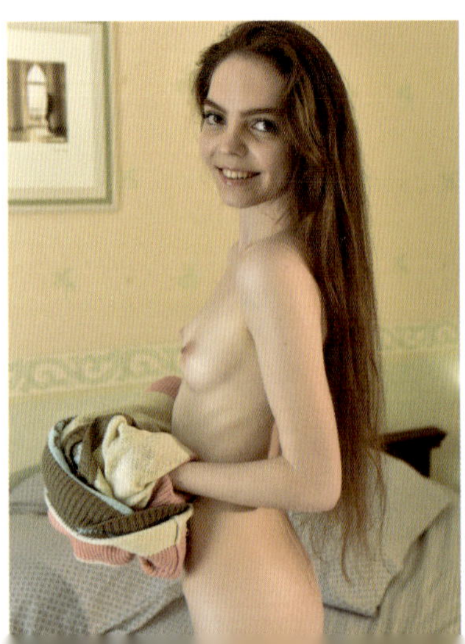

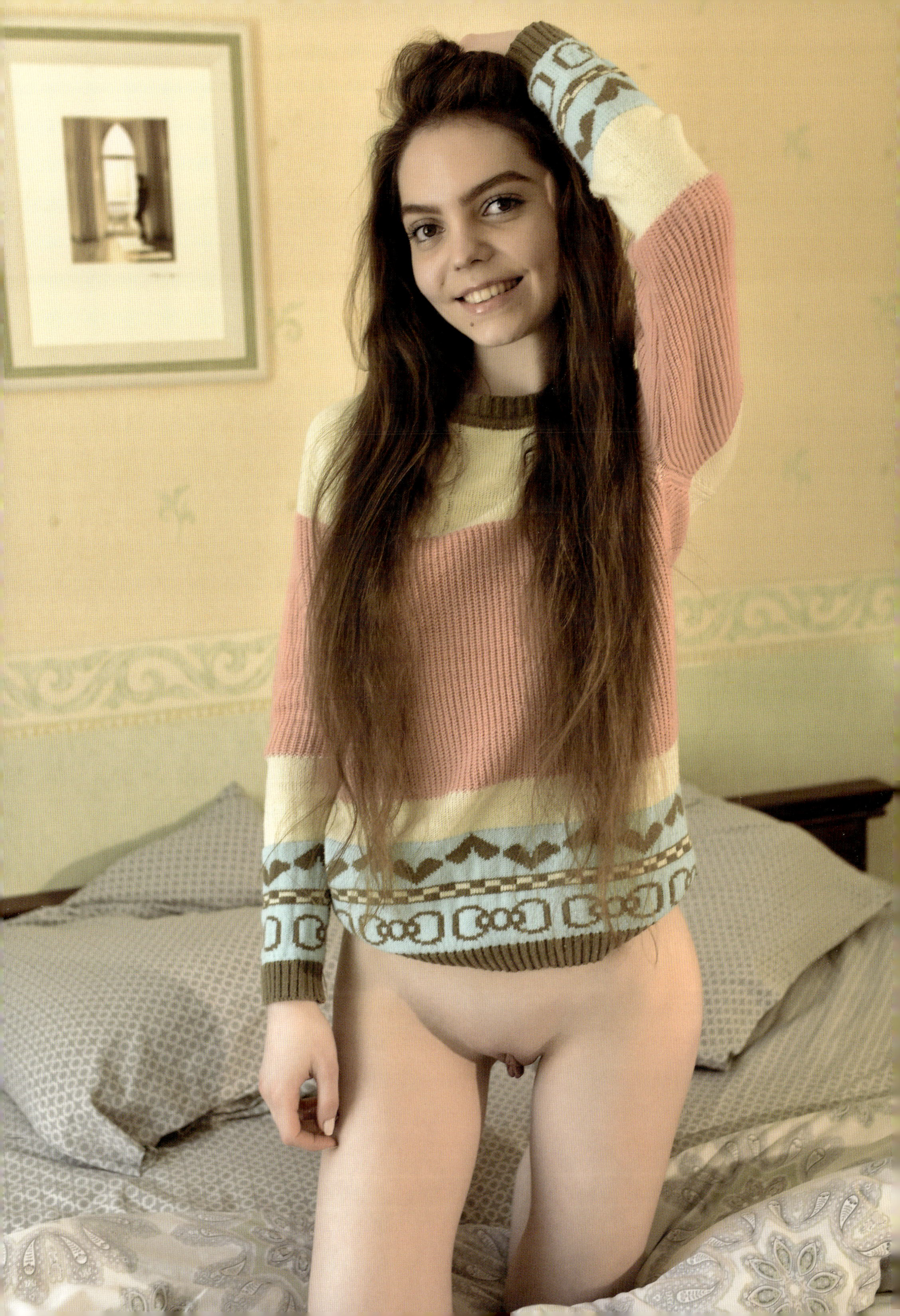

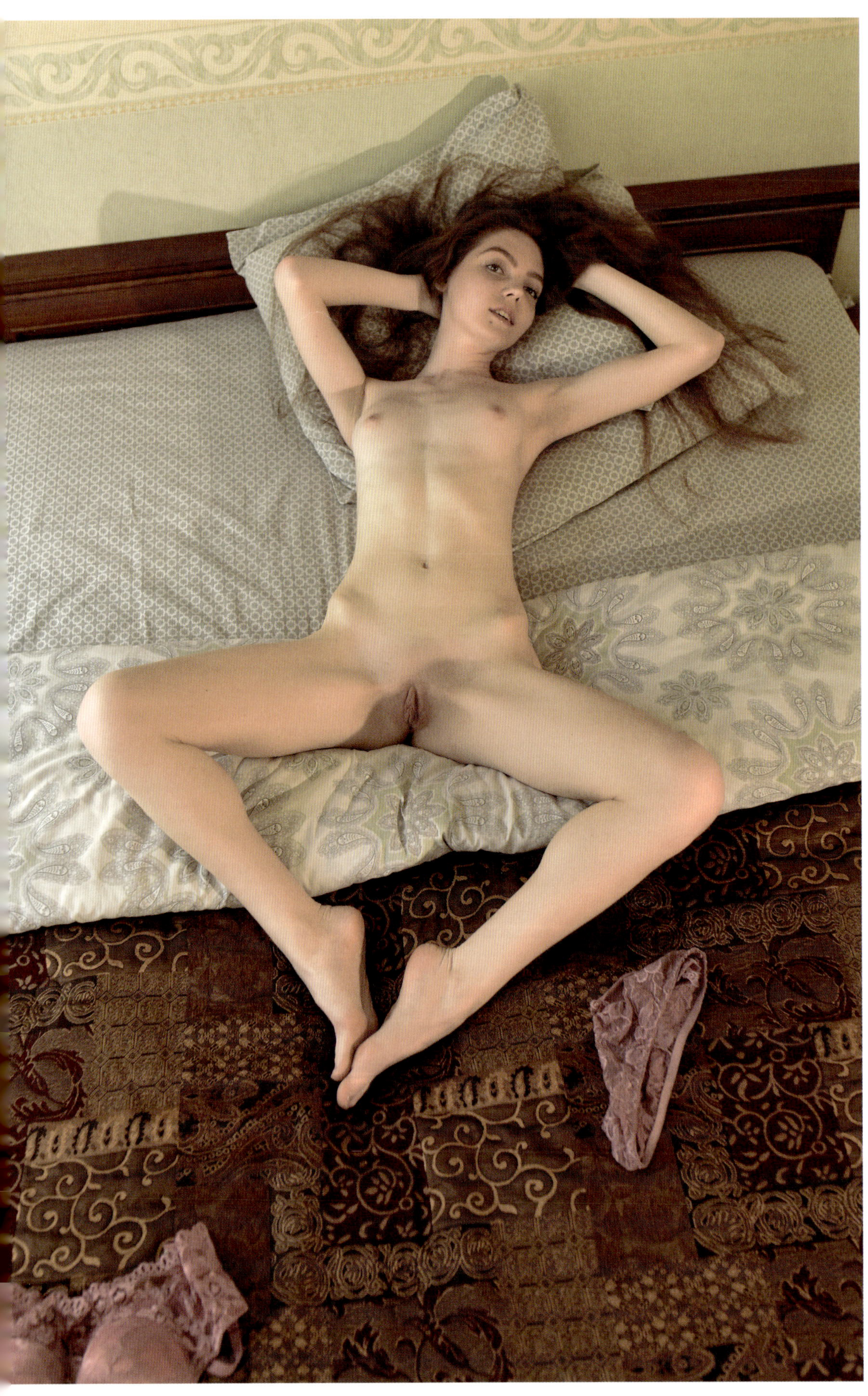

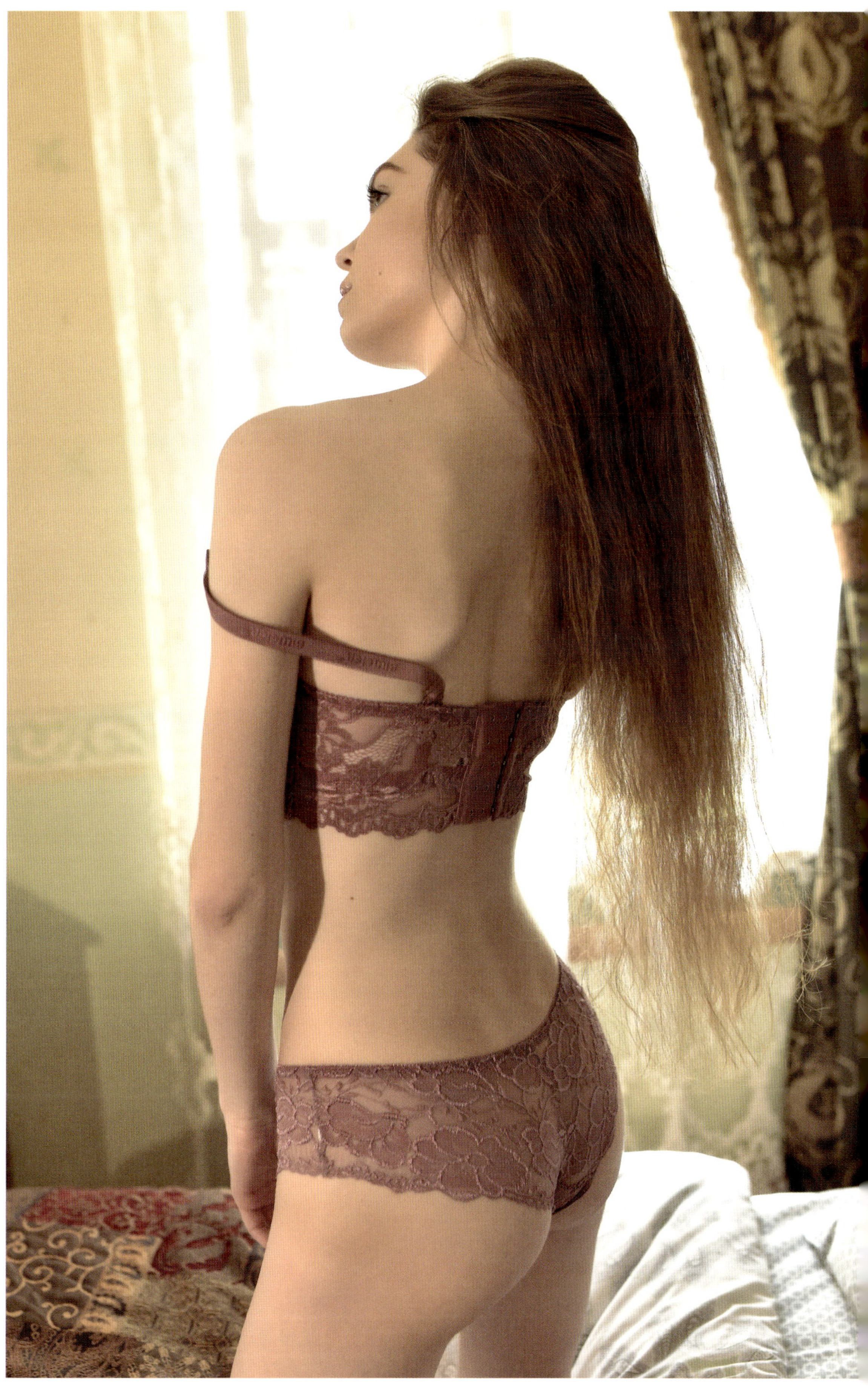

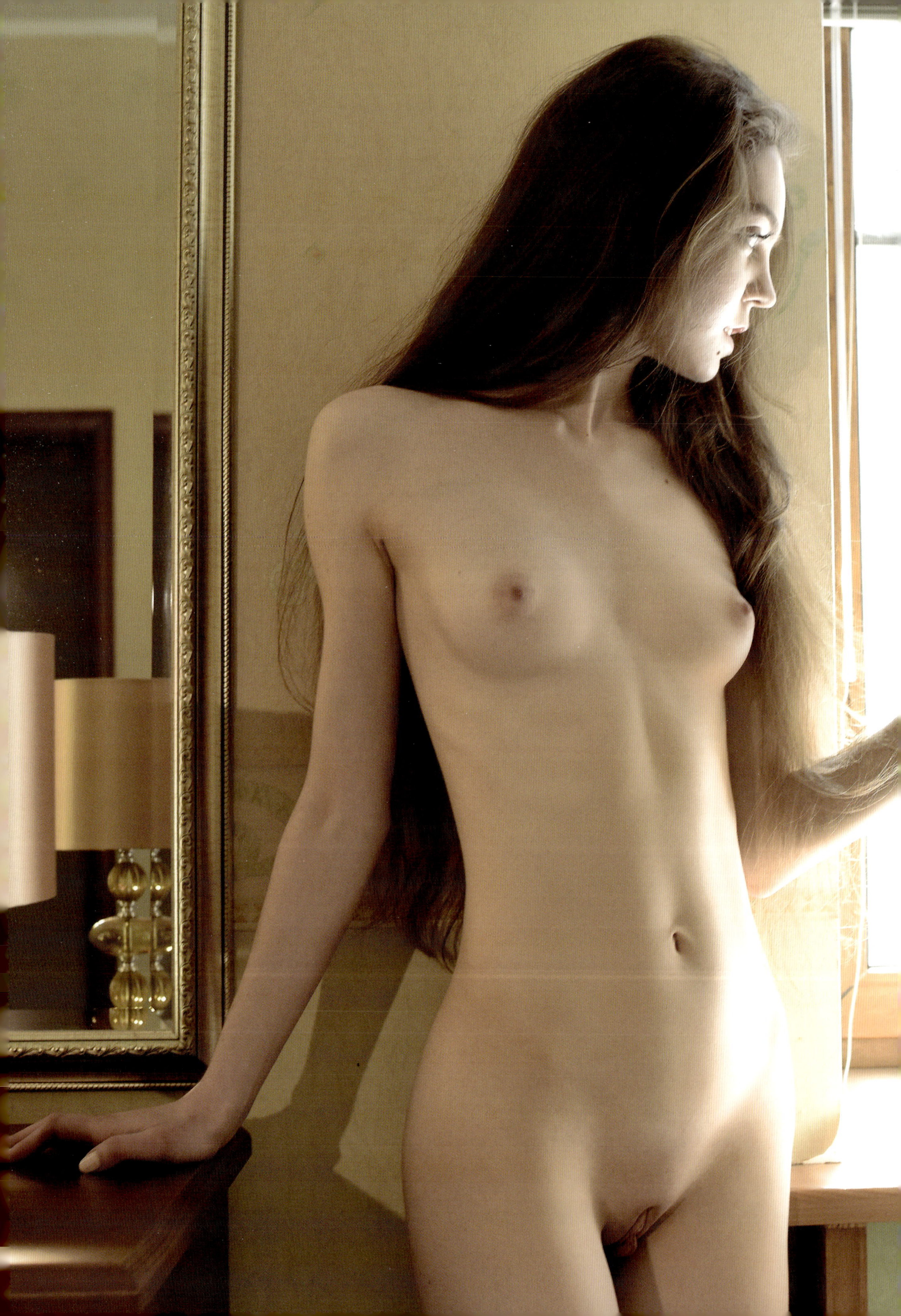

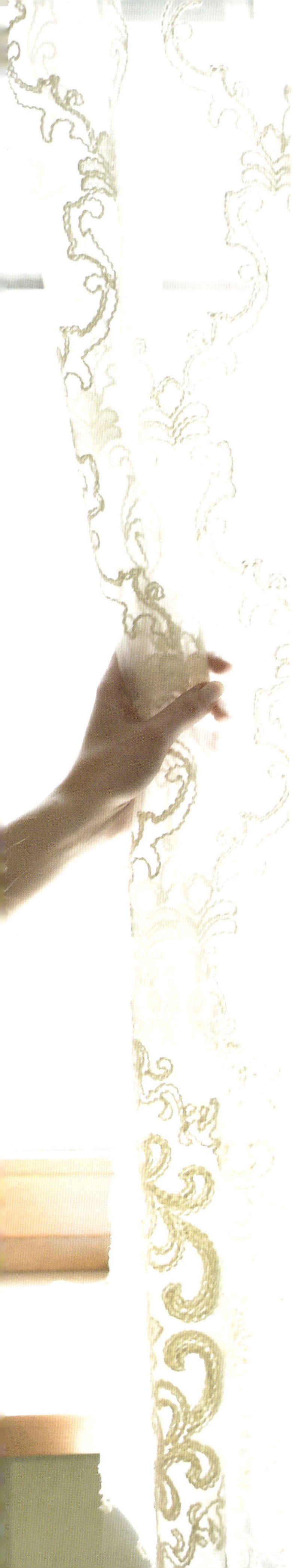

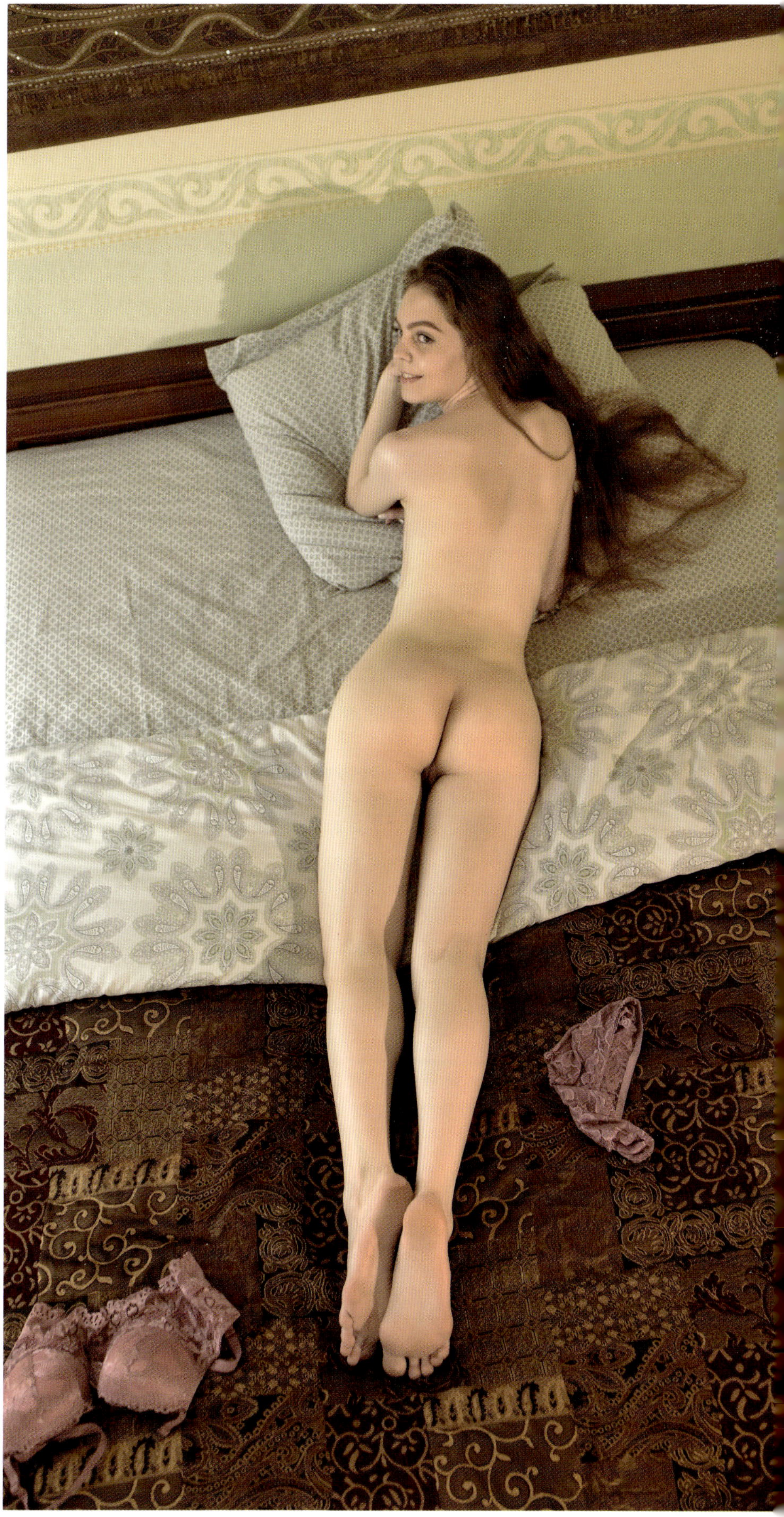

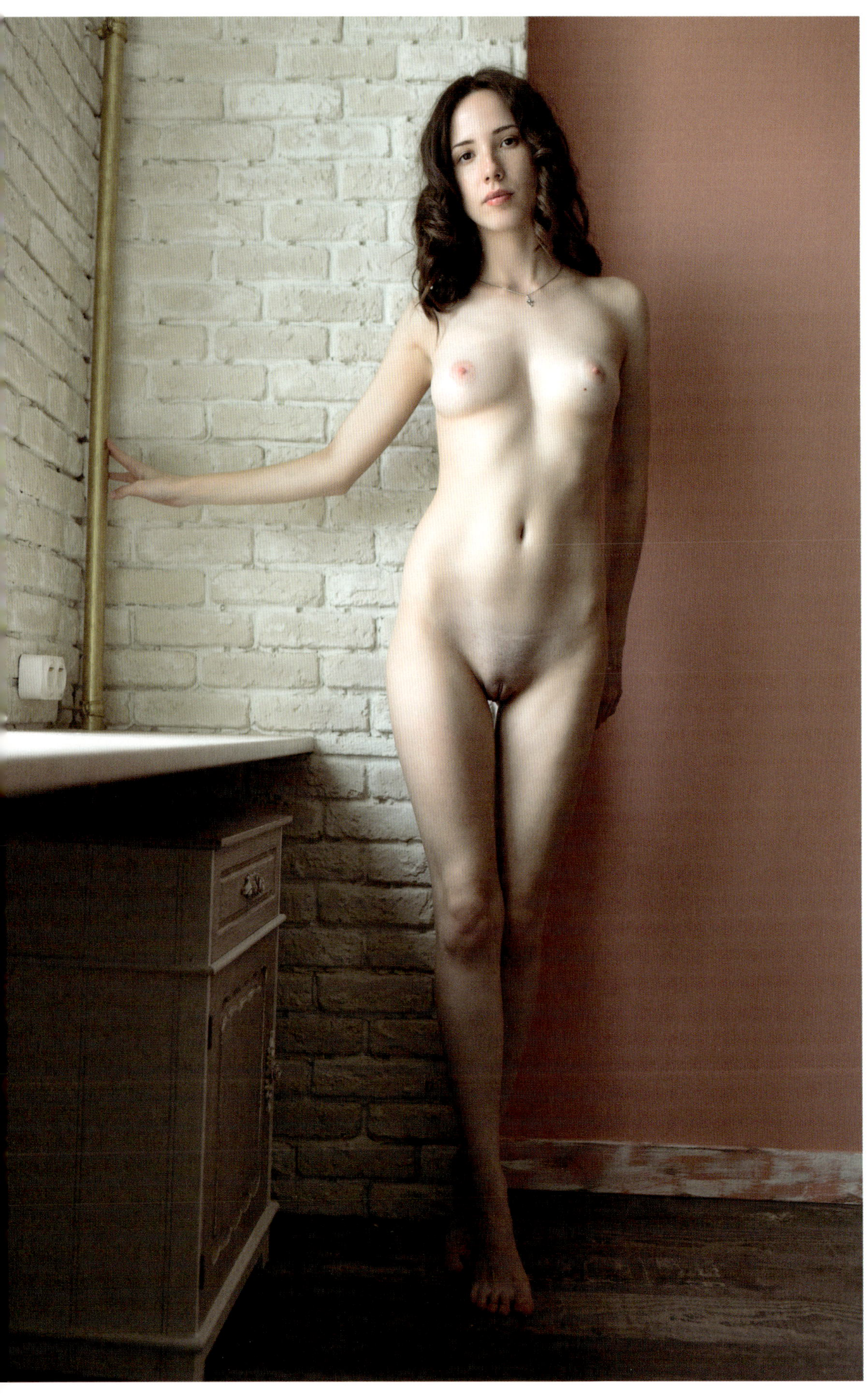

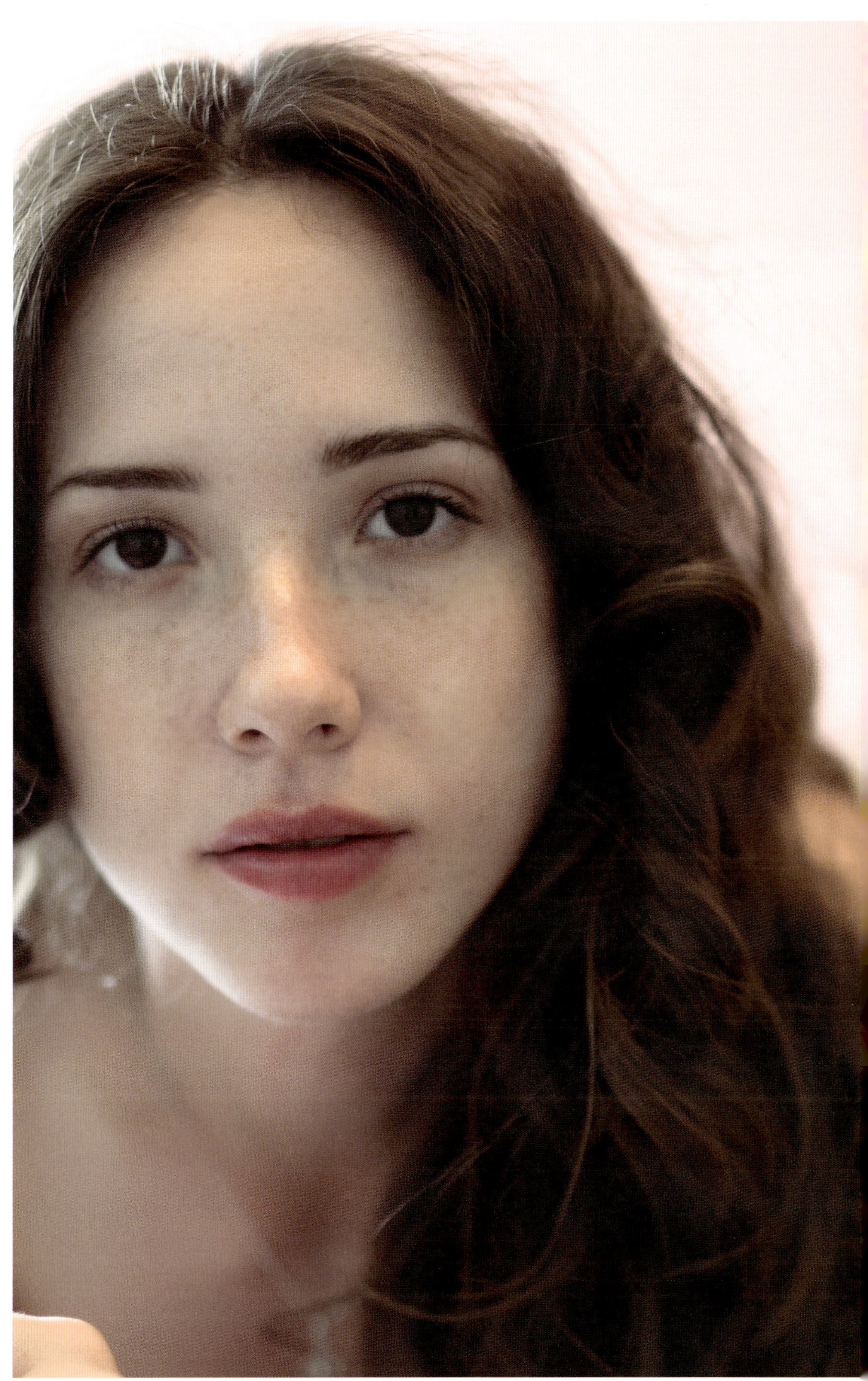

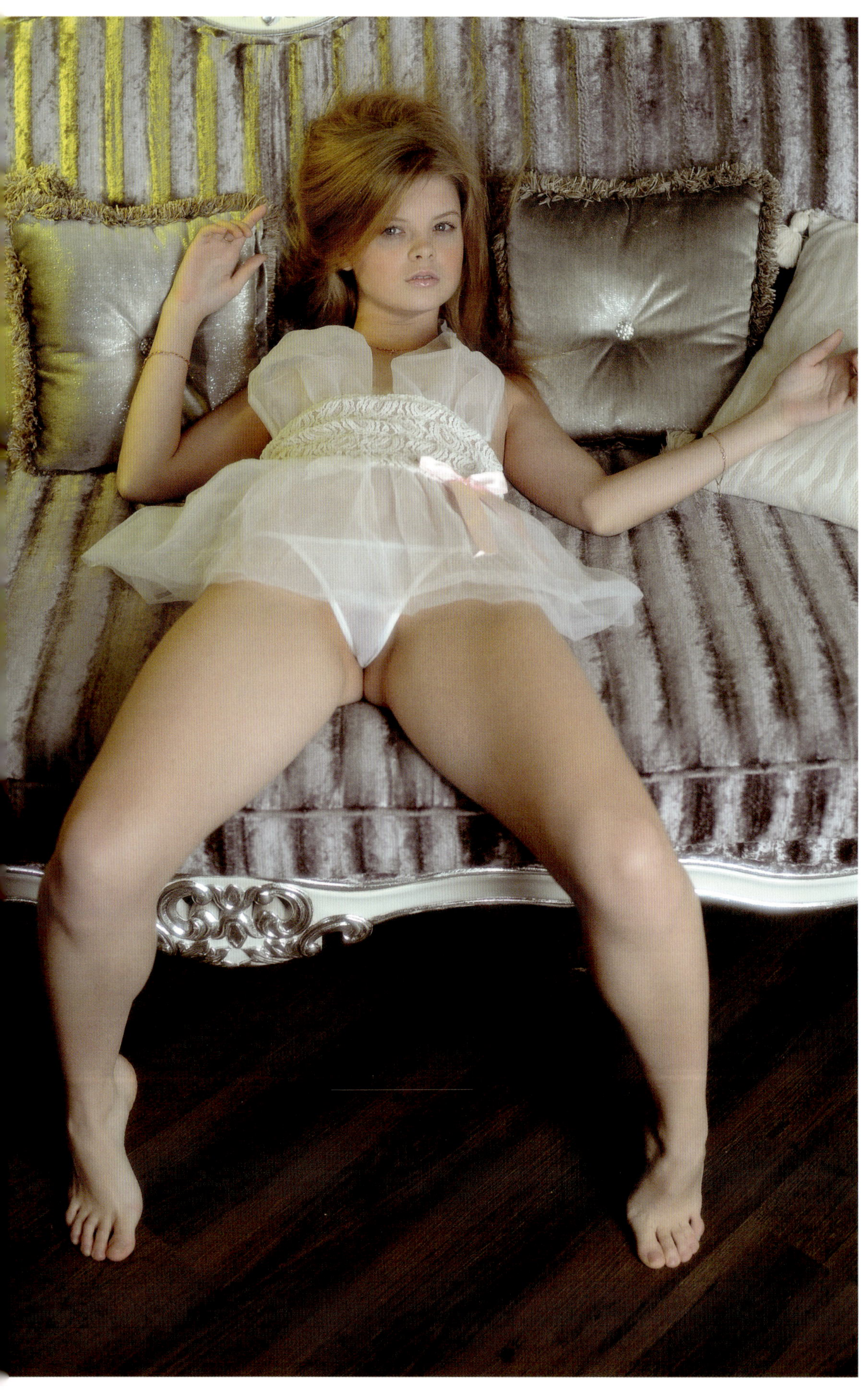

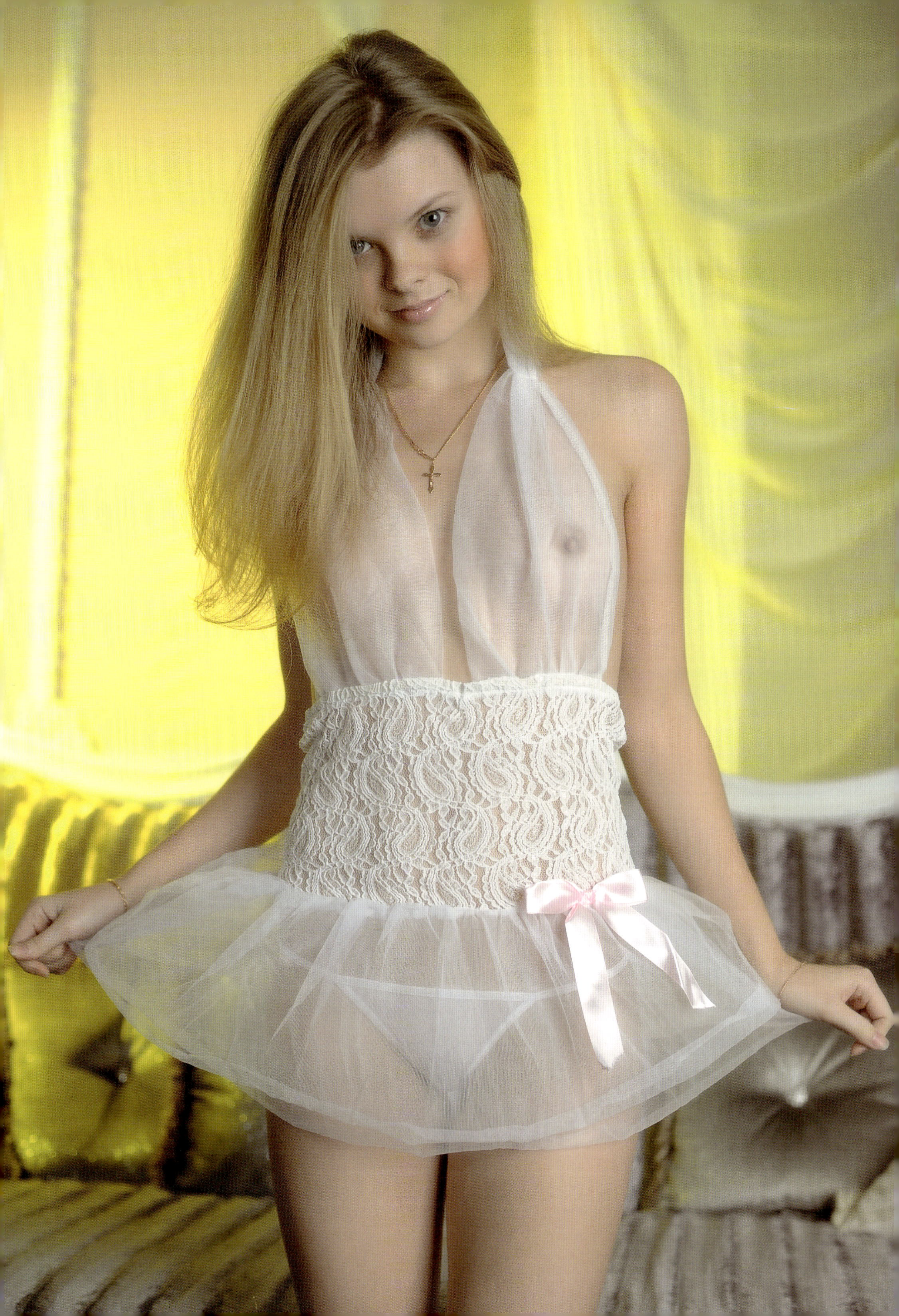

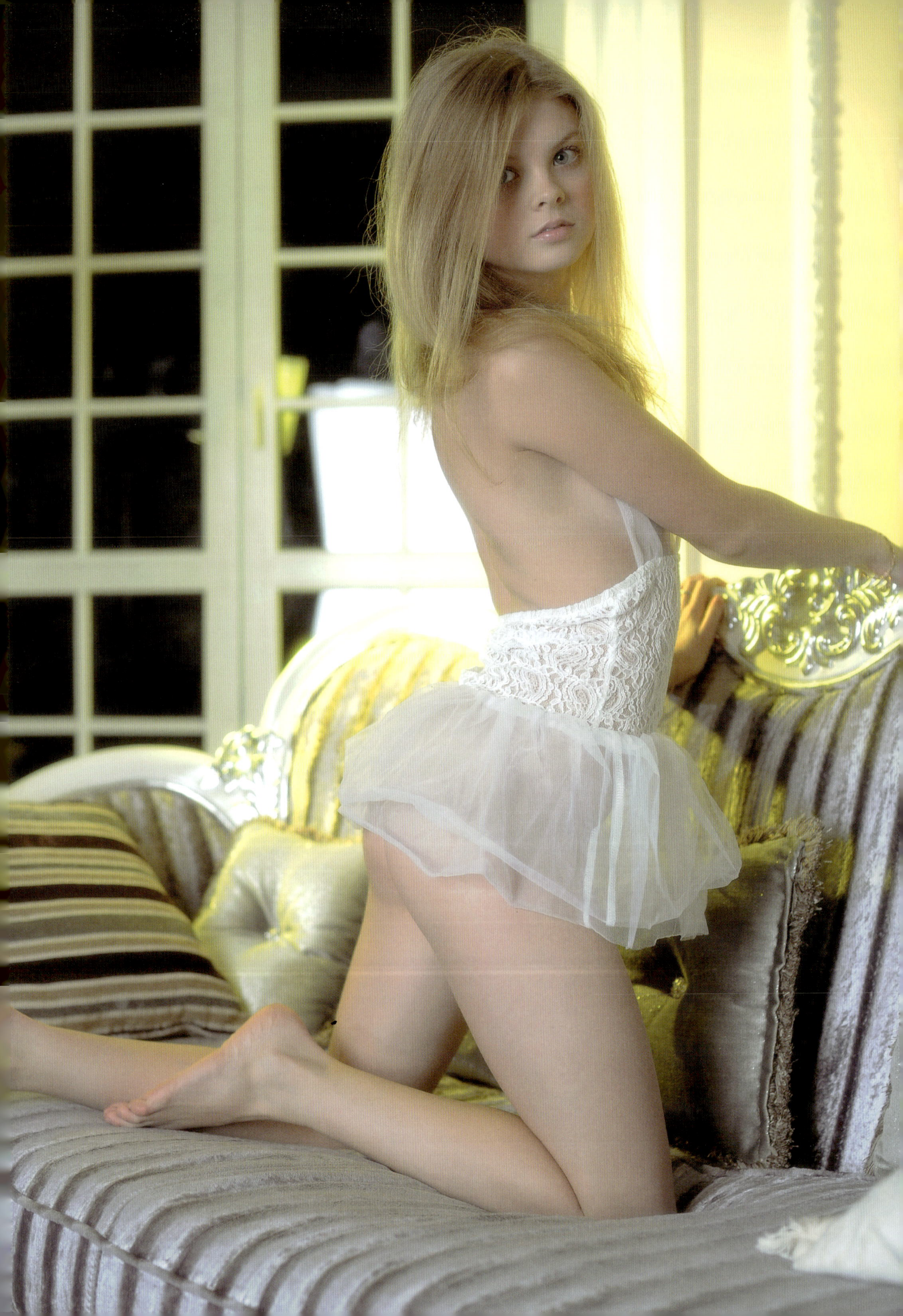

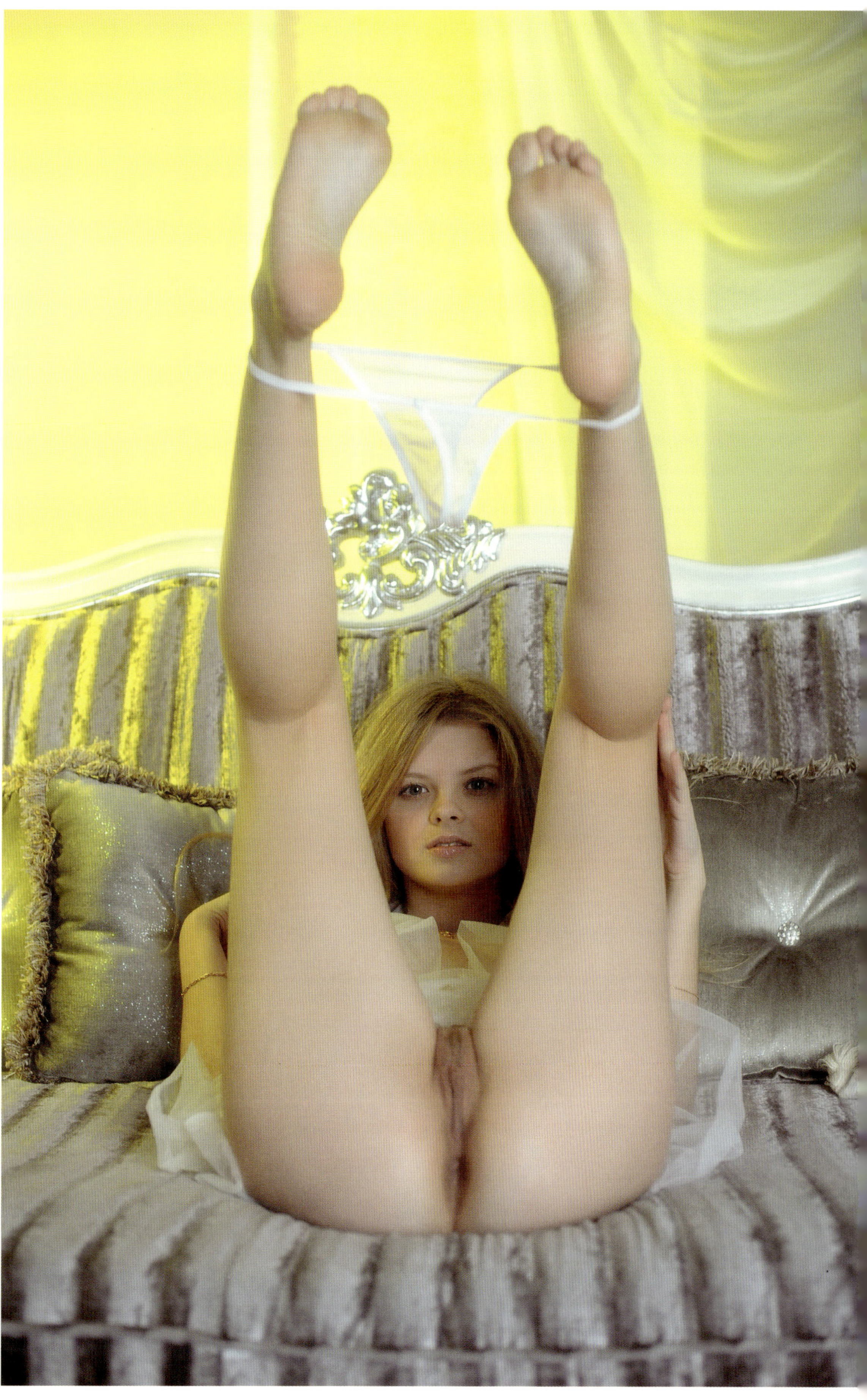

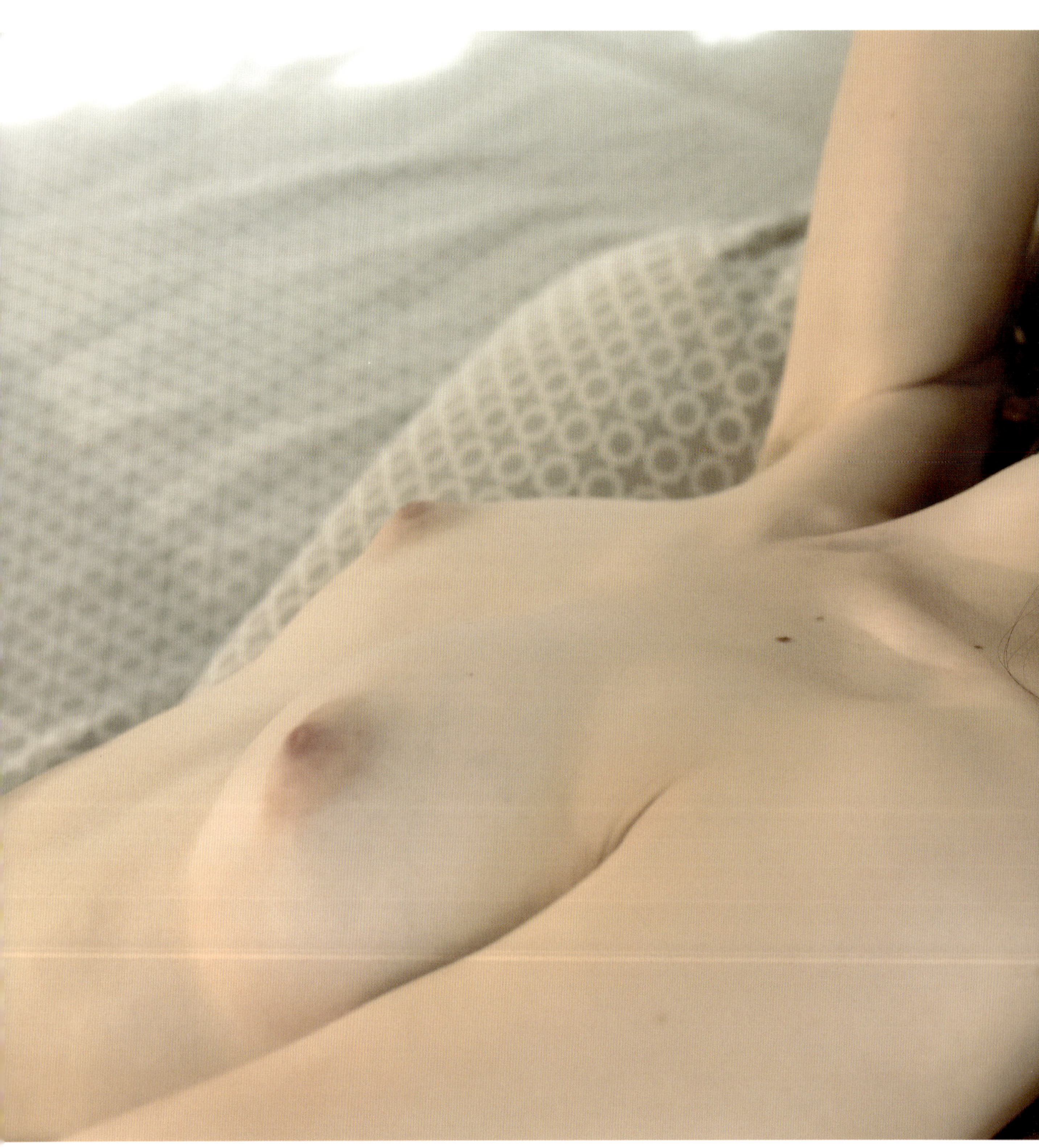

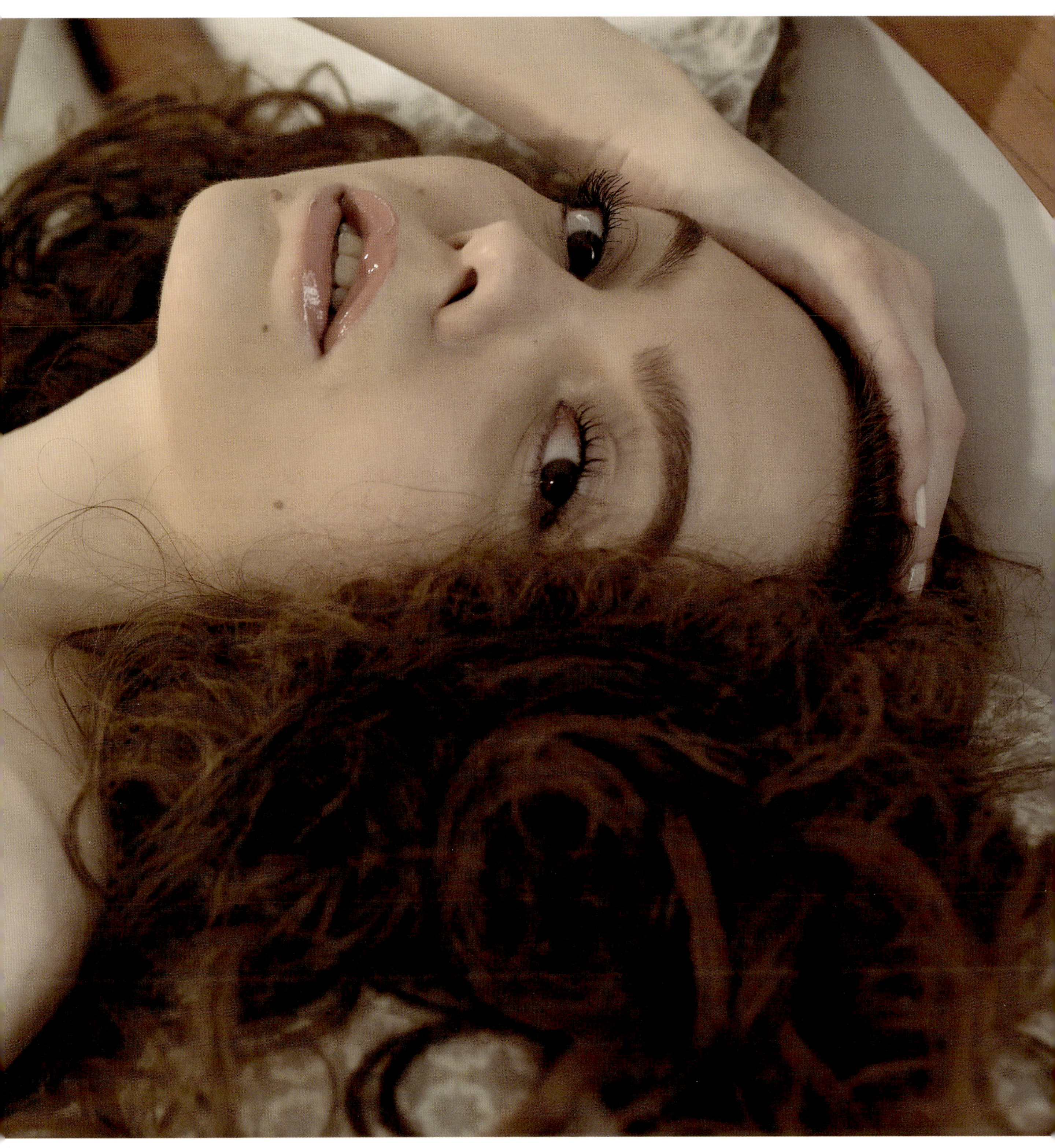

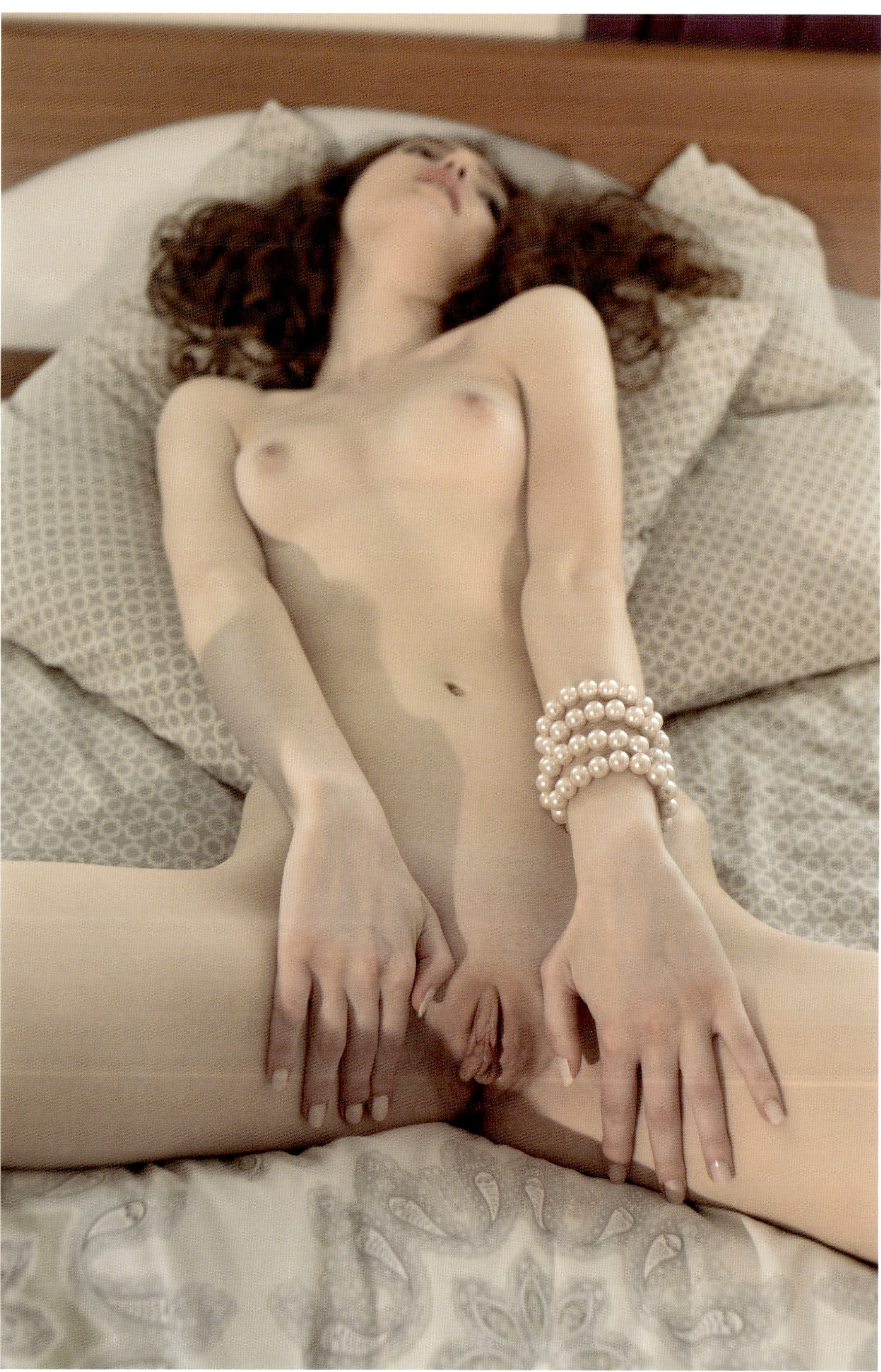

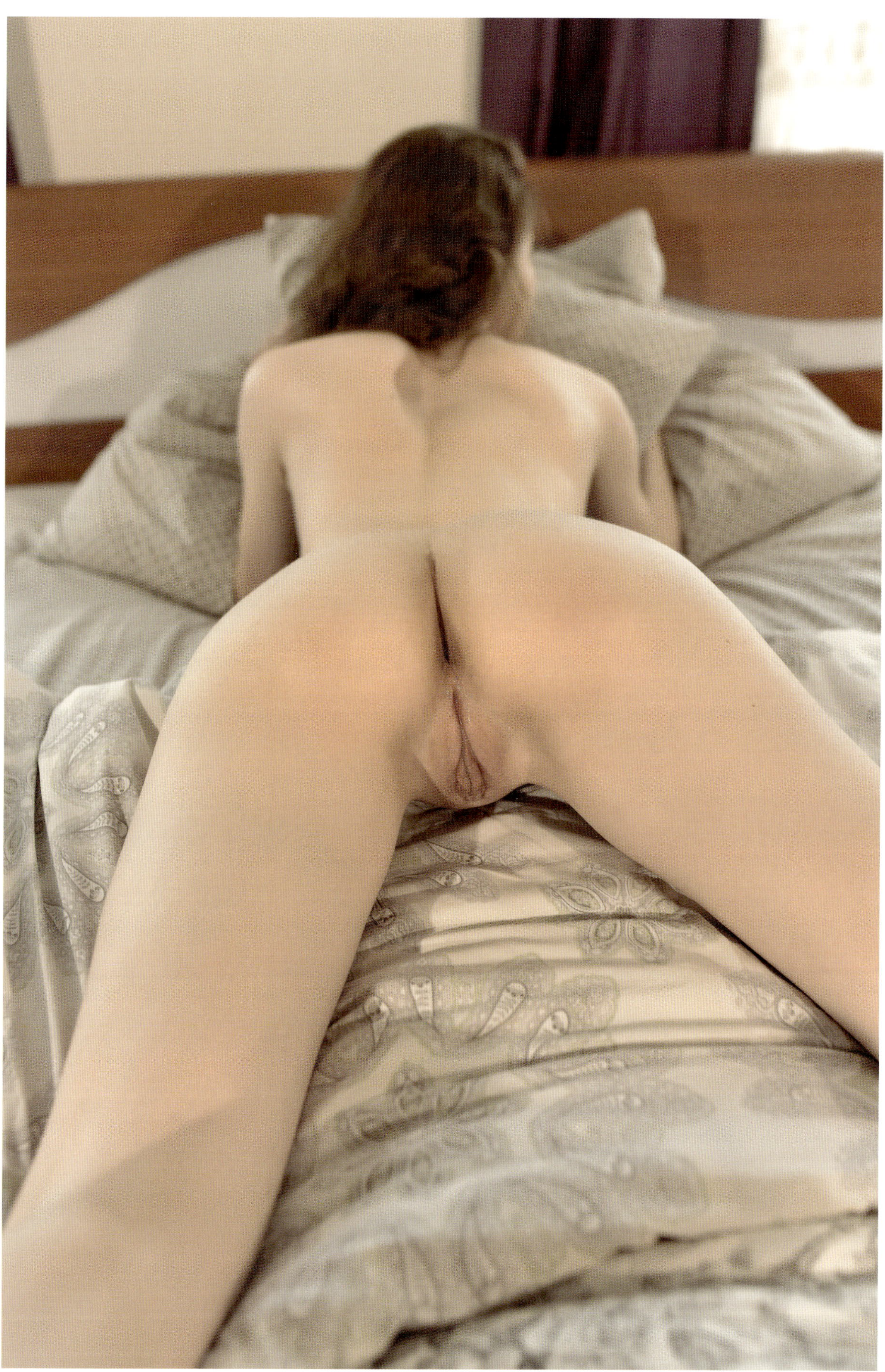

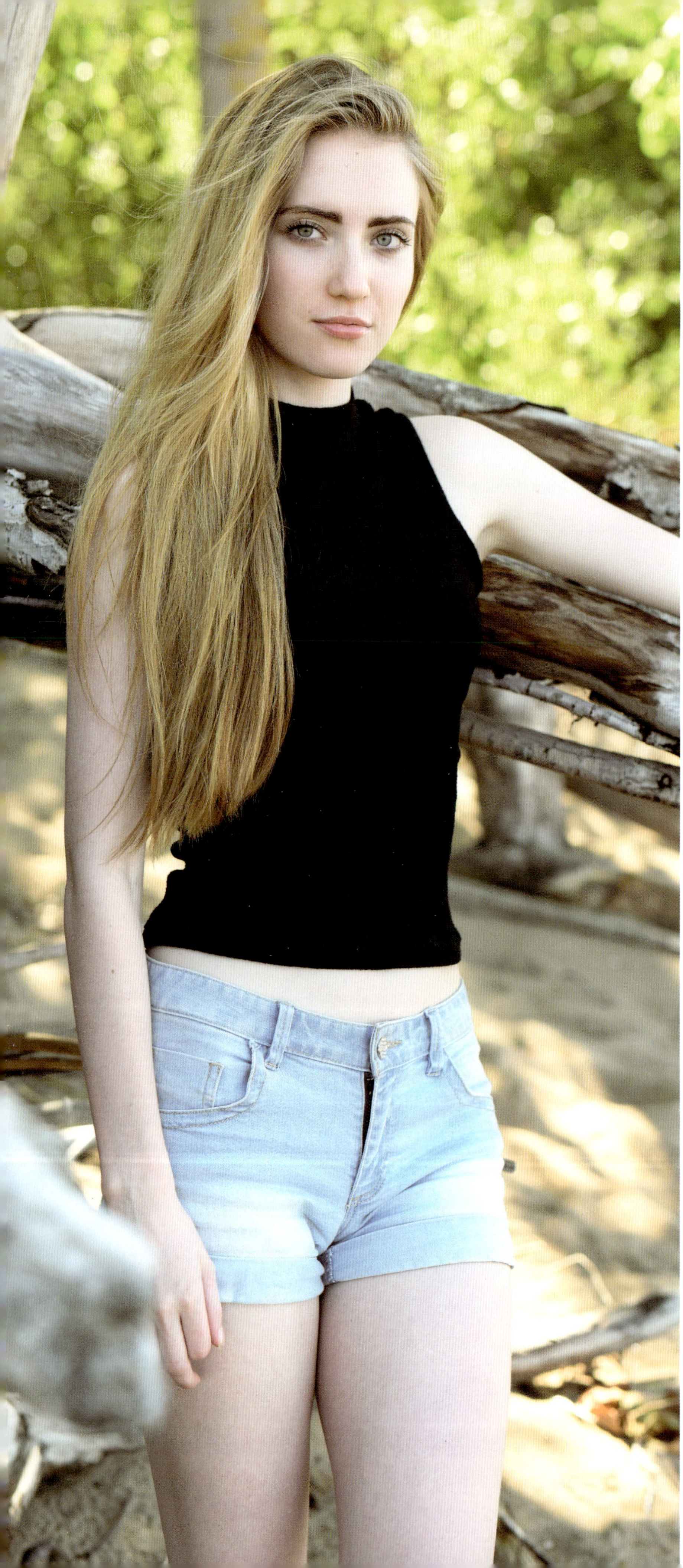

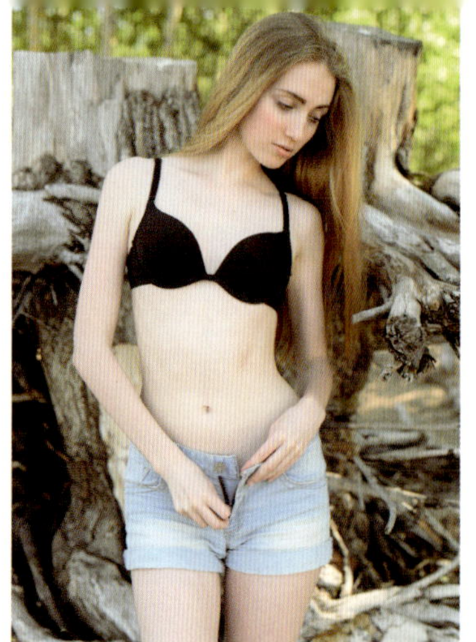
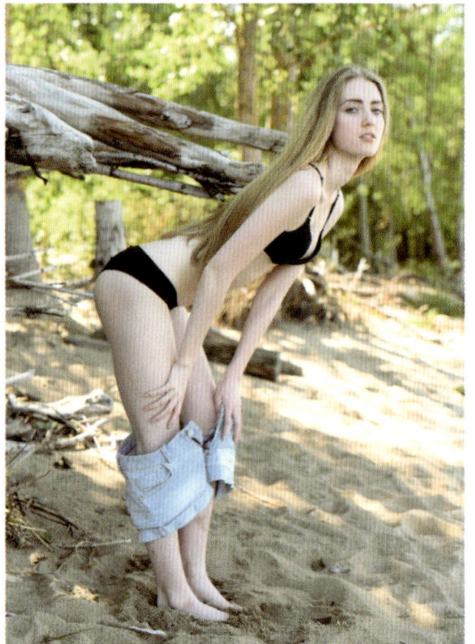
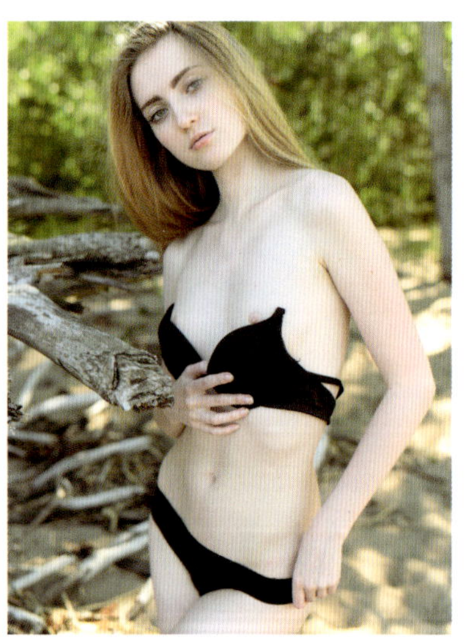
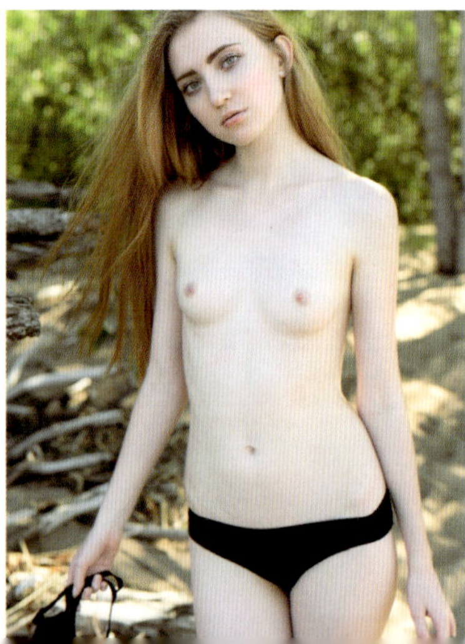

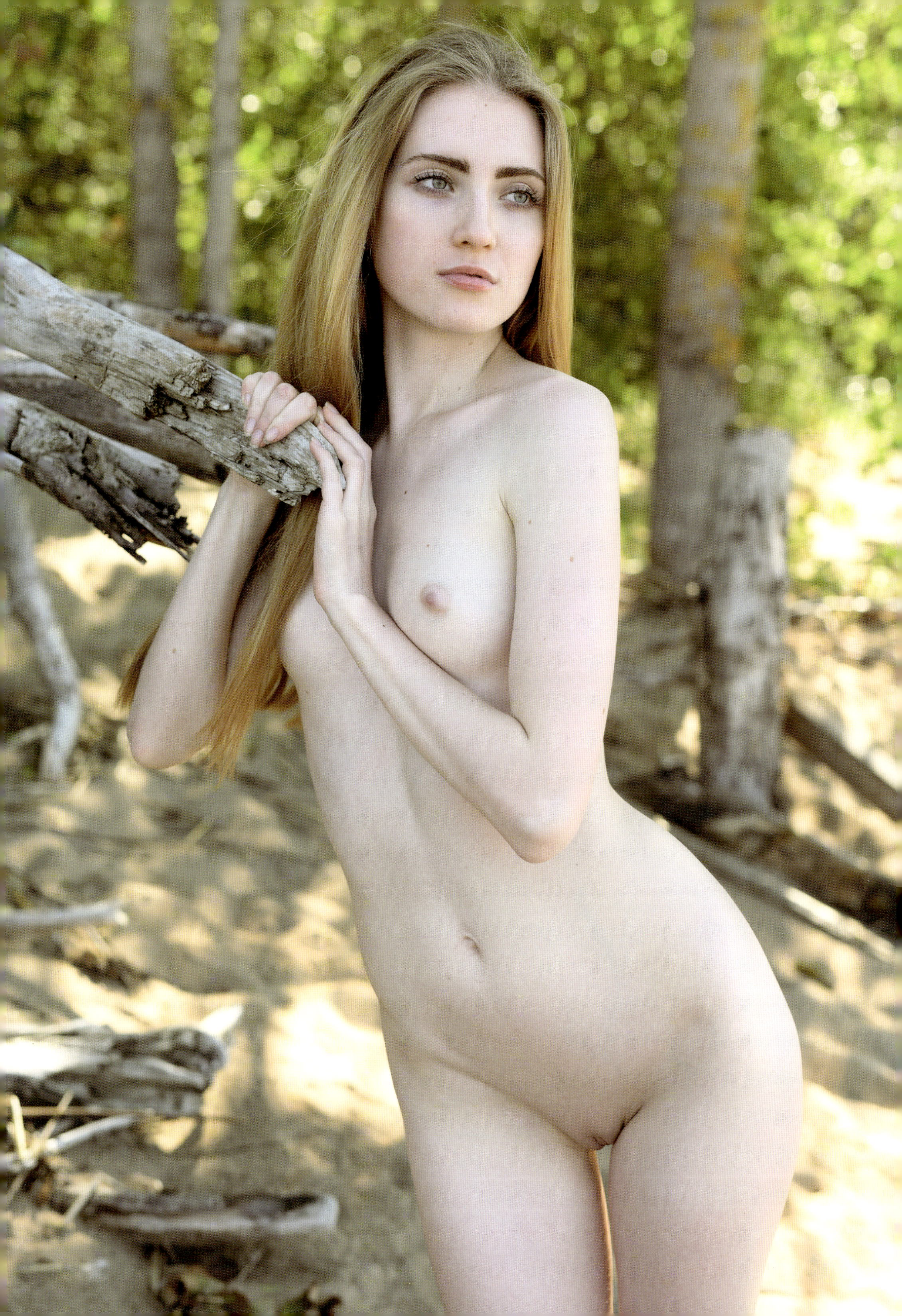

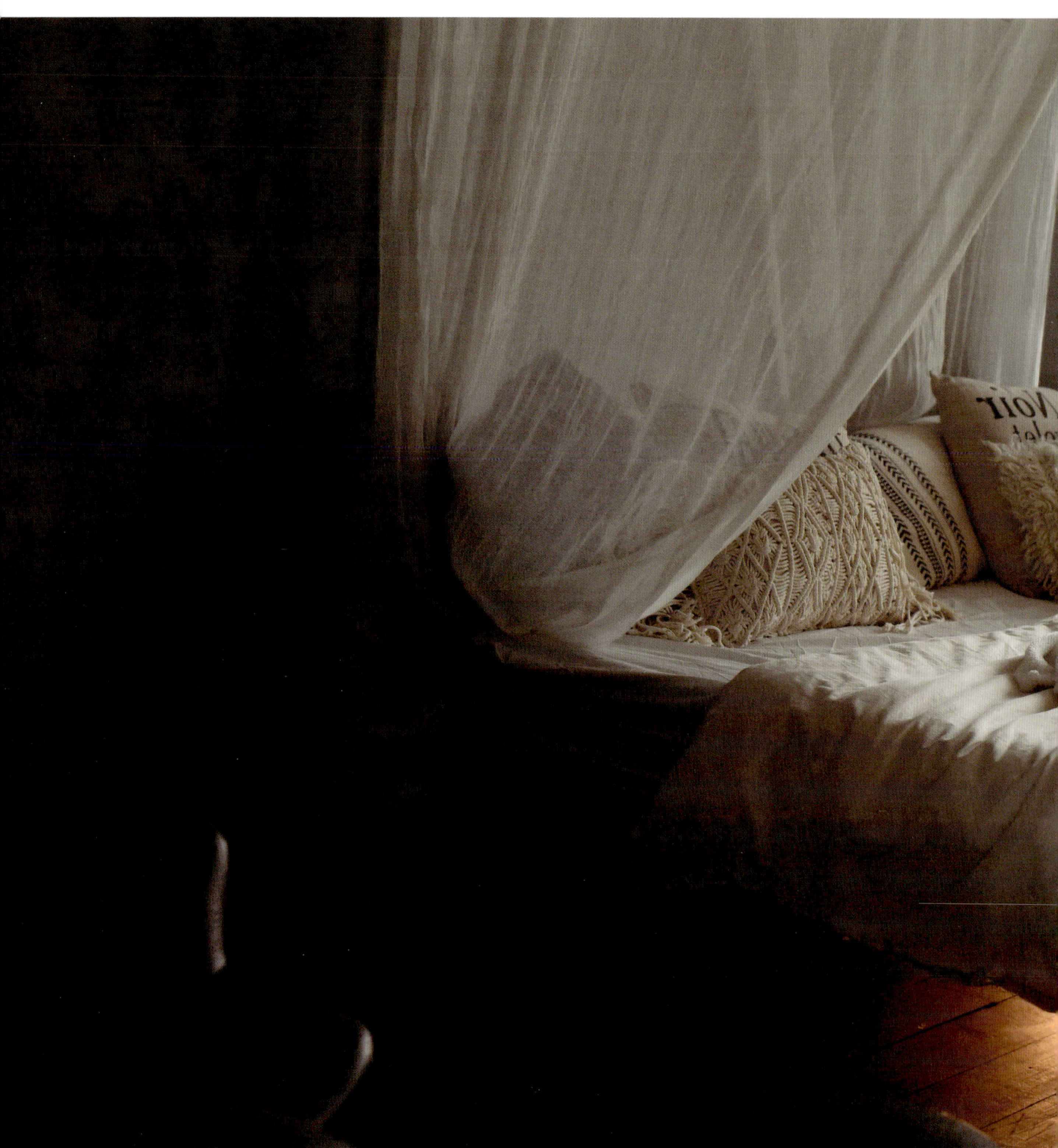

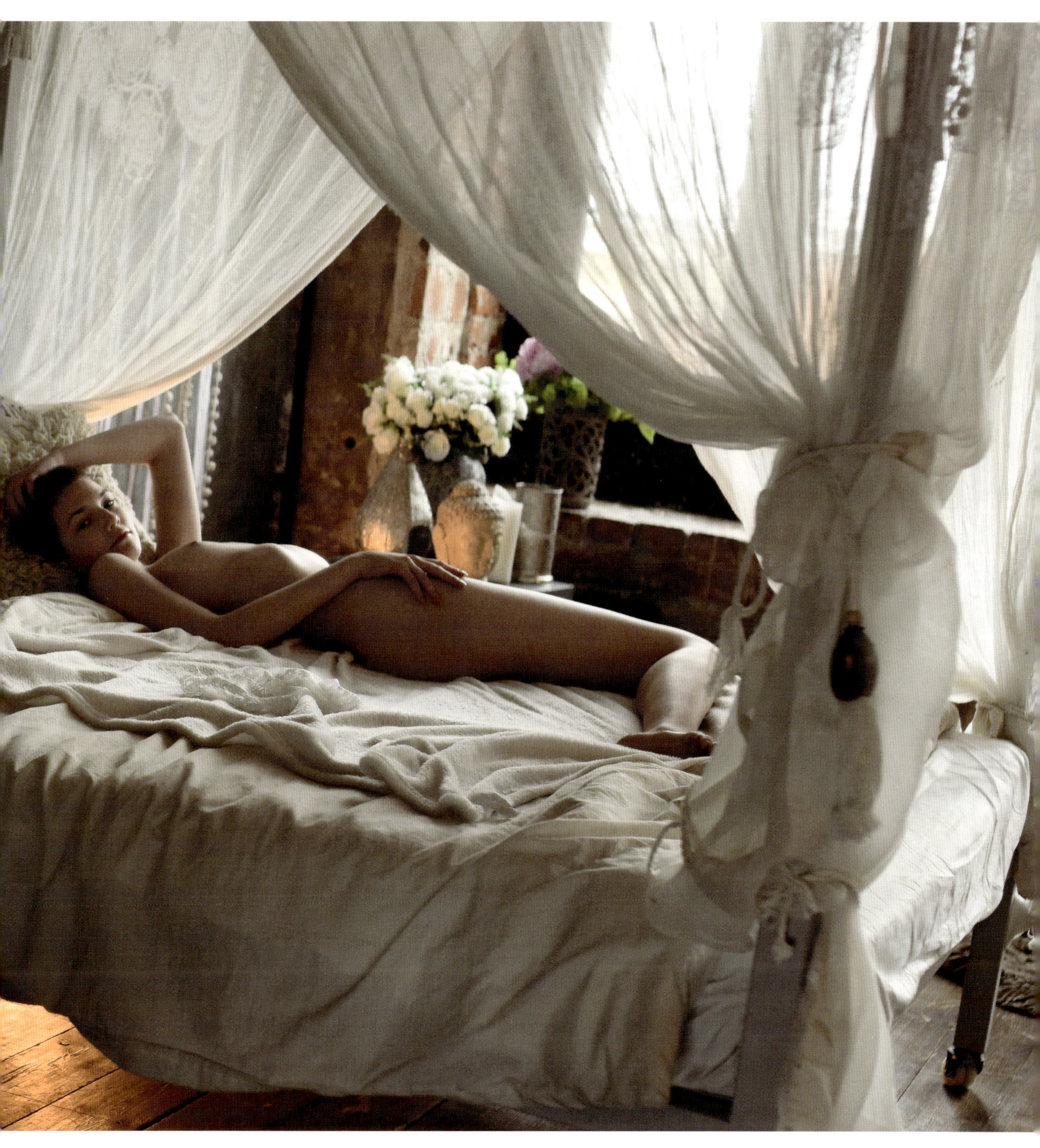

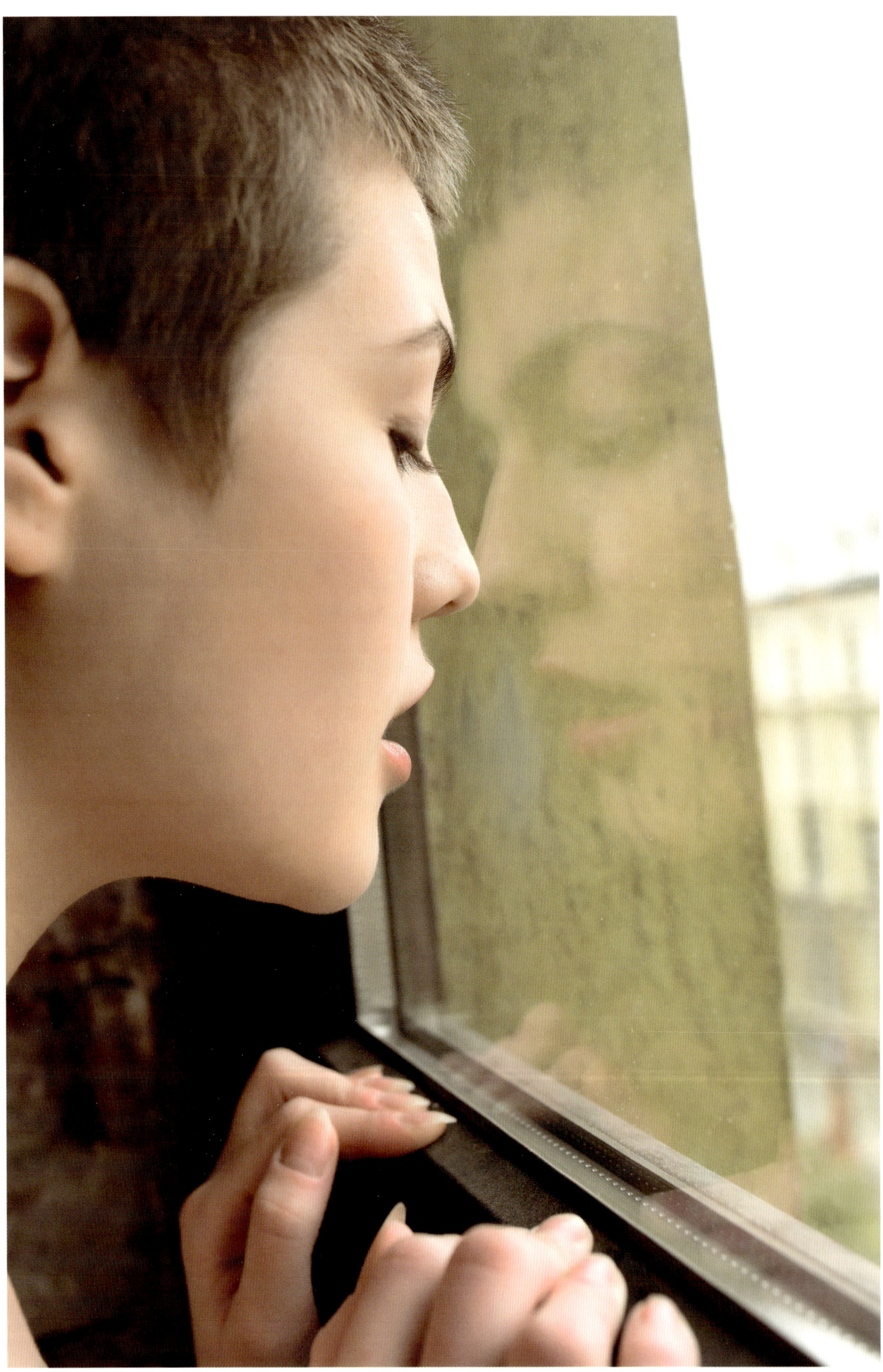

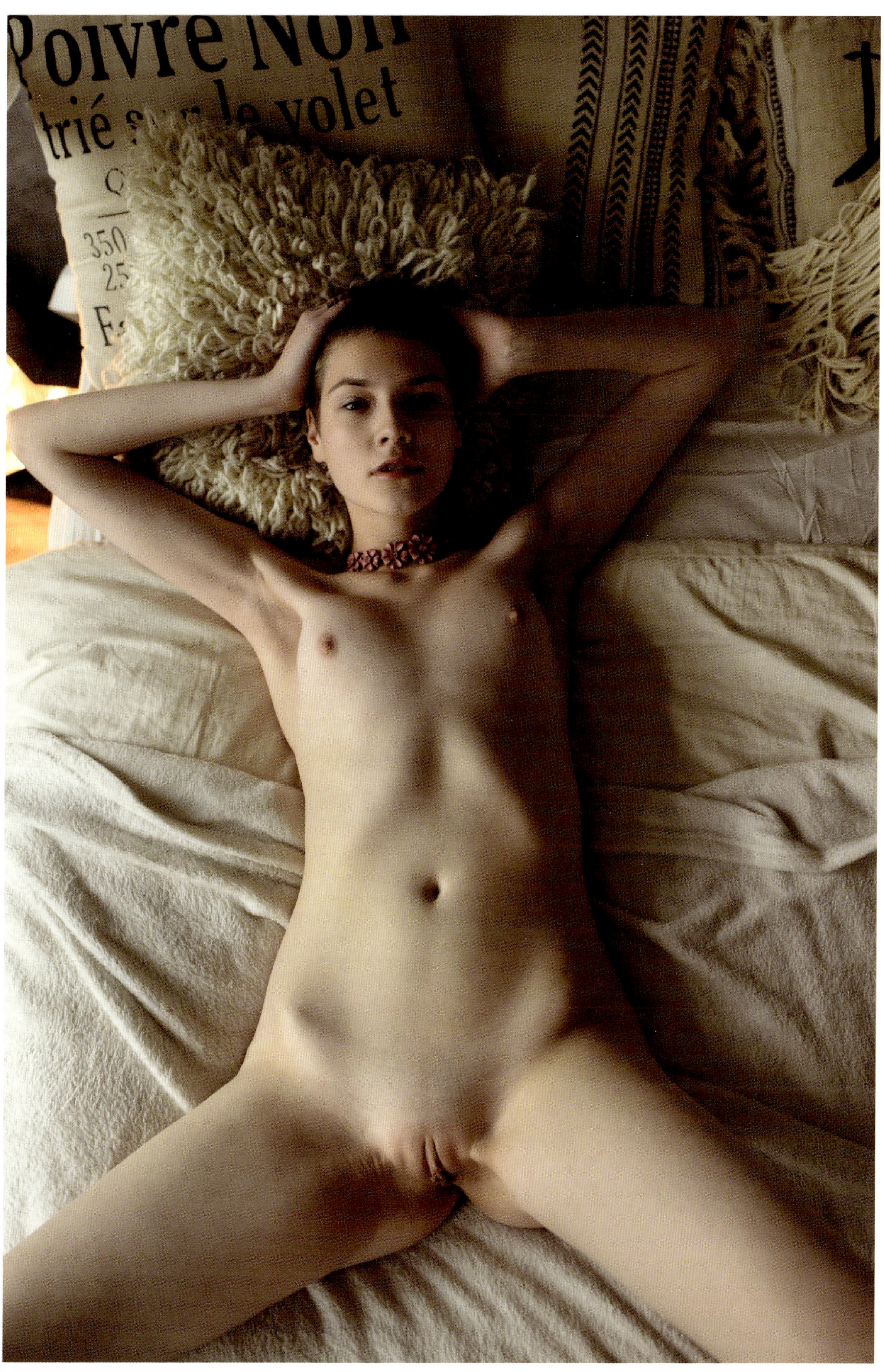
Poivre Noir
trié sur le volet
350
25
F

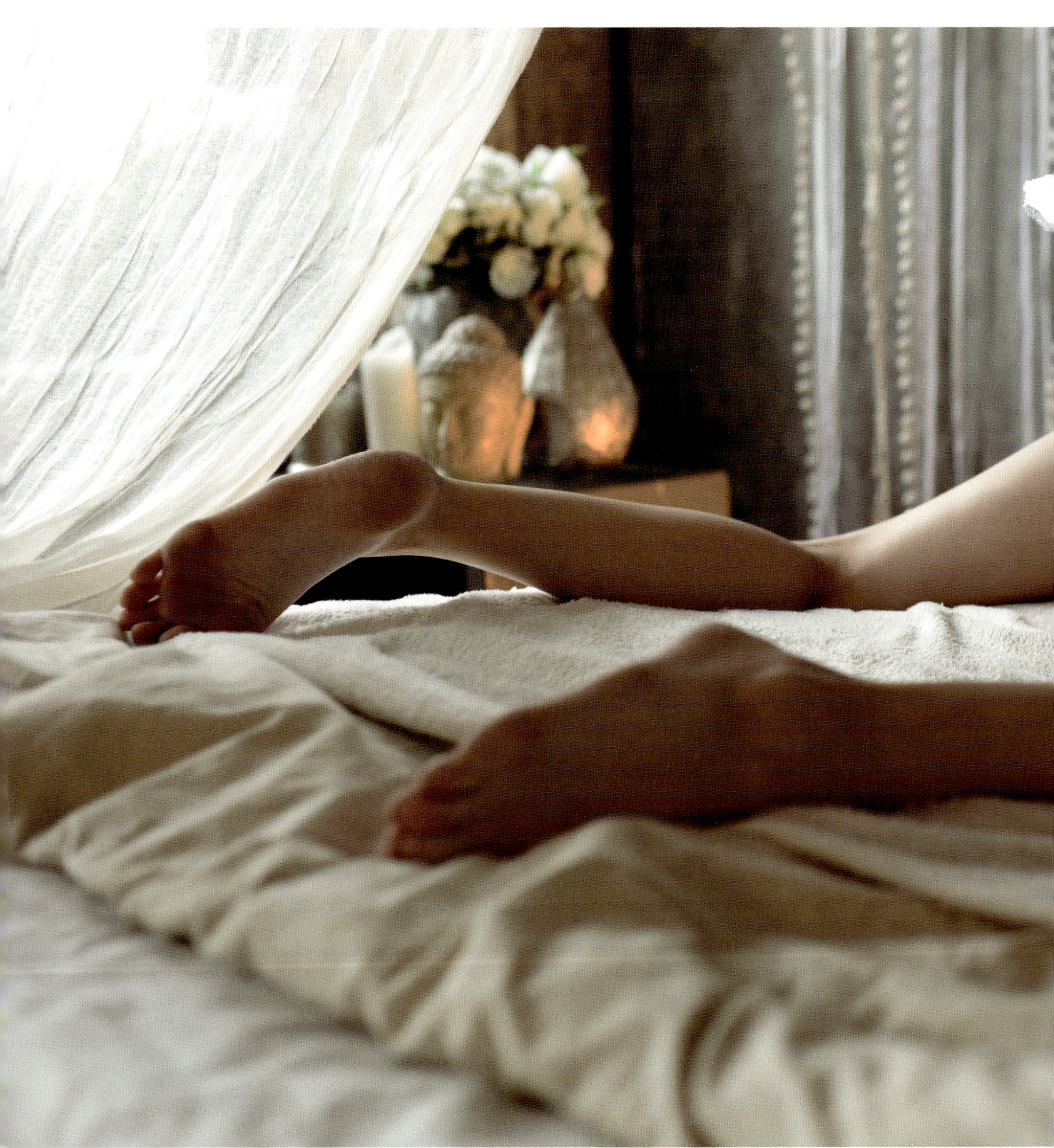

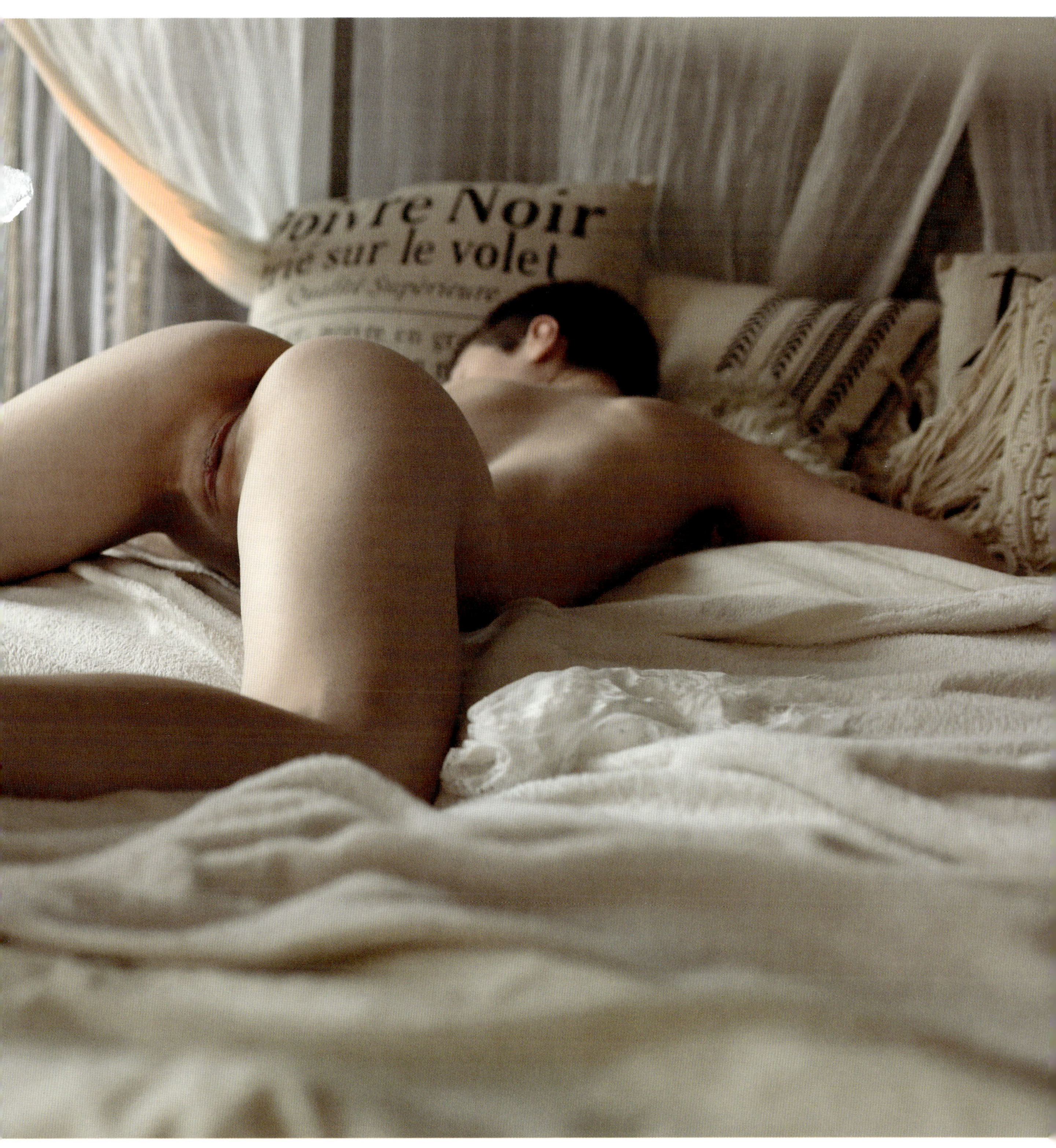
oivre Noir
ié sur le volet
Qualité Supérieure

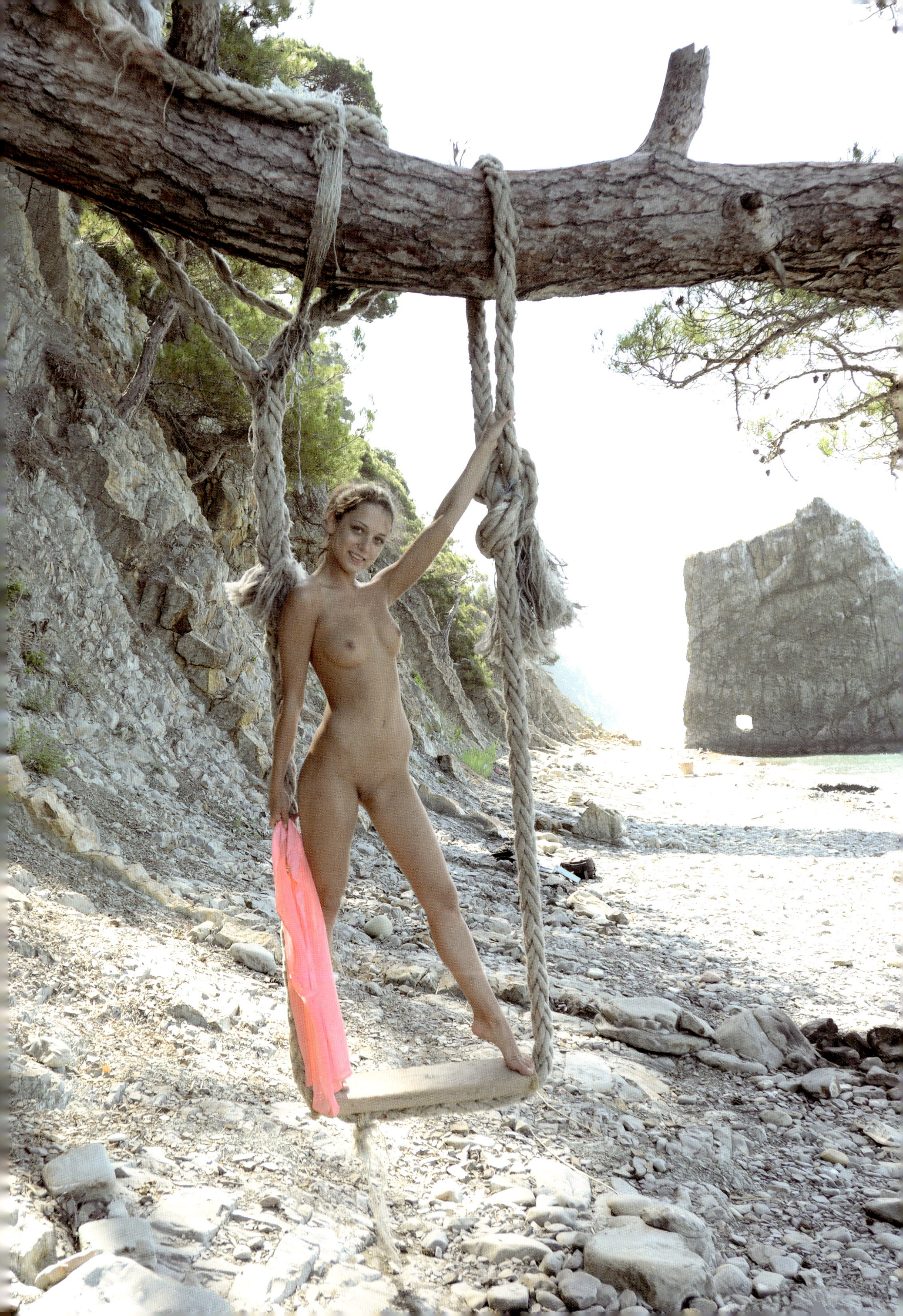

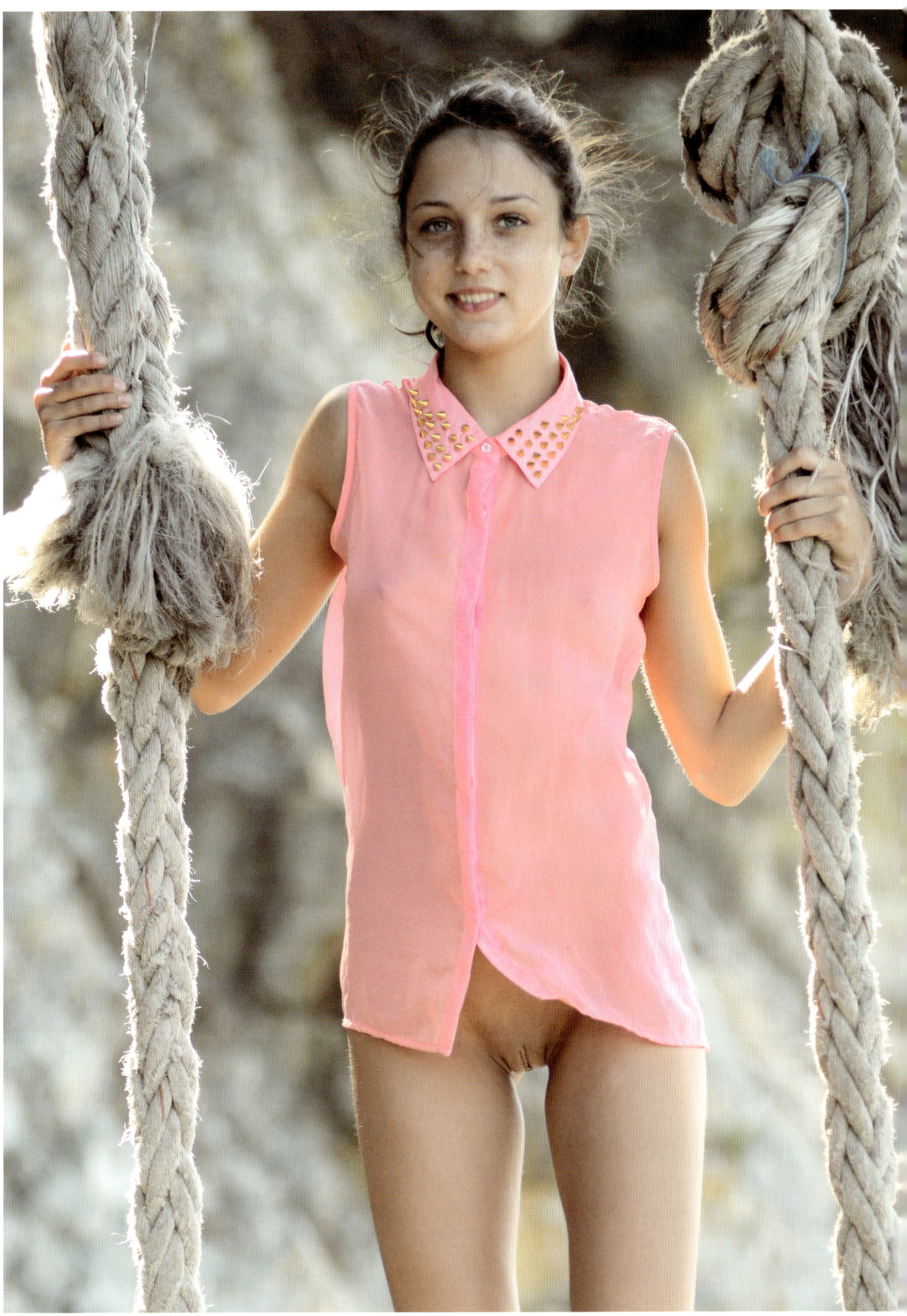

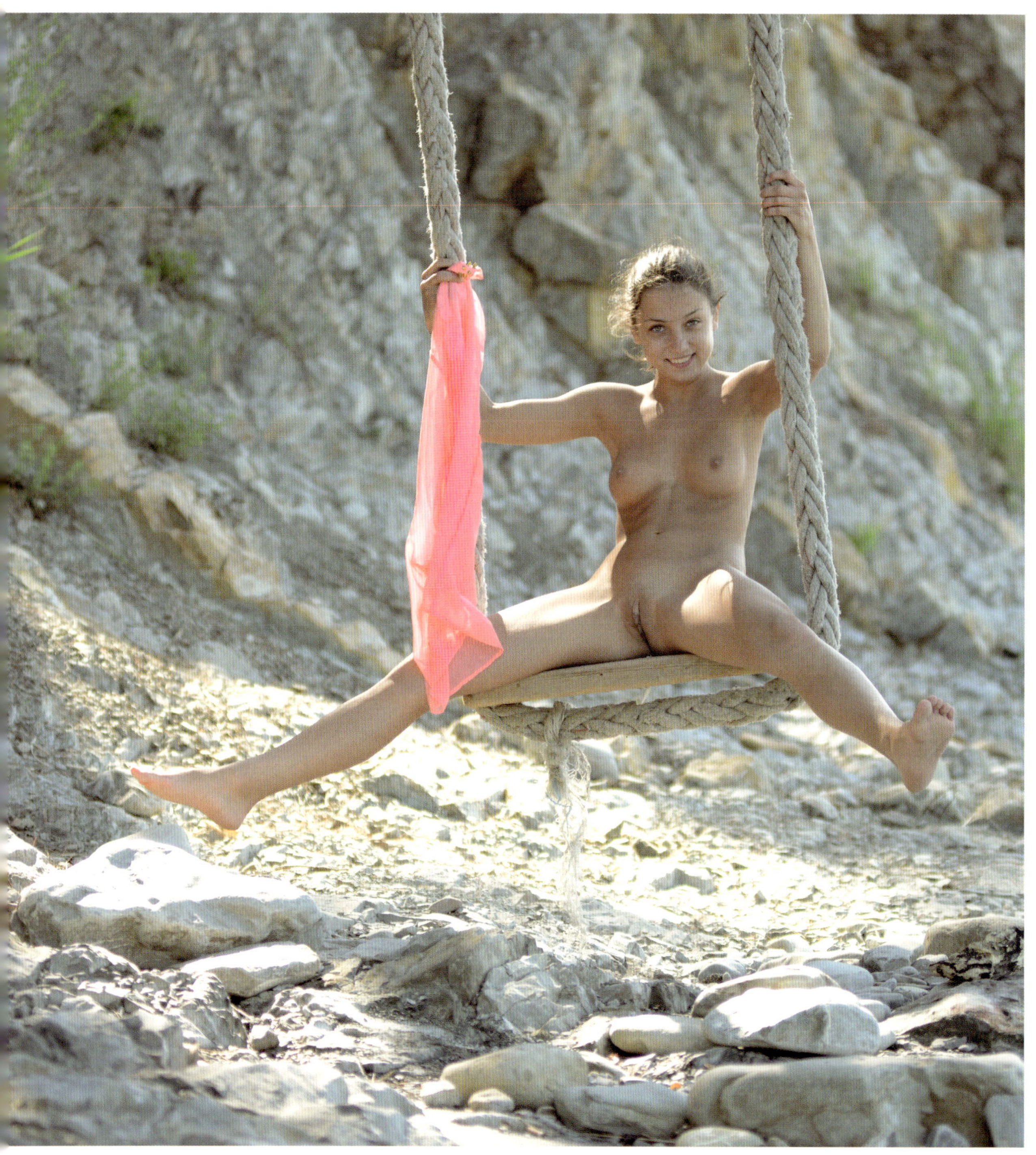

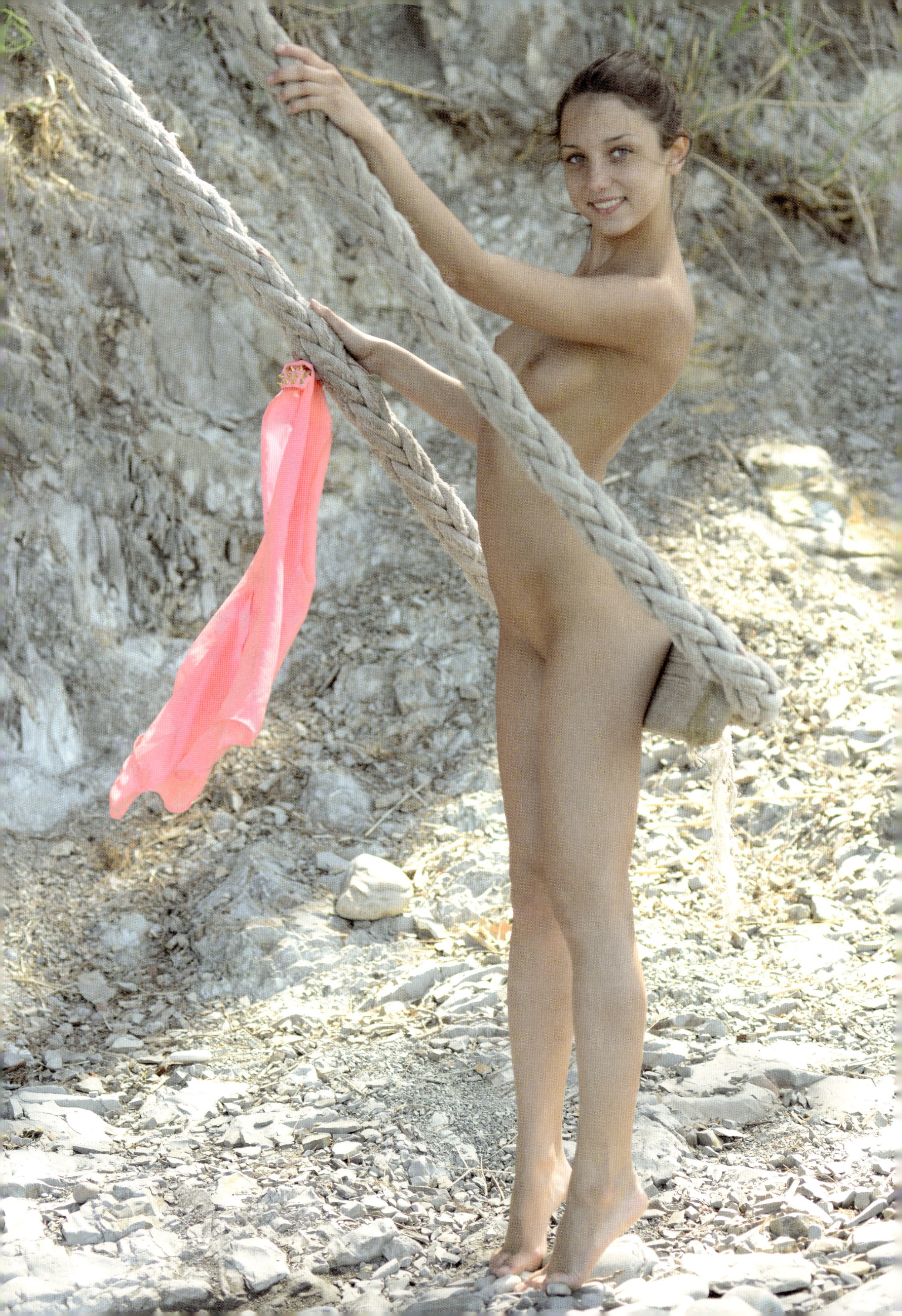

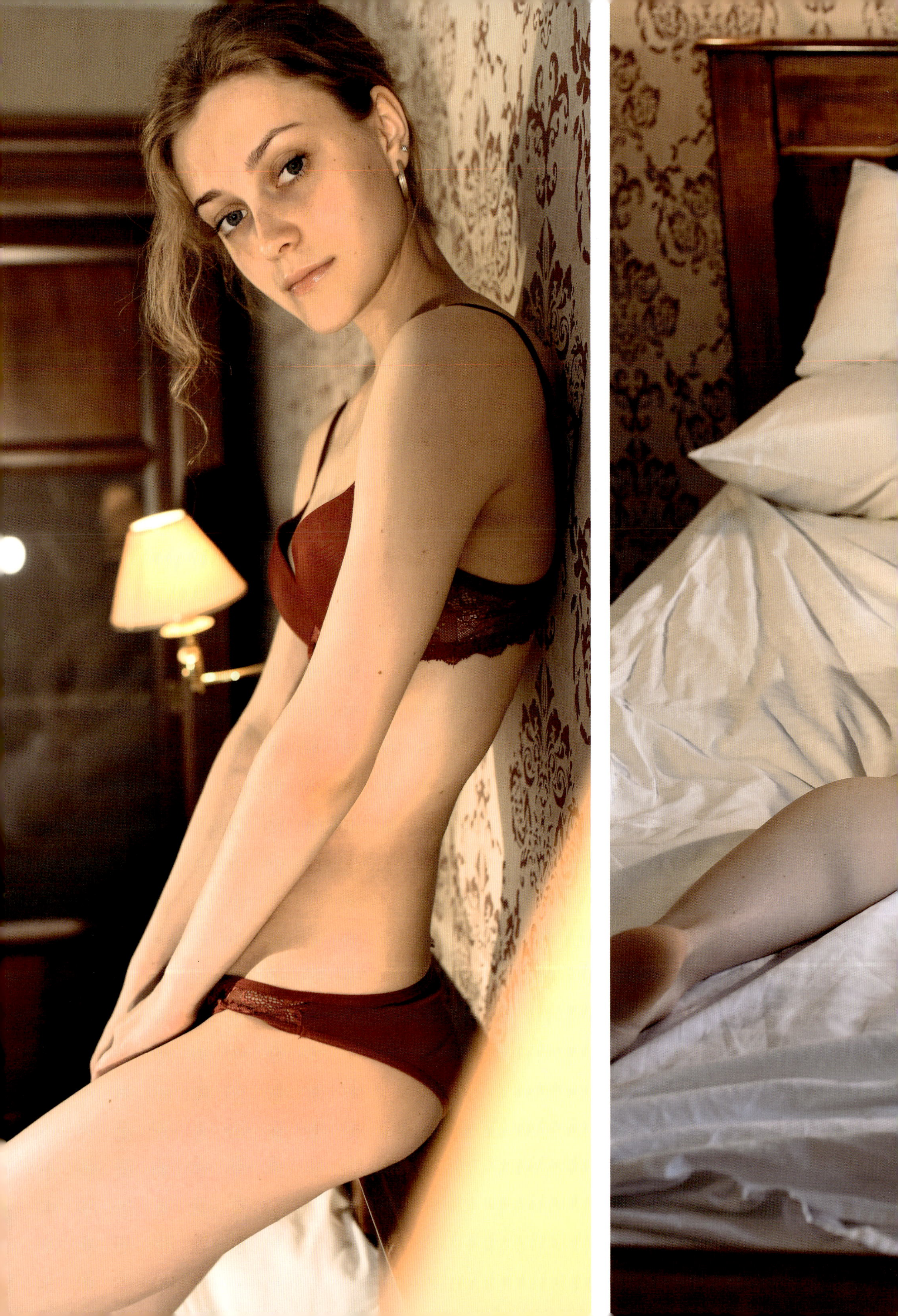

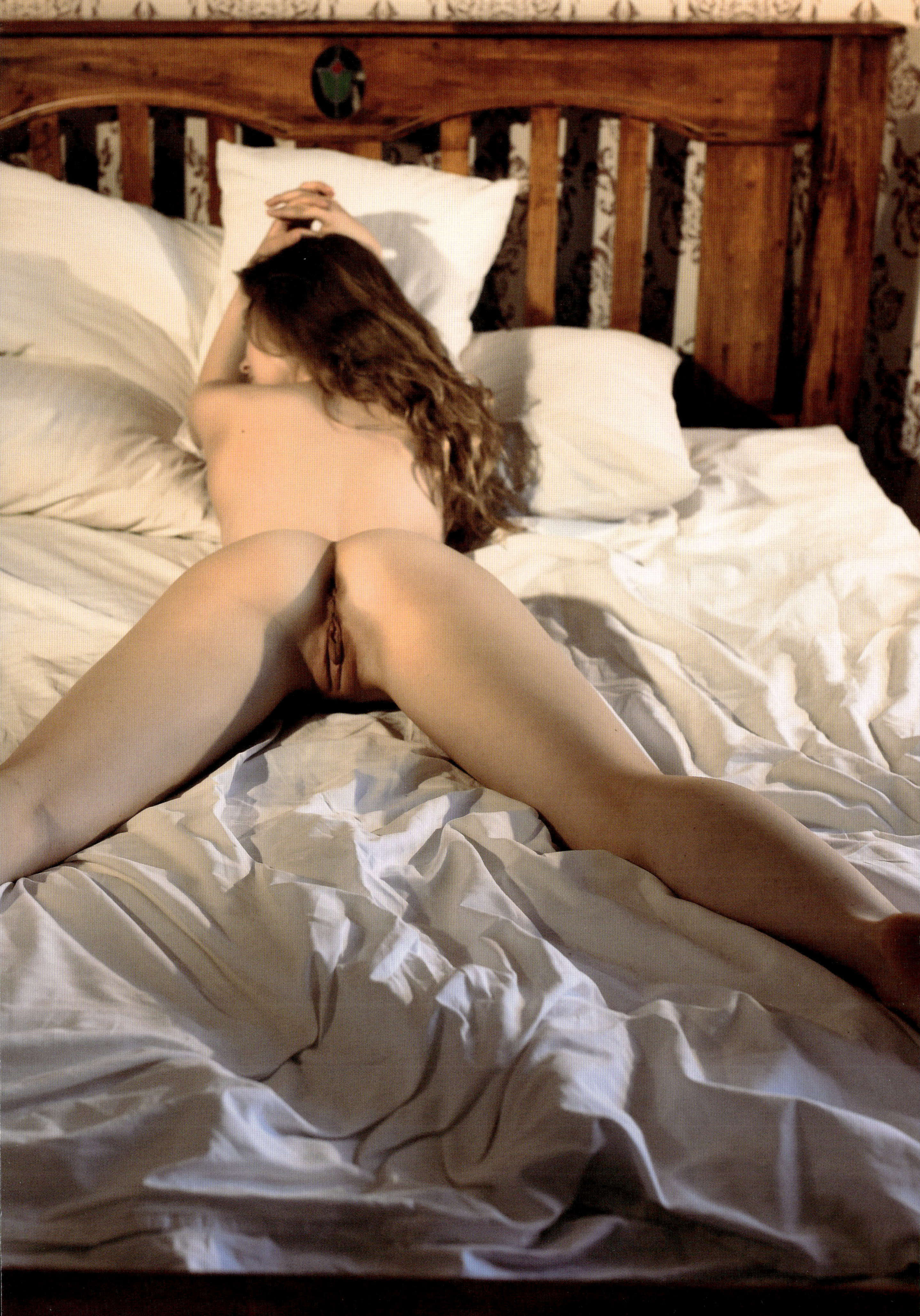

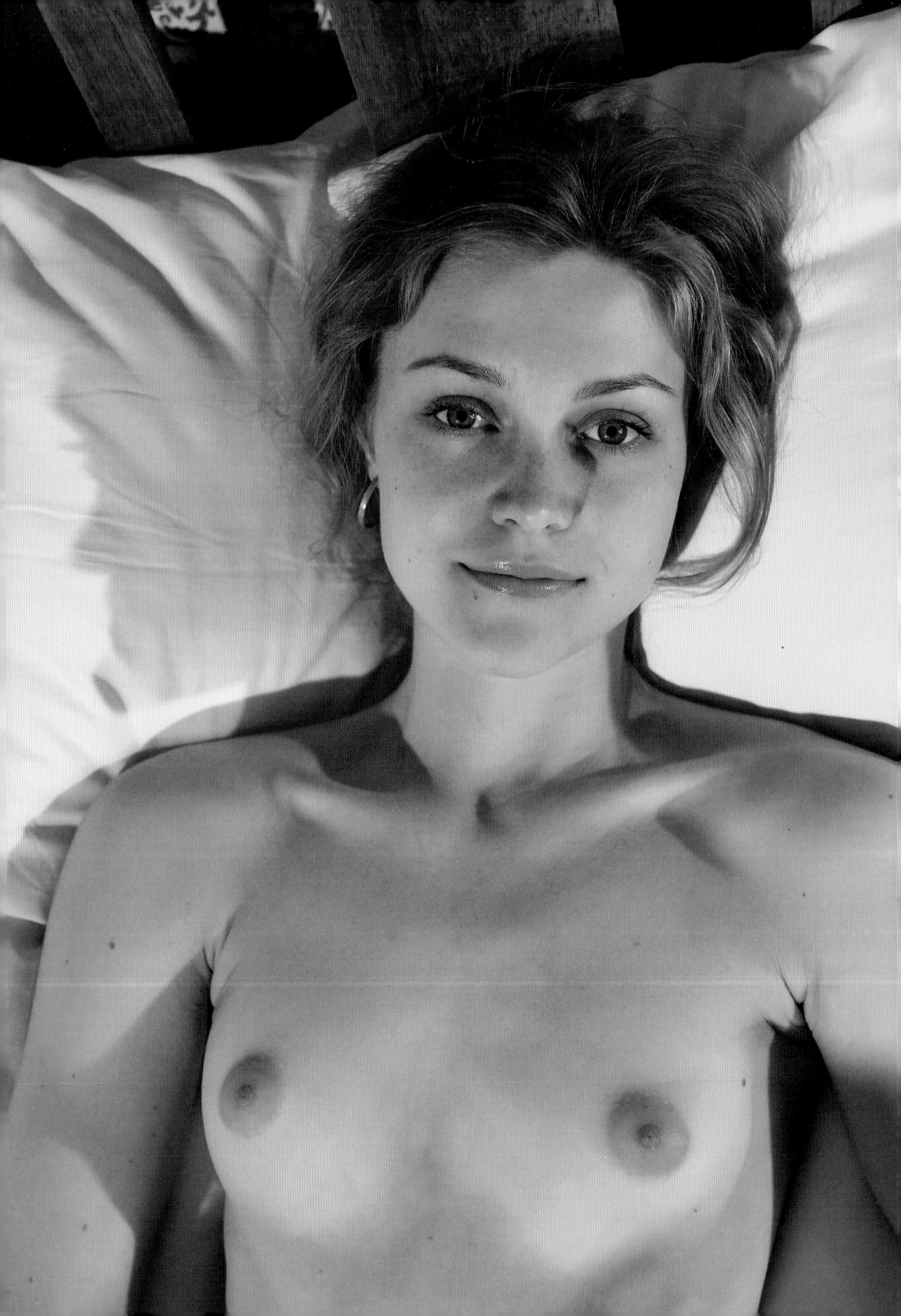

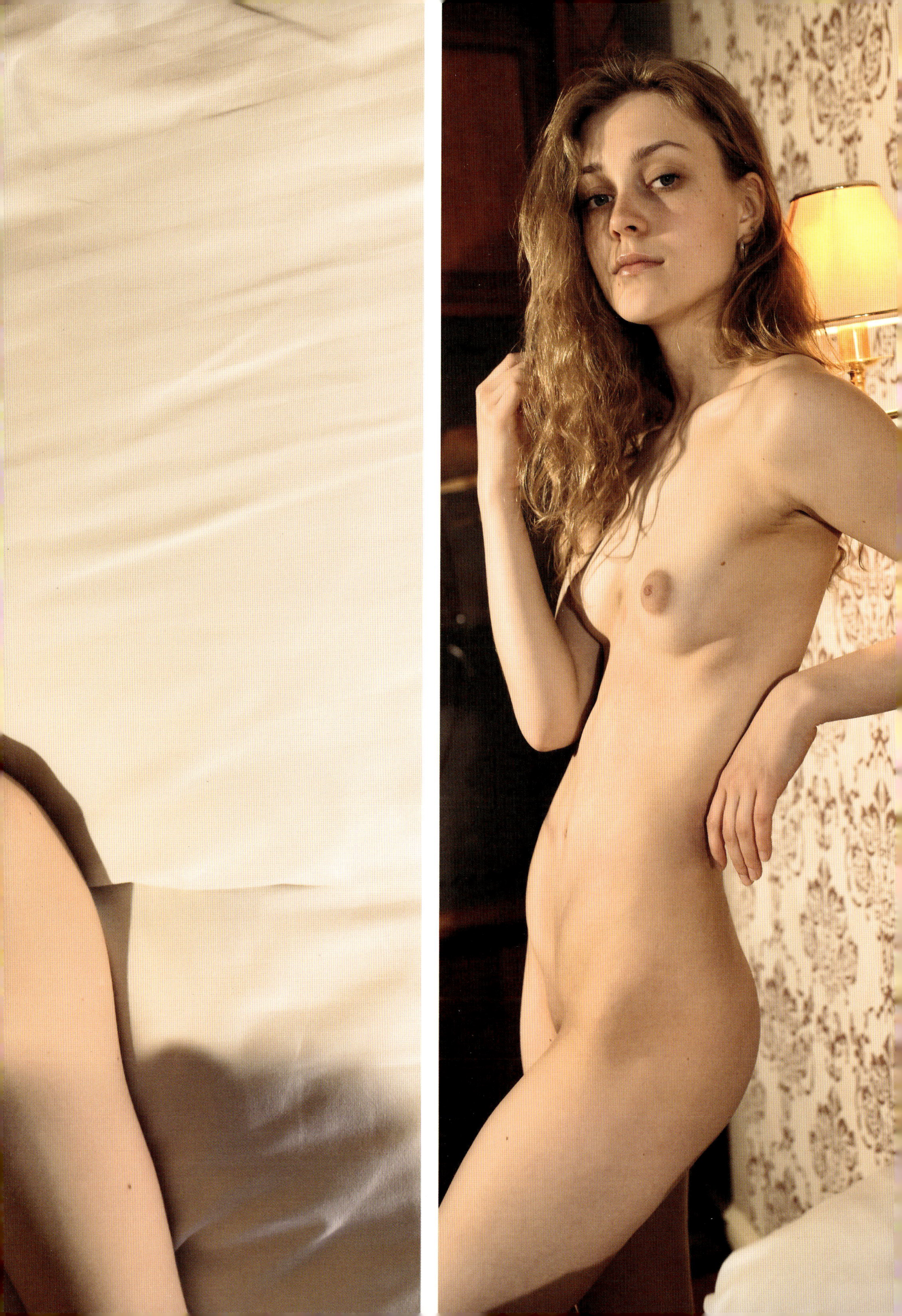

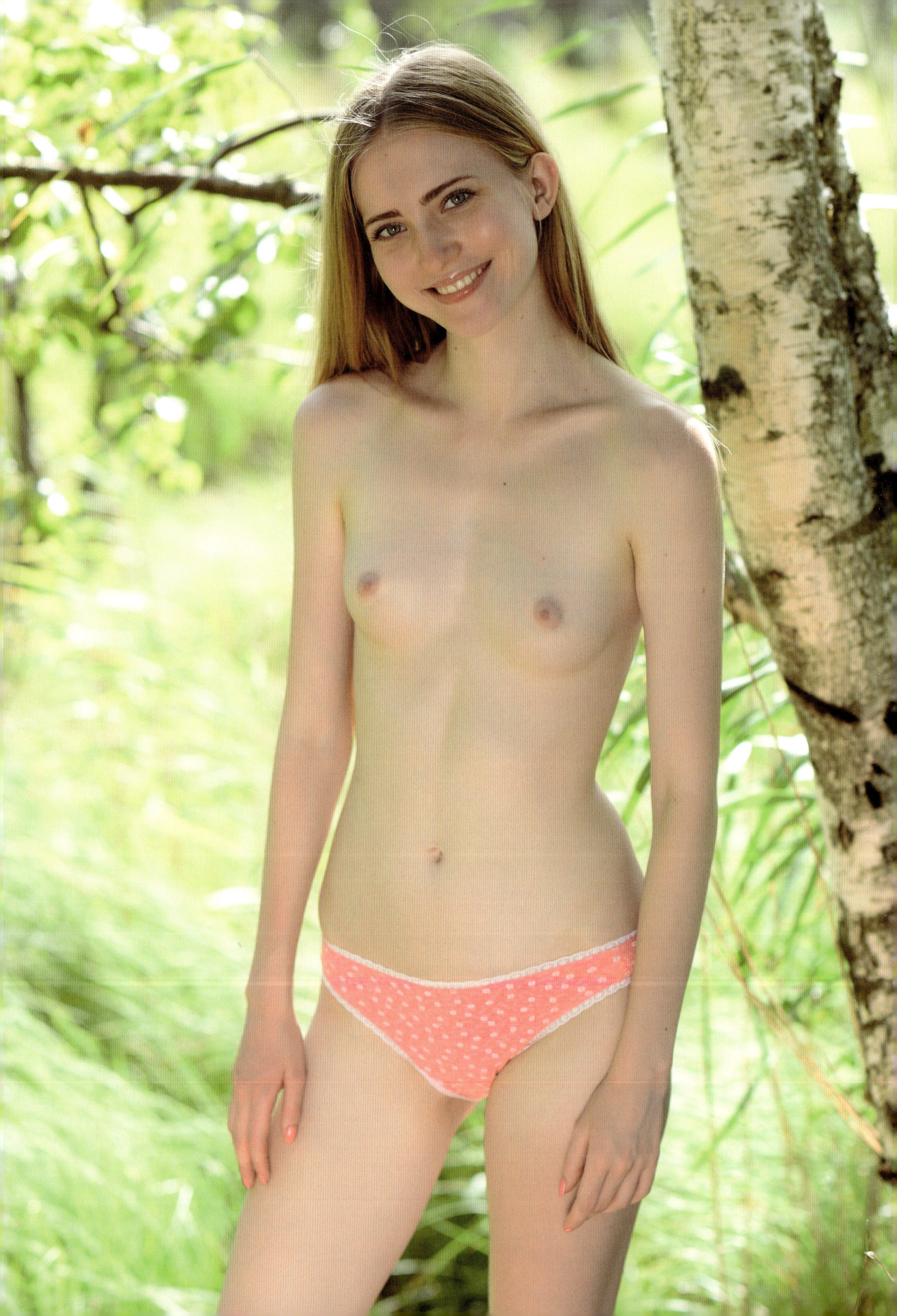

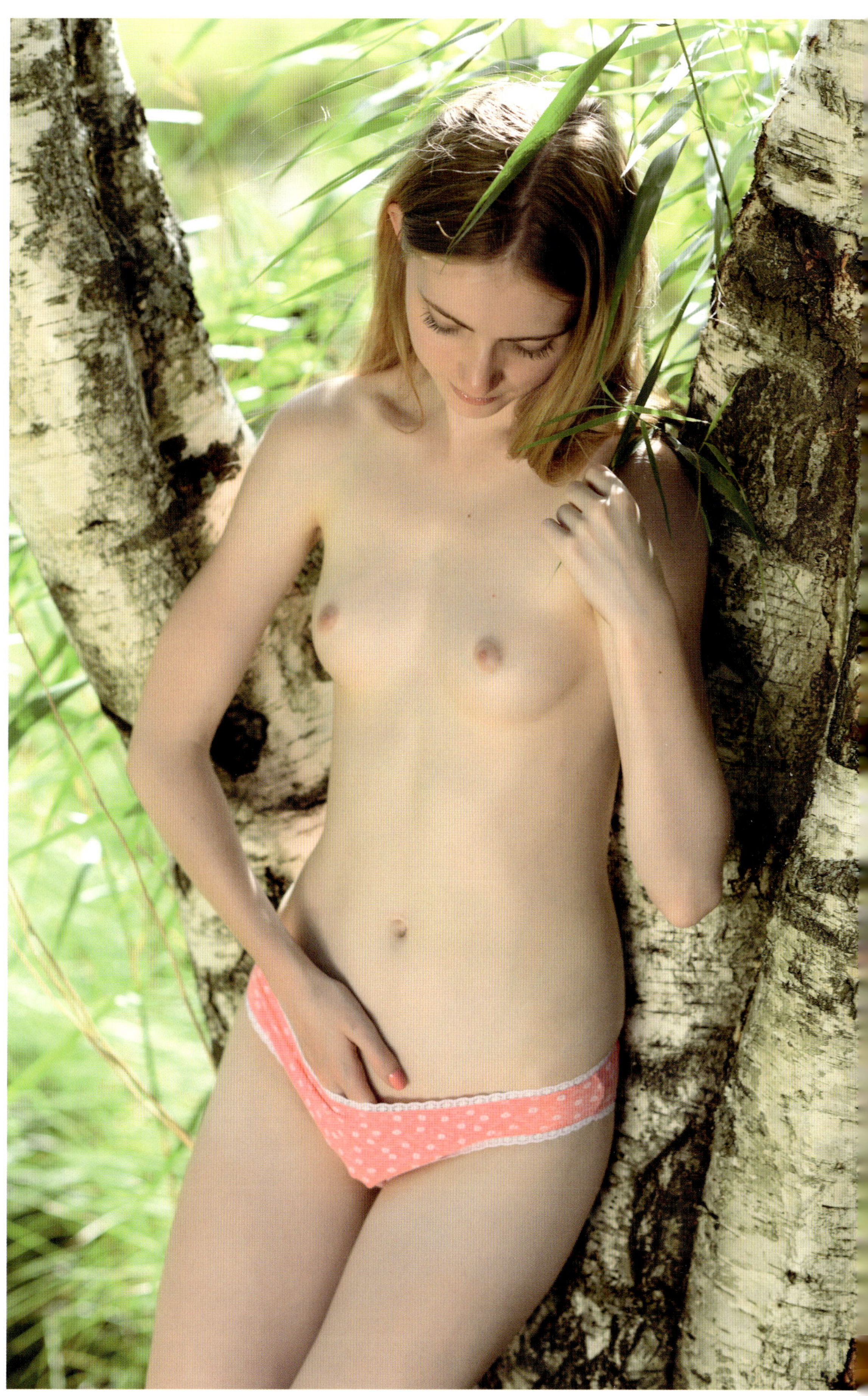

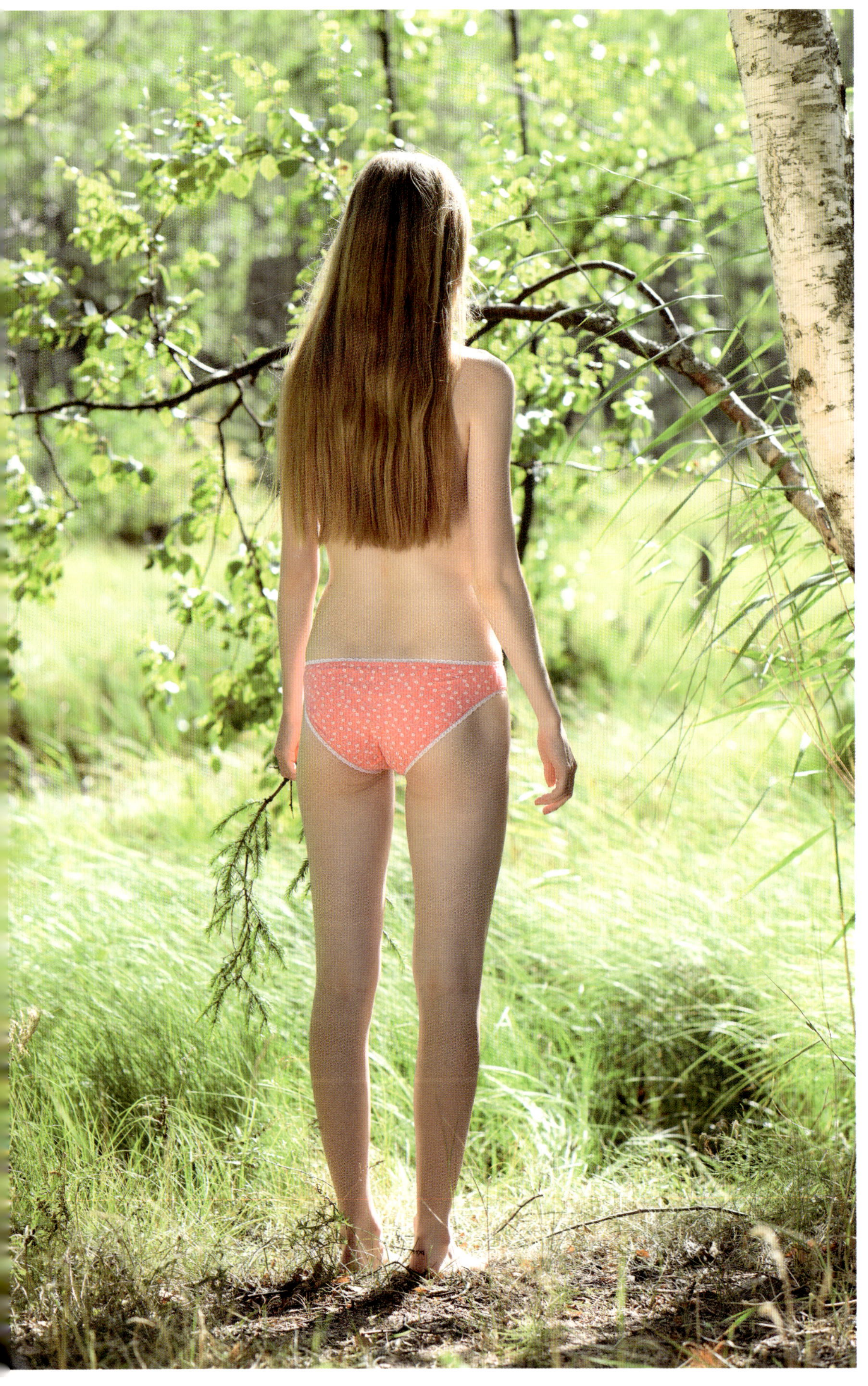

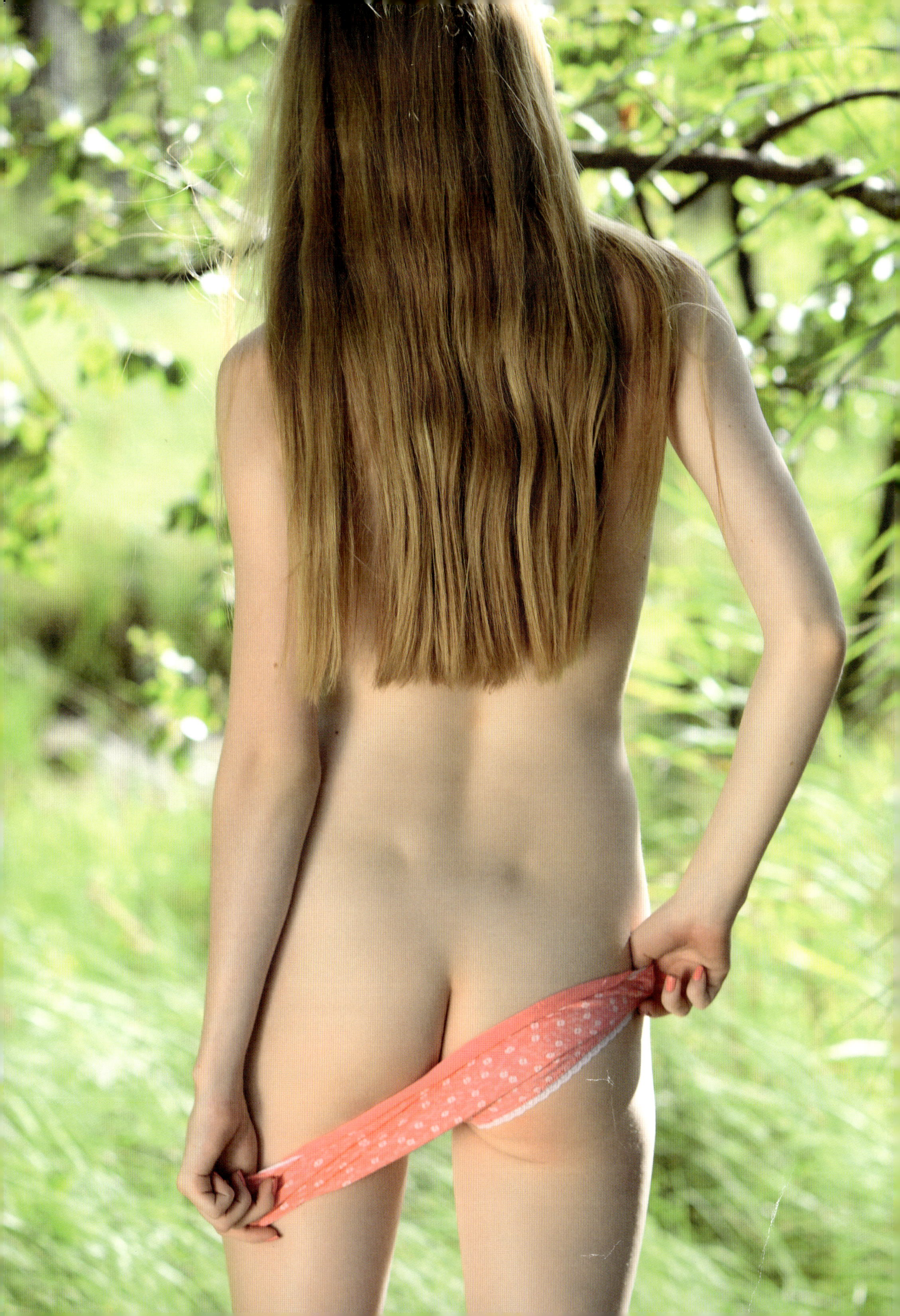

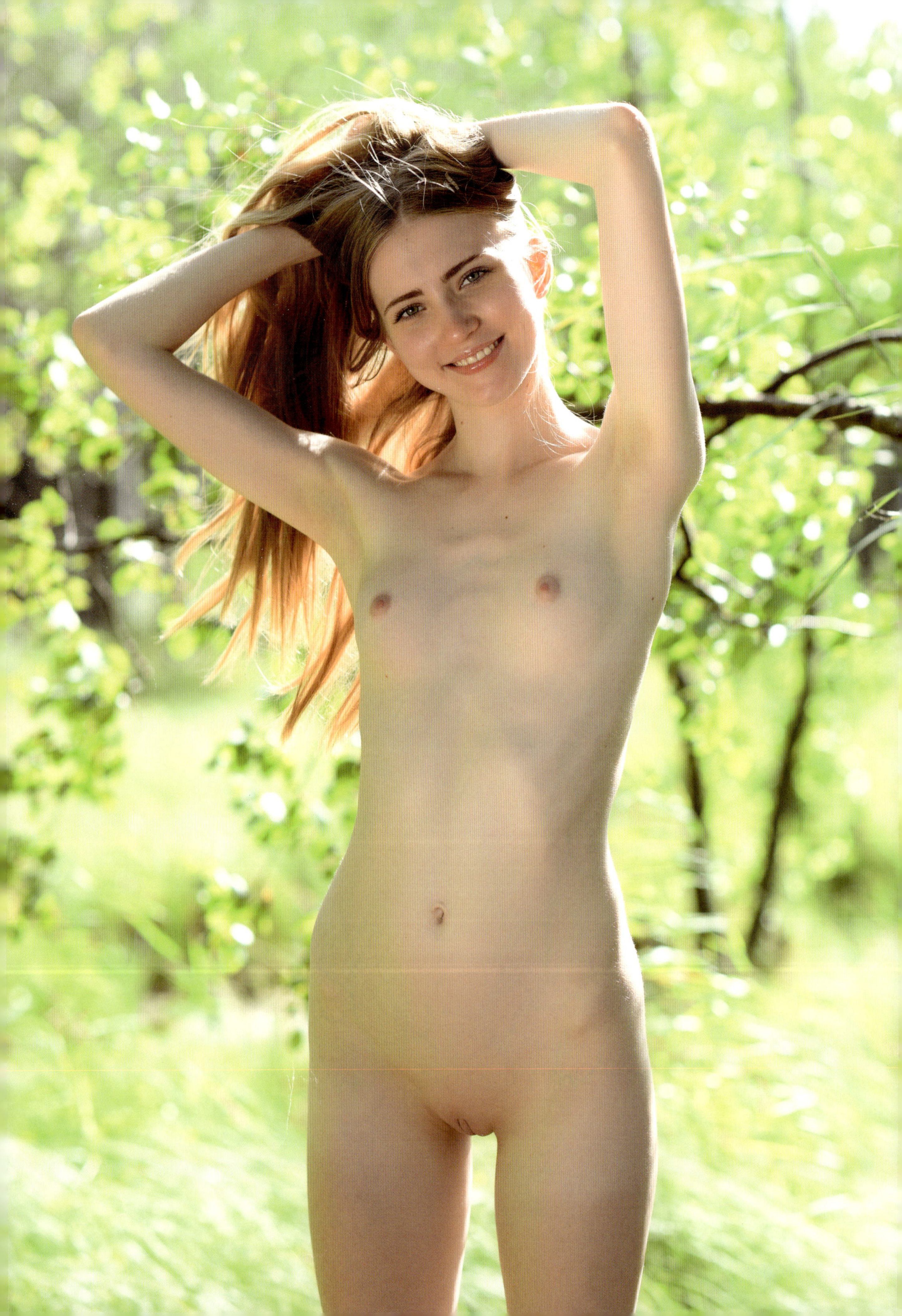

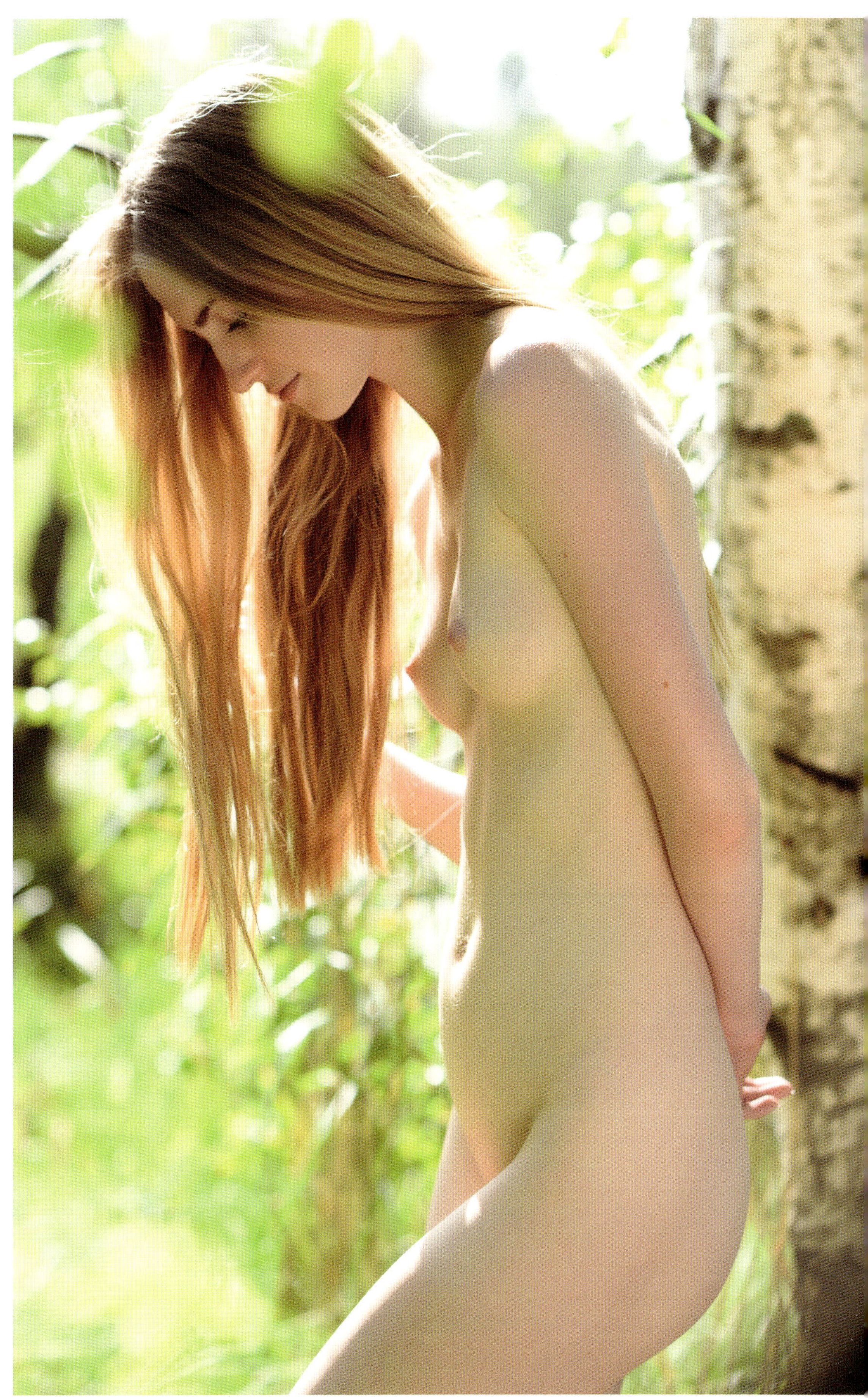

crazy things in my pussy...
ISBN 9783943105537

Naked Girls with Small Breasts
ISBN 9783943105551

Pussy Girls Extreme Open
ISBN 9783943105452

Sweet Maids Hot Dreams
ISBN 9783943105520

Hairy Pussy Next Door
ISBN 9783943105445

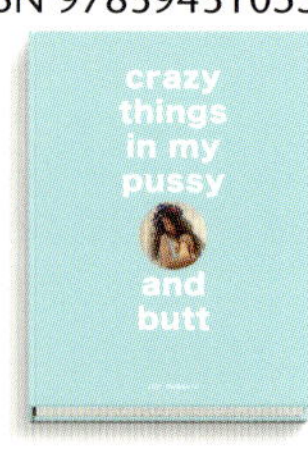
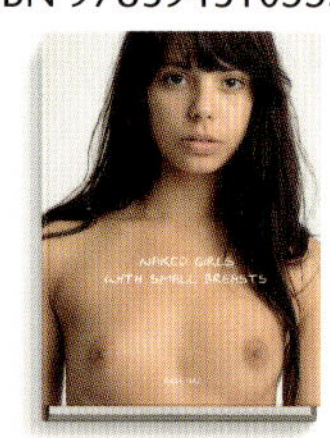
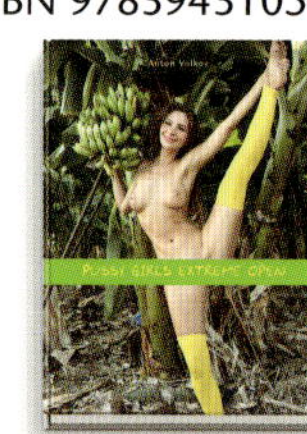
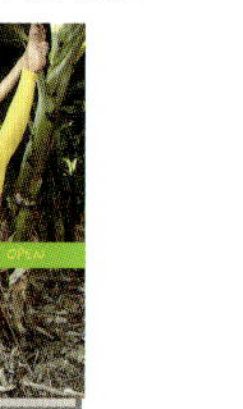
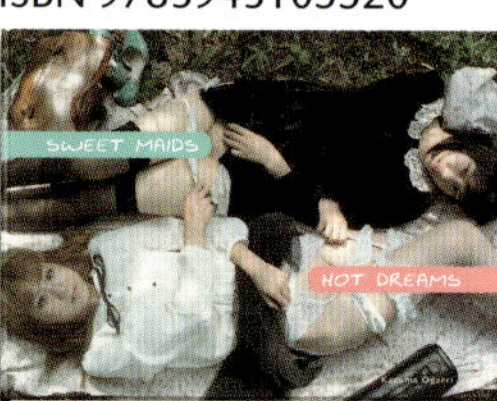
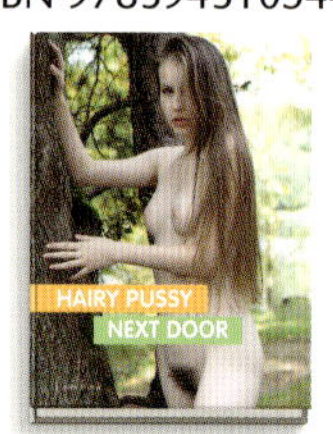

Pink Pussy Flower Power
ISBN 9783943105506

Super Sex Girl
ISBN 9783943105377

Extreme Shaven Pink Pussy
ISBN 9783943105469

Sweet Shaven Angels 3
ISBN 9783943105179

The New Hairy Nudes
ISBN 9783943105513

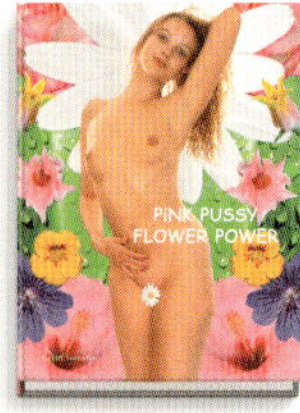
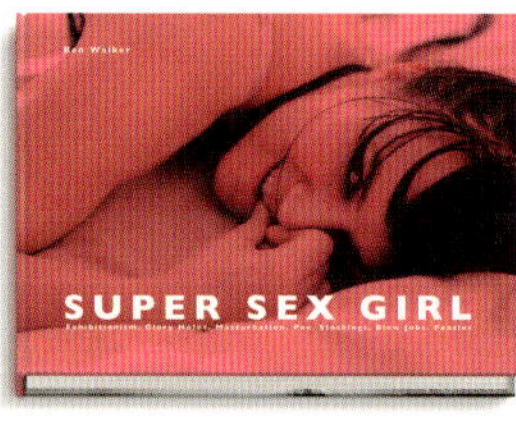
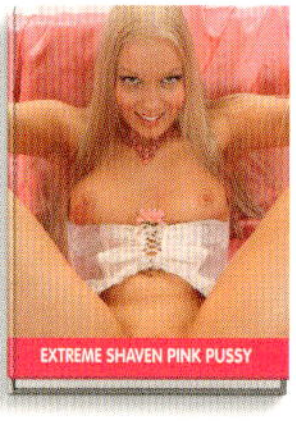
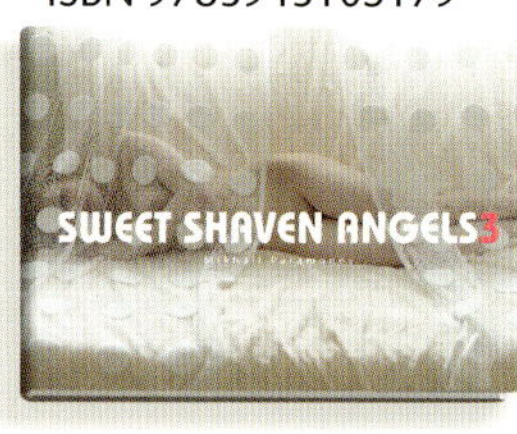
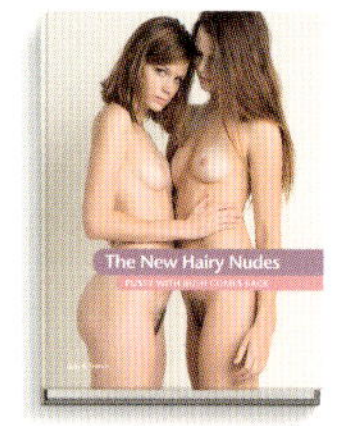

Romantic Nudes
ISBN 9783943105322

Pussy Power 3
ISBN 9783934020771

Nude Angels in Nature
ISBN 9783943105353

Extreme Hairy Pink Pussy 2
ISBN 9783943105421

Pussy Portraits 2
ISBN 9783934020764

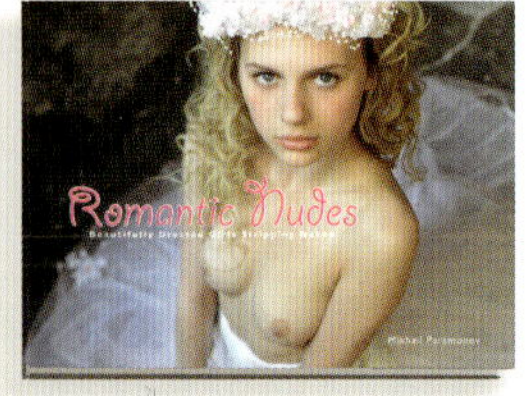
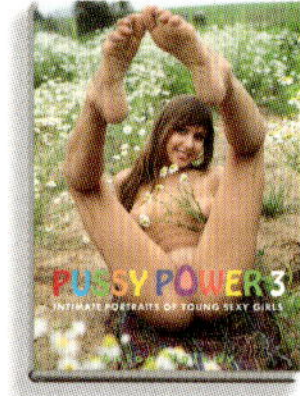
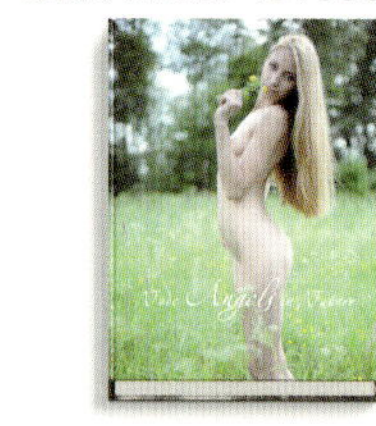
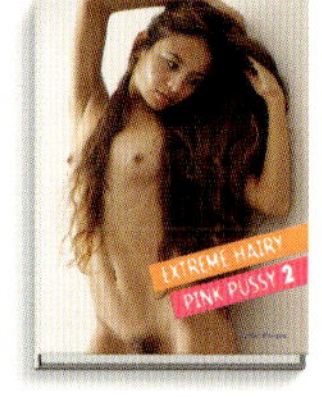
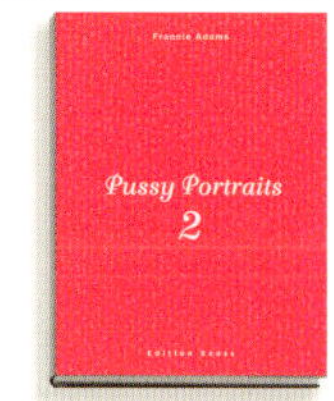

Extreme Hairy Pink Pussy
ISBN 9783943105407

Hairy Pussy Beauties
ISBN 9783943105223

Feminine Anarchy 3
ISBN 9783934020788

Sensual Love Girls
ISBN 9783943105391

Naked Gymnastics
ISBN 9783934020375

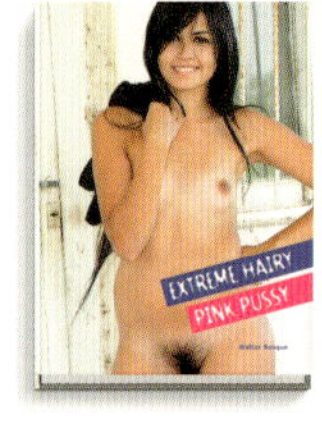
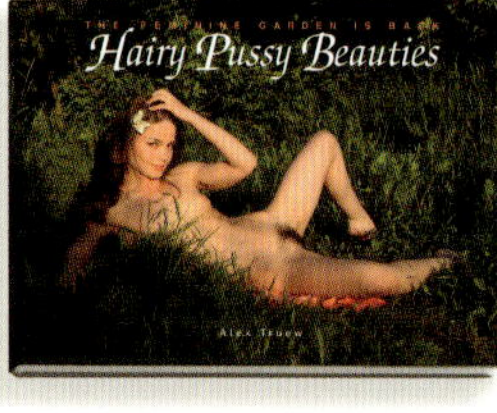
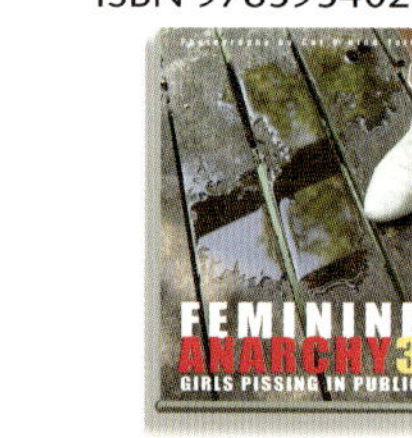
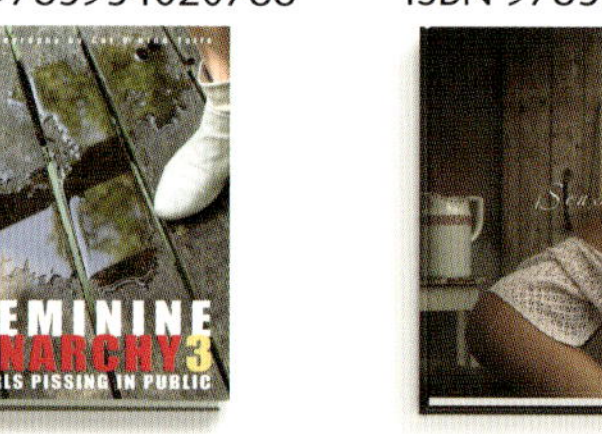
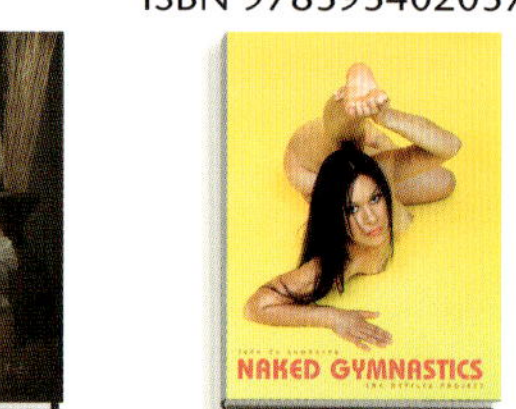

Super Sweet Girls
ISBN 9783943105414

Young Shaven Beauties
ISBN 9783943105247

Private Sex Adventures
ISBN 9783943105483

Secret Dreams of Erotic Princess 2
ISBN 9783943105476

Solange ich Liebe
ISBN 9783980501729

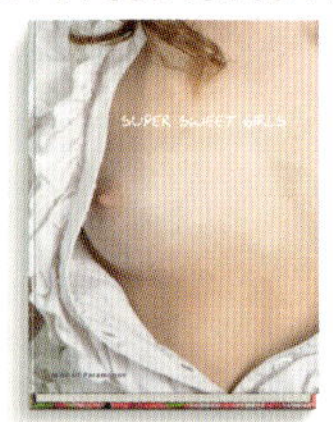
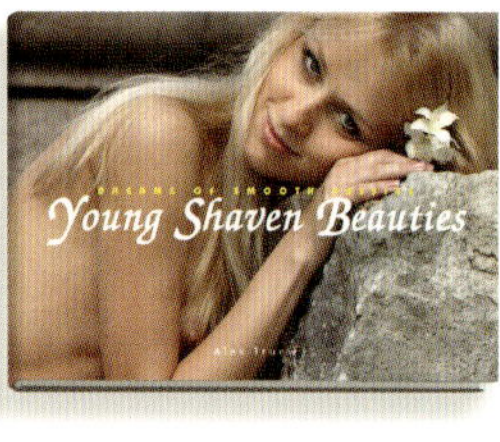
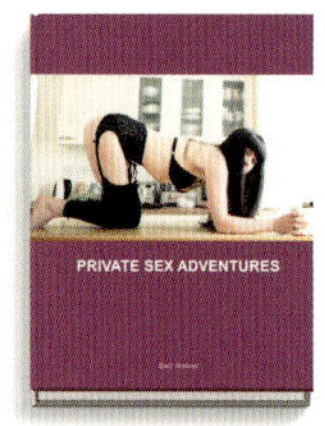
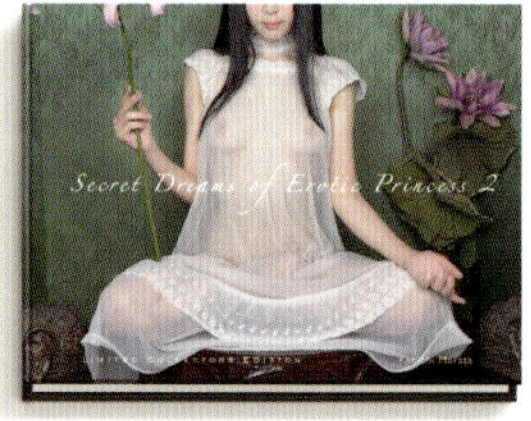
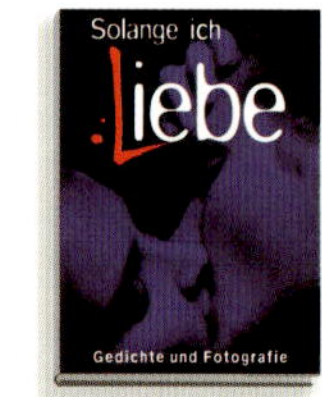

Dildo Sex Girls
ISBN 9783943105438

Hairy Pussy Angels
ISBN 9783943105209

Secret Dreams of Erotic Princess
ISBN 9783943105360

Erotic Fantasies
ISBN 9783943105278

Hairy Pussy Girls 2
ISBN 9783943105186

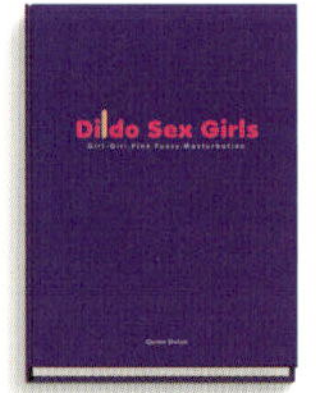
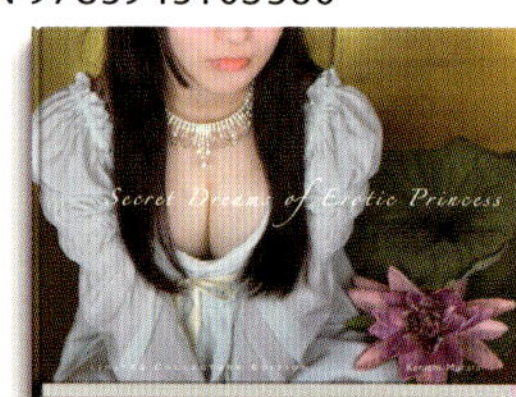

Kostenlosen Katalog anfordern! Get a free catalog!
Email schicken an. Send an E-mail to: info@edition-reuss.de